中国特色社会主义
法治理论与实践系列研究生教材

3

法律硕士专业学位研究生案例研究指导丛书

民法总论案例研究指导

费安玲　刘智慧　乌兰　著

中国政法大学出版社

2020·北京

图书在版编目（ＣＩＰ）数据

民法总论案例研究指导/费安玲，刘智慧，乌兰著. —北京:中国政法大学出版社，2020.11
ISBN 978-7-5620-9702-0

Ⅰ.①民…　Ⅱ.①费…②刘…③乌…　Ⅲ.①民法－案例－中国　Ⅳ.①D923.05

中国版本图书馆CIP数据核字(2020)第211736号

出 版 者	中国政法大学出版社
地　　址	北京市海淀区西土城路25号
邮　　箱	fadapress@163.com
网　　址	http://www.cuplpress.com (网络实名：中国政法大学出版社)
电　　话	010-58908435(第一编辑部) 58908334(邮购部)
承　　印	北京中科印刷有限公司
开　　本	720mm×960mm　1/16
印　　张	19.5
字　　数	310 千字
版　　次	2020 年 11 月第 1 版
印　　次	2020 年 11 月第 1 次印刷
印　　数	1～5000 册
定　　价	56.00 元

作者简介

费安玲 法学博士，中国政法大学比较法学研究院二级教授、博士生导师。中国民法学研究会常务理事，中国知识产权法学研究会常务理事，中国欧洲学会意大利研究会副会长，中国欧洲学会法律研究会常务理事，欧美同学会意大利分会副会长，最高人民法院案例指导工作专家委员会委员，北京市知识产权法院特聘专家，北京市人大常委会立法咨询专家，学术年刊《学说汇纂》以及"意大利当代法学著作译丛""意大利民商法译丛"主编，《中国社会科学》《中国法学》等学术刊物的匿名评审专家，意大利著名法学刊物《ROMA E AMENRICA. DIRITTO ROMANO COMUNE》学术委员会成员，中国国际经济贸易仲裁委员会、北京仲裁委员会等仲裁委员会的资深仲裁员。主要研究民商法、知识产权法、罗马法和比较私法。发表文章120篇，撰写著作和教材六十余部；主持国内外科研项目三十余个；获国内外省部级以上奖励十余项。

刘智慧 民法博士，中国政法大学法律硕士学院副院长、教授，中国政法大学残疾人权益法律研究中心主任，硕士研究生导师。北京市第二届市政府立法工作法律专家委员会委员，北京市人民检察院第四分院（铁检分院）专家咨询委员会委员，遵义仲裁委员会第二届仲裁员，北京市法学会物权法研究会副秘书长。主要研究物权法、合同法、侵权责任法。著有《民法学》《物权法立法观念与疑难制度评注》《占有制度原理》《侵权责任法释解与应用》《房地产法制专题研究》《论中国大陆网络数字遗产继承的立法进路》《物权法与私法自治》等。主持了法律硕士物权法教学案例建设问题、法律硕士学院《民法总论》核心课程建设、物权法案例研习、法学本科课程体系研究、法学专业实践性教学改革研究等教学改革项目。

乌兰 意大利博洛尼亚大学民法学博士，中国政法大学法律硕士学院讲师、硕士研究生导师。北京市债法研究会监事，北京市侨联青年委员会委员，残疾人事业发展研究会理事，北京市物权法研究会理事，最高人民法院中国应用法学研究所域外法咨询专家，中国政法大学知识产权创新与竞争研究中心研究员。主要研究民商法、比较私法；主要研究成果包括中、英、意三语学术论文与译文十余篇，主编并出版《学说汇纂（第十辑）》等著作。

序　言

　　法学学科是实践性很强的学科。2017 年 5 月 3 日，习近平总书记考察中国政法大学时对法学教育和法治人才培养提出了明确要求。他指出："法学教育要处理好法学知识教学和实践教学的关系。学生要养成良好的法学素养，首先要打牢法学基础知识，同时要强化法学实践教学"。如何使学生学习法治理论的同时，能够深入了解中国法治实践，拥有解决实际问题的知识和能力，是法学教育必须解决的首要问题。

　　法律硕士专业学位研究生教育最注重实践教学，日益成为法学教育的主要形式。近十几年来，法律硕士专业学位研究生教育快速发展，无论是举办高校数量还是招生规模都一路高企，呈现出一派繁荣景象。随着应用型硕士与学术型硕士的分野，二者之间在培养模式、培养标准、教学方式、教材体系等方面有何区别等问题亟待研究。可以说，法律硕士与法学硕士最大的区别在于人才培养目标不同，法律硕士培养应当服务服从于法治实践，为实务部门培养具有法律专业素养和职业精神的优秀人才。有鉴于此，构建有别于学术型硕士的培养模式、制定统一的培养标准、改革教育教学方法、编写高质量教材，成为法律硕士专业学位研究生教育的当务之急。

　　法律硕士培养规律和实践表明，案例教学是强化实践教学的重要方式，也是增强学生问题意识，提高解决问题能力的有效途径。案例教学不仅能够使学生深入了解法治工作实际，提高他们正确适用法律的能力，而且可以促进理论和实践的有机结合，提升他们的理论素养。

　　中国政法大学作为全国第一批法律硕士专业学位研究生培养单位，作为第一所设立法律硕士学院的高校，在法律硕士专业学位研究生培养方面积累了一定经验。为进一步推动法律硕士专业学位研究生教学改革，深化培养模式改革，打通知识教学与实践教学之间的壁垒，强化实践教学和案例教学，学校组织有较高理论素养和实践能力的教师编写了《中国特色社会主义法治理论与实践系列研究生教材之法律硕士专业学位研究生案例研究指导丛书》（以下简称"案例研究指导丛书"），帮助学生从案例研究入手，更好地学习法学知识，掌握专业技巧，提高实践能力，以适应日益增长的社会需求。

案例研究指导丛书坚持以中国特色社会主义法治理论为指导，坚持从中国国情和实际出发，融通世界先进经验与中国智慧，结合中国法治实践，在夯实学生法学专业基础的同时，注重培养学生的理想信念、家国情怀、人文精神和责任担当，提高学生发现问题、分析问题、解决问题的能力，形成运用法律思维和法治方法分析解决问题的自觉意识。

衷心希望这套教材能够在法律硕士专业学位研究生培养中发挥积极作用，成为广大法律硕士专业学位研究生的案头必读书。

是为序！

中国政法大学　马怀德

2019 年 4 月 12 日

本书为中国政法大学研究生院"中国特色社会主义法治理论与实践系列研究生教材：法律硕士专业学位研究生案例研究指导丛书"系列中的一本——《民法总论案例研究指导》。作为法律硕士专业学位研究生的案例指导教材，本书特别强调法律理论与实践的结合，从法律实践中筛选具有分析价值的实际案例进行指导教学，强调案例阐释理论，以培养学生的法律职业能力。

本书所选取的案例均是近5年来，特别是2017年10月1日《中华人民共和国民法总则》生效后，民商事领域中的真实案例，其中不乏在社会上产生广泛影响的重大疑难案件。选取的案例具有真实性、权威性、前沿性、典型性和综合性。本书作者以这些真实案例为基础，根据教学计划进行了必要的修改，使得呈现在书稿中的案例材料简洁明了、详略得当，有利于法律硕士研究生进行法律适用的训练。

区别于本科教材以及其他普通教材的体例，全书以专题形式呈现、以专题形式组织编写内容。本书结构上并不局限于《中华人民共和国民法总则》的章节体例，而是以问题为导向，形成了五章共十五个专题，涵盖了民事主体、民事权利、法律行为、诉讼时效等基本民事法律制度中的重点难点问题，使得本书在分析案例、适用法律的过程中也保持了较高的学术性。

本书每一专题下设"知识概要""经典案例""拓展案例"与"拓展资料"四个板块。

"知识概要"对本专题的重要知识点进行了总结，并通过二维码的形式加入了更深层次的理论知识。

"经典案例"板块涵盖了1~2个本专题的典型、前沿案例，分为基本案情、法律问题、法理分析与参考意见四个基本部分，对每个案例进行了全面、深度的解构与分析，目的在于引导、训练学生发现问题、分析问题、解决问题的能力。通过案例对应的二维码，可以轻松查阅案例的判决书等文献。

"拓展案例"板块包括案例的基本案情、法律问题和重点提示等内容。

为方便课堂研究、讨论和学生课后学习，"拓展资料"板块主要是拓展阅读资料，包括推荐阅读的著作、论文等，可以拓展学生的专业知识深度与广度。

本书各作者分工如下（按照所撰写的章节顺序排序）：

刘智慧：第一章、第二章；

乌兰：第三章、第五章；

费安玲：第四章。

本书作者

2020 年 1 月

目 录

| 第一章 |

民事主体

第一专题　胎儿权益的民法保护

📚 知识概要

民事能力反映民事主体的法律地位。民事权利能力制度是私法概念高度抽象的一个重要表现之一。在民法史上，自然人的权利能力一直处于发展、变化和演进的历程中。现代民法多肯定权利能力具有平等性、不可剥夺性及不得处分性。首先，现今多数国家和地区多从"人生而平等"的原则出发，以自然人生命存续为条件，承认其权利能力。对此，《中华人民共和国民法总则》（以下简称《民法总则》）第14条也规定："自然人的民事权利能力一律平等。"根据这一规定，在我国，自然人均享有完全、平等的权利能力，不受民族、种族、性别、年龄、职业、职务、宗教信仰、教育程度、家庭出身、财产状况等的影响。其次，权利能力是自然人享有民事权利、承担民事义务的前提和基础，这意味着其与自然人的生存须臾不可分。任何文明的立法都不应否认自然人的权利能力，也不得剥夺自然人的权利能力，因为否认和剥夺自然人的权利能力无异于将其放逐于社会之外，直接导致该自然人无法生存。此外，权利能力体现的是对人的尊严的终极价值诉求，现代法律致力于承认并保障每个自然人的主体地位，反对一切将人视作客体的做法。为了确保这种秩序，当然不允许自然人对权利能力进行放弃或者转让等处分行为。即使当事人进行了放弃、转让等处分权利能力的行为，法律也不承认其效力。

对于自然人的民事权利能力，各国和地区立法例多规定其始于出生，我国亦如是。依我国《民法总则》第13条的规定，自然人从出生时起具有民事权利能力。出生是指自然人脱离母体而成为有生命的独立体的事实。民法上对于出生时间的判断，本质上是医学问题的法律化，会随着医学的发展而变化。依学界通说，出生的要件有二：一为"出"，即胎儿完全脱离母体，至于出的原因（分娩或是流产等）、方式（自然产或是人工产）均在所不问；一为"生"，即胎儿脱离母体后有独立的生命，为活体，且时间长短在所不问。鉴于实践中遇及纠纷争议的焦点为需要对自然人的出生时间予以判断时，往往由于时隔很久而无法确定。为杜绝争议，《民法总则》第15条明确规定，自然人的出生时间，以出生证明记载的时间为准；没有出生证明的，以户籍登记或者其他有效身份登记记载的时间为准。有其他证据足以推翻以上记载时间的，以该证据证明的时间为准。这一规定修正了原《最高人民法院关于贯彻执行〈中华人民共和国民法通则〉若干问题的意见（试行）》第1条赋予户籍证明绝对效力的出生时间认定规则。

《中华人民共和国民法通则》（以下简称《民法通则》）绝对贯彻自然人的民事权利能力始于出生的原则，不承认胎儿有民事权利能力，对胎儿利益保护没有作出明确规定。卡尔·拉伦茨曾经有言，人生命的起始、法律保护的起始与自然人权利能力的起始是彻底不相关的两个问题。[1]在《民法通则》未赋予胎儿民事权利能力的立法背景下，考虑到虽然胎儿仅为母体的一部分，但大多数胎儿迟早要出生，对其将来出生后的利益有进行保留的必要，因而之前我国在继承法等领域设了专门的保护性规定。如《中华人民共和国继承法》（以下简称《继承法》）第28条规定："遗产分割时，应当保留胎儿的继承份额。胎儿出生时是死体的，保留的份额按照法定继承办理。"《最高人民法院关于贯彻执行〈中华人民共和国继承法〉若干问题的意见》第45条第2款又进一步补充规定："为胎儿保留的遗产份额，如胎儿出生后死亡的，由其继承人继承；如胎儿出生时就是死体的，由被继承人的继承人继承。"此外，《中华人民共和国刑法》（以下简称《刑法》）第49条、《中华人民共和国劳动法》（以下简称《劳动法》）第61条、《中华人民共和国人口与计划生育

---

〔1〕〔德〕卡尔拉伦茨：《德国民法通论》，王晓晔等译，法律出版社2003年版，第127页。

法》（以下简称《人口与计划生育法》）第 35 条等规定也从不同角度着眼于对胎儿利益的保护。然而，随着现代自然伦理思想的深化，胎儿作为生命体日益受到关注，且现代社会中由于交通肇事、医疗输血等导致胎儿利益受到损害的事例多有发生。从某种意义上看，对胎儿的重视与保护程度也代表着一个国家的社会文明程度，甚至对社会人口总体素质提升与人权事业的进步具有重要意义，仅于继承法领域规定保护胎儿利益已有明显不足。王泽鉴先生就曾经指出，"起其因放射线所引起之基因变化，或许在数代之后，始会显现出来。理论以言，时间之距离并不影响侵权行为之成立，一如上述，实则易生滋扰。因此英国法制委员会特建议仅第一代得请求出生前侵害之损害赔偿……实具参考价值"。[1]

鉴于上述考虑，《民法总则》第 16 条规定："涉及遗产继承、接受赠与等胎儿利益保护的，胎儿视为具有民事权利能力。但是胎儿娩出时为死体的，其民事权利能力自始不存在。"相比之前的立法，一方面，《民法总则》的这一规定已经赋予孕育期间的胎儿以民事权利能力。另一方面，该规定也明确，胎儿娩出时为死体的，其已经取得的民事权利能力溯及消灭，视为自始不存在。这种情形下具体的法律效果可以包括：其法定代理人代为受领的给付，应依不当得利的规定予以返还；已经接受的遗产份额，依法定继承办理；已经接受的赠与，应返还赠与人。

值得关注的是，《民法总则》这一规定中"胎儿视为具有民事权利能力"一句，对于胎儿民事权利能力的起算时间，可能会产生解释上的分歧。究竟是应采法定停止条件说，解释为胎儿于怀孕期间并未取得民事权利能力，在胎儿出生后溯及到相关权益保护请求权成立时取得民事权利能力；还是应采法定解除条件说，解释为胎儿自怀孕时起取得民事权利能力，但胎儿娩出时为死体的，其已经取得的民事权利能力溯及到怀孕时归于消灭？抑或是应针对不同的利益保护领域从保护胎儿利益的角度采不同的学说？甚至随着现代科学技术的进步以及社会文明程度的提高，立法是否有必要改"自然人的民事权利能力始于出生"为"自然人的民事权利能力始于生命的开始"？这些问题均有待实践进一步检验后做出选择。

---

〔1〕 王泽鉴：《民法学说与判例研究》（第四册），北京大学出版社 2009 年版，第 192 页。

此外，关涉胎儿利益保护还有一个必须明确的问题，就是受保护的胎儿利益的范围如何？基于胎儿本身仍然区别于自然人存在，故其享受的利益保护还是应当有别于自然人，但该范围如何确定？是否以最低限度和最迫切需求为限？受保护的胎儿利益是否允许具有对价？不同历史传统、文化观念和国家政策等是否会影响胎儿利益的保护范围？我国目前司法实践中对于胎儿是否享有诉权，胎儿是否可以接受赠与，胎儿在医疗事故、交通事故及环境污染中的损害认定及是否可以予以救济，胎儿抚养费纠纷等问题的裁判态度存在较大差异，呈现出比较混乱的情况。《民法总则》第16条的规定较为模糊，只列举了继承遗产和接受赠与两种情形，[1]并用了一个兜底性的"等"字。如果认为该条中用"等"字是因为基于社会生活的复杂性，对未来发生的情况难以穷尽，用"等"来为未来发生的未曾预料到的事件预留空间，那么为何只列举继承遗产和接受赠与，而不将同样在司法实践中频繁发生的胎儿损害赔偿请求权和抚养费请求权纠纷也列举其中？如此，在实践中各地人民法院在审判此类案件时往往只能援引其他相关法律条文行使自由裁量权。法官对法律价值理念理解的差异，容易导致在案情相同或者相似的情况下判决理由及判决结果呈现大相径庭的结果，从而有损法院及其判决的公信力和权威。[2]为此，还需要以当前司法实践及相关问题为基础，针对实践中胎儿利益受到侵犯的情形进行梳理和总结。

---

[1] 其实，对于继承，我国《民法总则》颁行前虽然没有赋予胎儿权利能力，但通过《继承法》对于胎儿的继承利益是予以一定保护的；对于赠与利益的保护，实务中也多是持肯定态度的。例如，在"应某诉杨某等三人赠与合同案"中，法院认为本案焦点系尚未出生的胎儿能否接受赠与。一审法院明确本案中余某的赠与系附条件的赠与，在余某之子余小某成活后该笔钱款可以作为其生活费、营养费等发生赠与效力，故一审法院据此判决赠与协议有效，后赠与人应某不服上诉，被二审法院驳回。可参阅浙江省湖州市兴县人民法院（2015）湖长矿民初字第726号民事判决书，浙江省湖州市中级人民法院（2016）浙05民终1532号民事判决书。

[2] 例如，在"孙某诉杨某等生命权、健康权、身体权纠纷案"中，法院即认为胎儿的民事权利除了法律规定的遗产继承、接受赠与等胎儿利益外，其他民事权利于出生并个体存活后才享有，因此不承认胎儿的民事主体地位。见四川省巴中市巴州区人民法院民事判决书，（2017）川1902民初3734号。

🔖 经典案例

案例：中国人寿财产保险股份有限公司兴国支公司、罗某1机动车交通事故责任纠纷案[1]

1-1 判决书全文

一、基本案情

原告罗某1因可归责于被告王某1的交通事故受伤，在兴国县人民医院的出院诊断为具有脑外伤后反应的伤情，并且出院医嘱栏载明："出院后继续治疗。"经法医学鉴定，罗某1被撞成十级伤残。之前，被告王某2（车主）已经在被告中国人寿财产保险股份有限公司兴国支公司投保交强险和不计免赔第三者责任保险，此次事故发生在保险有效期限内。在事故发生时，原告之妻已怀有四个多月身孕。五个多月后，原告之妻分娩，原告和其妻的女儿罗某2出生。经一审认定，对本次事故造成的原告损失，被告中国人寿财产保险股份有限公司兴国支公司应在其交强险赔偿限额内先予赔偿，不足部分，依其第三者责任保险合同赔偿，如仍不足，不足部分由被告王某1承担。对此，当事人均无异议。一审判决后，被告中国人寿财产保险股份有限公司兴国支公司对于是否需要承担原告罗某1女儿罗某2的"被扶养人生活费"问题有异议，遂提起上诉。

在二审法院审理中，上诉人认为，被扶养人是指受害人依法应当承担扶养义务的未成年人或者丧失劳动能力又无其他生活来源的成年近亲属。被扶养人的确定以侵权行为发生时为准，亦即以侵权行为发生时界定有无需要扶养的子女或成年家属。被上诉人罗某1的子女罗某2的出生时间在本起交通事故之后半年，也即事故发生时罗某2尚未出生，故认为法院不应支持被上诉

---

〔1〕 见江西省赣州市中级人民法院民事判决书，（2017）赣07民终650号。

人支付罗某1的被扶养人生活费这一主张。被上诉人认为，事故发生时罗某2虽未出生，但事故发生时被上诉人之妻已怀上罗某2，事后已生育罗某2，罗某2顺利出生，而本案中被上诉人已部分丧失劳动能力（十级伤残），被上诉人因部分丧失劳动能力而减少收入自然影响到对女儿罗某2的法定扶养能力，因此，认为上诉人的该部分上诉理由不能成立。

二、法律问题

1. 保护胎儿，是将胎儿作为法律主体保护，还是作为其母体的组成部分保护，即通过保护母亲来保护胎儿？

2. 本案情形中，法院是否应当支持被上诉人要求支付被抚养人生活费的主张？

三、法理分析

虽然立法例上多规定自然人的权利能力始于出生。但是，人从受孕到出生是一个连续的自然过程，从生物学的角度看，人的生命开始于成功受孕的孕卵、胚胎以及胎儿这些形式，故而仅仅一个出生时间无法体现人出生前后的生理关联。依自然人的权利能力始于出生的法律原则，出生前的胎儿尚未成为法律上的人，自然不应享有民事权利能力。但如果严格贯彻这一原则，势必使得行将出生的胎儿得不到其需要得到的保护。在古老的罗马法时期，受生命伦理的影响，法学家保罗就指出："当涉及胎儿利益时，母体中的胎儿像活人一样被对待，尽管在他出生以前这对他毫无裨益。"[1]

自罗马法以来，尽管各国和地区在法律上对胎儿的观念各有不同，但总体而言，出于伦理、宗教观念和尊重人权角度的考虑，在法律上一般对胎儿给予一定保护，因为无论从伦理观念还是法律观念上来看，都不能将胎儿等同于"物"。而且，对孕育阶段胎儿的侵害，其损害结果难以避免地延及出生后成为独立存在的人。当然，各国和地区保护胎儿利益的程度和方法各有不同。归纳而言，各国和地区民法对胎儿利益的保护主要有四种立法例：一是

---

[1] 可参阅［意］彼德罗·彭梵得：《罗马法教科书》，黄风译，中国政法大学出版社1992年版，第30~31页。

将胎儿视为已出生而给予保护，如古罗马法采此例。二是总括保护主义，即只要娩出时尚生存，胎儿就被视为出生前即具有民事权利能力。如《瑞士民法典》第 31 条第 2 款及我国台湾地区"民法"第 7 条即采此立法模式。三是个别保护主义，即胎儿原则上无民事权利能力，但在若干例外情形下视为具有民事权利能力，对其利益予以保护。如法国、德国、日本等国立法均采用此种模式，法律所特别保护的胎儿利益主要集中于损害赔偿和继承领域。四是不承认胎儿有民事权利能力，但在立法上给予胎儿一些特殊保护，如我国《民法总则》通过前的立法即采用这种方式。

实际上，胎儿出生时为死体的，无论是侵权行为致死，还是其他原因所致，胎儿都不能享有损害赔偿请求权，而应由受害人即怀孕的母亲享有损害赔偿请求权。对此，我国之前在理论和实践中已经基本达成共识。但是，如果损害发生于胎儿出生前，对于其出生后能否对加害人行使损害赔偿请求权以及其他权益保护请求权的问题，在《民法总则》实施之前，理论和司法实践中有不同主张。以胎儿母亲因车祸受损并导致胎儿出生后残疾为例：虽然实践中一般会考虑对胎儿利益予以救济，但对于救济的依据历来又有不同主张，大致可以分为四类观点：有观点认为，现行法下胎儿本身不具有权利能力，也就不享有索赔权利，法律不能为了保护胎儿的某种特殊的利益而改变，但胎儿是母体的组成部分，伤害胎儿，就是伤害母亲的身体健康，故母亲可将胎儿视为其身体的一部分提出损害赔偿，即赋予胎儿的母亲享有损害赔偿请求权；[1]有观点认为，虽然胎儿不具有民事主体地位，但人身权延伸保护的客体是人身法益，而非权利本身，胎儿在出生前，由于其已具备若干生命的条件，围绕人身权而存在的先期人身利益是客观存在于世的，立法者不承认其为权利，但可以承认其为合法利益并予以法律保护，因而成为法律保护的客体；还有观点认为，可以考虑给胎儿预先保护，即在技术上严格维护法

---

[1]　如在"裴某等诉钱某人身损害赔偿案"中，原告母亲于 2001 年 7 月 27 日在其居住地马山峰影新村 84 号门前散步时，被告钱某由于驾驶失误，导致其驾驶的摩托车尾箱撞击原告母亲裴某腹部，后裴某于 7 月 29 日被无锡市妇幼保健院诊断为胎膜早破，先兆早产。一月后原告吴某出生，因早产导致其免疫功能低下并因此花费额外医药费用。原告起诉被告请求主张侵权损害赔偿。法院认为，保护胎儿利益固然应当，但也不能与《民法通则》第 9 条自然人权利能力起始的规定相冲突，最终判决原告可以通过其母亲主张损害赔偿，故驳回原告起诉。可参阅江苏省无锡市滨湖区人民法院（2001）滨马民初字第 129 号民事判决书。

律逻辑，否定胎儿的主体性，不承认其具有权利能力，但可以通过对出生后自然人的某些利益进行预先保护，来达成对胎儿的保护。以上三种观点都认为在当时的立法背景下不宜承认胎儿具有民事权利能力，但另有一种观点认为，胎儿的权利应得到法律保护，认为胎儿的母亲遭受车祸损害，因服用治疗伤害的药物等，会间接致害其体内的胎儿。故在该胎儿出生后，如果能证明因车祸受到损害的不仅仅是胎儿的母亲，还损害了胎儿的健康利益，则这里的损害赔偿请求权，就不仅为胎儿的母亲所享有，其出生后的孩子因其作为胎儿的时候就受到了损害，因此也享有损害赔偿的请求权，可以请求加害人承担损害赔偿责任。当然，胎儿的这种损害赔偿请求权，在胎儿还没有出生之前，因损害的不确定性，不便于实现。因此，这种损害赔偿请求权应待其出生后，依法行使。一般而言，由于初生婴儿具有民事权利能力而不具备完全民事行为能力，因而在行使损害赔偿请求权的时候，应当由其法定代理人代为行使。

之所以会出现上述分歧，主要是囿于之前的立法规定，在胎儿于母体内受到伤害，而这种伤害又只有等到出生后才会显示出来的情况下，若认为胎儿无权利能力，则无法主张赔偿；但若认为胎儿有权利能力，又可能与《民法通则》关于民事权利能力的规定发生冲突。对损害赔偿请求权的保护是这样的态度不一，对于胎儿其他权益的保护更是莫衷一是。

《民法总则》第16条的规定回应了社会文明发展的要求，赋予胎儿获得法律主体资格的可能性，这一进步是值得肯定的。[1] 但《民法总则》的这一规定仍然采用了个别保护的模式，在保护范围方面只列举了"遗产继承"和"接受赠与"两种情形。虽然条文中的"等"字可以解释为并不排除于"遗产继承、接受赠与"之外的领域在有必要时保护胎儿利益，如有学者对这一规定进行解读时就认为"等"的含义表明胎儿权益的保护范围应该包括损害赔偿请求权，[2] 但毕竟不如总括保护主义的立法模式可以对胎儿利益给予更

---

[1] 当然，新近也还有反对赋予胎儿法律主体资格的见解，认为《民法总则》第16条的规定是一种退步。如有学者认为，"《草案》第16条回到胎儿的绝对主义保护模式，牺牲逻辑追求'公正'无说服力，反映了对民法基本理论的一系列误解，是一种退步"。可参阅李锡鹤："胎儿不应有法律上利益——《民法总则》草案第16条质疑"，载《东方法学》2017年第1期。

[2] 梁慧星："《民法总则》重要条文的理解与适用"，载《四川大学学报（哲学社会科学版）》2017年第4期。

充分的保护。也就是说，即便运用《民法总则》第16条的规定处理上述案例，仍然无法得出统一的解释。从这个意义上看，《民法总则》的规定只是为通过解释摆脱困境提供了空间，但没有完全解决问题。

如果个别保护模式的选择只因囿于我国的计划生育政策，无法解释堕胎的正当性且可能涉及母亲的自决权（或生命、健康权）与胎儿的生命权两者间的冲突，也不好解决如何救济父母对胎儿造成的伤害（尤其是母亲）问题的话，那么随着我国计划生育政策的变化，有必要进一步斟酌我国未来民事立法对于胎儿利益保护的立法模式。从这个意义上看，没有赋予胎儿概括的民事权利能力的做法，显示出立法者在胎儿权益保护问题上仍然具有一定的保守性。[1]此外，在司法实践中适用该规定时，也要注意该规定在保护范围、与其他相关法律的衔接等方面仍存在许多有待明确的问题。

四、参考意见

《民法总则》第16条规定："涉及遗产继承、接受赠与等胎儿利益保护的，胎儿视为具有民事权利能力。但是胎儿娩出时为死体的，其民事权利能力自始不存在。"该条并未明确规定对于胎儿被抚养利益一定给予保护，但也没有明确否定。在本案中，交通事故发生时，罗某2虽然尚未出生，但已经是胎儿，且之后罗某2正常出生，被上诉人罗某1对罗某2依法应承担扶养义务，即本次交通事故导致的损害的确涉及胎儿利益保护，从《民法总则》的立法本意，应适用"胎儿视为具有民事权利能力"。故宜判决上诉人支付被扶养人罗某2的生活费。在司法实践中，胎儿在受孕后、出生前，其父亲、母亲的人身权益遭受侵害，造成胎儿利益受损的案件已经多次出现。从长远看，对此必须达成共识，避免同案不同判现象的发生。

---

〔1〕 实际上，《民法总则》第16条在立法过程中的立法本意也不仅于此。有学者就曾明确指出，《民法总则》之所以"作出这样的规定，主要是从两方面对胎儿权益进行保护。其一，从继承的角度，要为胎儿保留必要的份额，体现了特留份制度。其二，造成侵权之后，例如在出生前因不当行为导致胎儿的出生缺陷等，胎儿出生之后可以独立请求赔偿"。可参阅王利明："民法总则草案十大亮点解读"，载《法制日报》2016年6月28日，第9版。

📚 **拓展案例**

案例一：通化市人民医院与许某、蒋某医疗损害责任纠纷案[1]

1-2 判决书全文

一、基本案情

原告蒋某、许某为夫妻关系。一审时，原告诉称，2017年9月29日原告蒋某入住通化市人民医院待产，因通化市人民医院未尽到注意义务，存在重大医疗过错，侵害新生儿生命健康权，导致新生儿出生不久死亡，且胎儿死亡给原告家庭生活造成了严重的精神创伤。因病历材料中显示胎儿为活体，双方产生争议，为查明案情产生了鉴定费用。为此，原告请求判令被告通化市人民医院赔偿原告精神抚慰金、（胎儿遗体）冷冻费、火化费以及鉴定费等。

被告辩称，胎儿出生时就已没有生命体征，并不具有法律上的人格，依法不具备民事权利能力，其也就不具备民事主体的诉讼资格，不能作为赔偿的权利人，怀孕期间胎儿受到侵害只能视为对其母亲的侵害，胎儿母亲是权利人，故认为原告提起的诉讼没有事实根据和法律依据，请求法院驳回其起诉。

经一审法院审理后认定的事实为：原告蒋某、许某为夫妻关系。2017年9月29日原告蒋某入住被告通化市人民医院待产，因被告未尽到注意义务，在胎儿发生宫内窘迫后未及时行剖宫产，致婴儿窒息死亡，被告的医疗行为存在医疗过错（关联案件吉大司鉴[2017]法临鉴字第415号司法鉴定意见书），原告蒋某之子出生时应为死胎。原告蒋某、许某为主张蒋某之子出生时为活体婴儿，申请对胎儿冷冻并进行鉴定，发生冷冻费、火化费和鉴定费。

---

[1] 吉林省通化市中级人民法院民事判决书，（2018）吉05民终450号。

一审法院认为，被告通化市人民医院对原告蒋某未尽到注意义务，在胎儿发生官内窘迫后未及时行剖官产，致婴儿窒息死亡，被告通化市人民医院的医疗行为存在医疗过错，其过错与胎儿死亡存在因果关系，因被告通化市人民医院的医疗过错，给原告蒋某、许某造成严重精神损害，应赔偿原告精神损害抚慰金。原告蒋某、许某主张（胎儿遗体）冷冻费、火化费、鉴定费等也应由被告通化市人民医院承担，但因蒋某、许某上述费用的发生是为了鉴定蒋某之子出生时为活体，而鉴定结论为原告蒋某之子出生时应为死胎，故原告蒋某、许某主张的（胎儿遗体）冷冻费、火化费、鉴定费等不应由被告通化市人民医院承担。最后判决被告通化市人民医院赔偿原告精神损害抚慰金，驳回原告蒋某、许某的其他诉讼请求。

本院二审查明事实与一审查明事实一致。二审驳回上诉，维持原判。

二、法律问题

1. 胎儿因医院过错未能出生，是否具有损害赔偿请求权？
2. 本案中，胎儿的父母是否可以主张精神损害赔偿？

三、重点提示

本案中，胎儿因医院过错未能出生，而我国《民法总则》赋予胎儿民事权利能力是以其出生时为活体为条件，故而本案中的胎儿自始至终不具有民事权利能力，不享有损害赔偿请求权。

《中华人民共和国侵权责任法》（以下简称《侵权责任法》）第22条规定："侵害他人人身权益，造成他人严重精神损害的，被侵权人可以请求精神损害赔偿。"第54条规定："患者在诊疗活动中受到损害，医疗机构及其医务人员有过错的，由医疗机构承担赔偿责任。"本案中，原告为胎儿的父、母亲。因被告通化市人民医院在原告妻子分娩的过程中存在医疗过错，致胎儿在生产过程中不幸窒息死亡，原告二人遭受沉重的打击，产生巨大的精神痛苦，应当得到精神上的补偿。

案例二：王某诉杨某等机动车交通事故赔偿纠纷案[1]

1－3　最高人民法院公报案例全文

一、基本案情

被告杨某驾驶小货车，由于对前方路面情况观察不够，将同向行走的原告王某之父王某1撞倒，王某1经抢救无效死亡。此事故经泸州市公安局交通警察支队二大队认定，被告杨某负事故主要责任，王某1负次要责任。原告王某之母牟某与王某1自由恋爱多年并同居生活。截至王某1死亡，牟某仍未婚，但已怀孕，尚未生育原告王某。在本案处理期间，原告王某尚未出生。过了半年，牟某生育了原告王某后，代王某向法院起诉，请求法院判令内被告共同支付原告王某抚养费、精神损害等相关费用。

被告辩称：①王某1死时未婚，没有配偶，不应有子女。②即便原告王某是王某1的遗腹子，在王某1死亡时原告王某尚未出生，尚不具有民事权利能力，是不能行使请求权的民事主体。③继承法虽然有保护胎儿继承份额的规定，但本案是交通肇事损害赔偿，不是继承案件，赔偿金不等于遗产，保留胎儿份额的规定不能在本案中适用。④《民法通则》第119条规定："侵害公民身体造成伤害的，应当赔偿医疗费、因误工减少的收入、残废者生活补助费等费用；造成死亡的，并应当支付丧葬费、死者生前扶养的人必要的生活费等费用。"原告王某不是王某1生前扶养的人，不能依照《民法通则》第119条的规定来请求赔偿，其诉讼请求应当予以驳回。⑤即使能证明原告王某是被害人王某1的遗腹子，1岁的孩子不懂得精神损害，不应支付精神抚慰金，故不同意原告的全部诉讼请求。

在本案审理期间，经鉴定确认：王某1确系原告王某的亲生父亲。

---

〔1〕　四川省泸州市江阳区人民院（2003）江阳民初字第356号民事判决书，见《中华人民共和国最高人民法院公报》2006年第3期。

二、法律问题

1. 胎儿出生后，是否有权就发生于出生之前的不法行为主张损害赔偿？

2. 胎儿出生后就发生于出生之前的不法行为主张损害赔偿，赔偿范围是否可以包括出生后的精神损害赔偿？

三、重点提示

本案受理法院经审理认为，首先，原告王某的法定代理人即原告王某之母牟某与王某1自由恋爱多年，并同居生活，且在王某1死亡时牟某已怀孕。根据《民法通则》第9条的规定，胎儿一旦脱离母体并成活，即具有民事权利能力，是合法的民事主体。尽管原告王某在事故发生时尚未出生，但原告王某与王某1之间的父子关系经依法鉴定已予以确认，且原告王某于起诉时已出生，有权为维护自己的权益提起诉讼。质言之，本案中，抚养与被抚养的关系因其本身的血缘关系根本地、不可改变地存在，并不因王某出生的早晚或是否婚生而发生实质性变化。由此，原告王某与婚生子女享有同等的民事权利，应视为死者王某1生前实际应当抚养的人。被告杨某在本次交通事故中既是驾驶员，又是车主，原告王某因被告杨某的侵权行为而丧失了在正常情况下父亲王某1必然提供的生活费、教育费的利益。根据《民法通则》第119条的规定，原告王某有权请求被告赔偿其生活费、教育费等必要的费用，但精神损害赔偿不予支持。这一判决应当说在坚持当时的法律逻辑与体系的前提下，设法实现了保护胎儿利益的法律目的。

其实，在本案之前，就有法院对本案所涉问题持或明或暗的肯定态度。例如，在"张某1、张某2、杨某与姜某、巩某、陕西协力铜业工贸有限公司交通事故损害赔偿案"[1]中，原告张某1在母体孕育期间，其父母在搭乘被告汽车回家途中因被告驾驶失误发生交通事故，最后导致原告母亲高位截瘫。当时原告张某1尚在母体中孕育不足两个月，之后原告母亲张某3接受剖腹产手术诞下原告，四个月后身故。原告向法院提起诉讼请求赔偿。案件审理过程中，双方辩论焦点集中于事故发生时原告张某1作为胎儿是否享有民事

---

〔1〕　陕西省西安市莲湖区人民法院（2000）莲民初字第1155号民事判决书。

权利能力。该案受理法院最终避开对胎儿民事权利能力的正面回答，但认为侵犯原告被抚养权的侵害结果实际发生在原告出生后，即原告母亲死亡时原告已经出生，故原告属于《道路交通事故处理办法》第 37 条规定的死者生前抚养人的范围并据此判决原告胜诉。

1－4 张某 1 案判决书全文

当然，该案的意义还在于其被刊登于《最高人民法院公报》上，被认为是最高人民法院在司法实践中明确肯定胎儿抚养请求权的表现，在当时具有对其他法院的示范作用。之后较为典型的案例如"曹某某诉乔某某交通事故追索胎儿被抚养生活费纠纷案"[1]。在该案中，江苏省沭阳县人民法院就秉持了该案中保护胎儿受抚养权的价值取向，进一步明确即使交通事故后已经在交警调解下赔偿，调解协议中并未规定赔偿未出生胎儿抚养费，胎儿出生后仍享有诉权，得以本人名义请求赔偿，只不过同样对于胎儿是否具有民事权利能力未作正面回答。

1－5 曹某某案判决书全文

在《民法总则》通过后到实施前这一段期间，也有法院创造性地处理这一类案件。例如，在"中国太平洋财产保险股份有限公司淮南中心支公司、鄂尔多斯市舜龙物流有限责任公司财产保险合同纠纷案"中，被告太平洋财险淮南支公司主张，案涉交通事故发生时以及达成赔偿协议时受害人的遗腹子夏某并未出生，尚不属于法定意义上的"自然人"，不具有民事权利能力，不应计算其抚养费。法院经审理认为，与其他的法定继承人或者被扶养人相

---

〔1〕 江苏省沭阳县人民法院（2012）沭民初字第 2769 号民事判决书。

比，遗腹子出生后的被抚养利益，更应该受到"特殊保护"；新颁布的《民法总则》第 16 条明确规定涉及遗产继承、接受赠与等胎儿利益保护的，胎儿视为具有民事权利能力，该法虽然在本案审结之时尚未正式实施，但立法理念理应得到贯彻。最终法院从儿童最大利益原则出发，在死亡赔偿金的认定和分配过程中，支持了原告的主张。[1]

1-6　中国太平洋财产保险股份有限公司淮南中心支公司案判决全文

如果本案发生在《民法总则》施行后，根据该法第 16 条的规定："涉及遗产继承、接受赠与等胎儿利益保护的，胎儿视为具有民事权利能力。但是胎儿娩出时为死体的，其民事权利能力自始不存在。"本案中，尽管原告王某在事故发生时尚未出生，但原告王某与王某 1 之间的父子关系经依法鉴定已予以确认，且原告王某于起诉时已出生，所以在权利能力判断上可以适用该规定。不过，同样基于该规定并未明确对于胎儿的被抚养利益一定给予保护，但也没有明确否定，从《民法总则》的立法本意，以及尊重和保障人权已成为世界各国和地区理论和司法的共识，宜判决支持原告王某请求被告赔偿其生活费、教育费等必要费用的主张。对此，各地法院已经有不少支持案例。例如，在"上诉人王某与被上诉人温某、原审被告华安财产保险股份有限公司陕西分公司机动车交通事故责任纠纷案"中，法院认为，虽然在事故发生时原告胎儿尚未出生，但胎儿作为自然人生命孕育的必经阶段，其出生后对父母的抚养依赖是自然的，出生后的婴儿就是其父母的被抚养人；抚养人的受伤对胎儿出生后抚养的影响也是客观的，由于侵权人的侵权行为致使出生后的婴儿抚养依赖受到影响，侵权行为与出生后的婴儿利益受损之间的因果关系明确，侵权人应当承担受害人受伤时已经孕育的胎儿出生后的被抚养人生活费……[2]再如，在"中国人民财产保险股份有限公司襄阳市分公司长虹

---

[1]　安徽省淮南市中级人民法院（2017）皖 04 民终 742 号民事判决书。
[2]　陕西省铜川市中级人民法院（2017）陕 02 民终 262 号民事判决书。

路营销服务部与孙某等机动车交通事故责任纠纷上诉案"中，法院也认为，"将胎儿列为被扶养人而由侵权人支付扶养费正是考虑胎儿在加害行为发生时已经实际存在被扶养的需要，扶养费损失已经实际存在，对于胎儿扶养权利保护，有利于第二代人的健康成长。尽管胎儿在出生成为活体之前其没有民事权利能力和行为能力，但生命个体的延续性使扶养关系和实际扶养需要在胎儿孕育成功时就已经产生，父母实际上从胎儿受孕形成的那一刻起就开始承担扶养职责，所以胎儿成为被扶养人有其法理和伦理基础"。[1]

1-7 上诉人王某案判决

1-8 中国人民财产保险股份有限公司襄阳市分公司判决书全文

此外，根据我国《最高人民法院关于确定民事侵权精神损害赔偿责任若干问题的解释》的规定，对于精神损害赔偿，针对的是现实的严重的精神损害，一般是指受害人或者死者的近亲属因受害人的生命权、健康权、名誉权、人格自由权等人格权利遭受不法侵害而导致其遭受肉体和精神上的痛苦、精神反常折磨或生理、心理上的损害而依法要求侵害人赔偿的精神抚慰费用。本案显然达不到这种状态，故法院作出不支持的判断是适宜的。

案例三：陈某1等与重庆医科大学附属第一医院侵权
损害赔偿纠纷上诉案[2]

1-9 陈某1案案情及审判结果

---

[1] 湖北省襄阳市中级人民法院（2017）鄂06民终3566号民事判决书。
[2] 重庆市渝中区人民法院（2007）中区民初字第943号民事判决书；重庆市第五中级人民法院（2009）渝五中民终字第815号民事判决书。

一、基本案情

廖某与陈某系夫妻。廖某因停经 1 月余于 2006 年 6 月 9 日到重庆医科大学附属第一医院（以下简称重医附一院）就诊，被诊断为早孕。2006 年 8 月 11 日，廖某在重医附一院建立围产保健手册，并进行了血清学产前筛查。2006 年 8 月 16 日，检测结果确定为胎儿 21 三体风险值高危，建议进一步就诊。嗣后，重医附一院对廖某做了两次羊水穿刺未见明显异常，于 2006 年 10 月 10 日为原告廖某做脐带穿刺进一步检查。当日，因原告廖某的胎儿过小，抽取脐血失败。在廖某及家属的一再要求下，重医附一院于 2006 年 10 月 27 日依据前两次羊水培养的情况作出胎儿羊水染色体核型正常、G 显带未见明显异常的检验报告。此后，廖某一直在重医附一院进行常规的产前检查，至 2006 年 12 月 29 日在重医附一院剖腹产下陈某 1。陈某 1 经重庆医科大学附属儿童医院、重医附一院诊断为 21 三体综合征（先天愚型）。因此，廖某、陈某认为重医附一院在对廖某的产前检查中存在医疗过错，未及时发现胎儿患 21 三体综合征及其他病变的症状，违背风险告知义务而侵犯了原告廖某、陈某终止妊娠的生育选择权，造成原告陈某 1 从出生即终身残疾，故起诉要求被告重医附一院赔偿陈某 1 康复费、残疾赔偿金、护理费及陈某 1、廖某、陈某共同的精神损害抚慰金。

在审理过程中，经重医附一院申请，法院依法委托西南政法大学司法鉴定中心对重医附一院的医疗行为进行了医疗过错责任鉴定，鉴定结论为：重医附一院在对廖某产前保健检查过程中存在过错；重医附一院的医疗过错行为与陈某 1 的出生有直接因果关系，与陈某 1 所患 21 三体综合征无关。

二、法律问题

1. 知情生育选择权是否为一项法定民事权利？医院出具了错误的诊断结论致使缺陷婴儿出生，是否侵害了产前检查夫妇的生育选择权？如系侵权，医院应承担何种范围的损害赔偿责任？

2. 重医附一院产前错误诊断，是否侵害本案原告陈某 1 的权利？

三、重点提示

本案是一起因医院产前检查存有过错，未能检测出胎儿患有严重疾病致使受检孕妇生育了缺陷婴儿，进而引发的侵权损害赔偿诉讼。需要综合《中华人民共和国母婴保健法》（以下简称《母婴保健法》）、《中华人民共和国母婴保健法实施办法》、《中华人民共和国合同法》（以下简称《合同法》）、《产前诊断技术管理办法》、《侵权法》及相关司法解释予以认定。

受理法院经审理认为，产前诊断是指对胎儿进行先天性缺陷和遗传性疾病的诊断。经产前诊断，胎儿患严重遗传性疾病的，医师应当向夫妻双方说明情况，并提出终止妊娠的医学意见。公民享有母婴保健的知情选择权。原告廖某怀孕后到重医附一院进行产前检查和围产期保健，经检测确定为胎儿21三体风险值高危，建议进一步就诊后，重医附一院虽经多次检验仍未能作出胎儿患有21三体综合征的准确诊断，侵犯了原告廖某、陈某终止妊娠的生育选择权，致使原告廖某、陈某生育患有21三体综合征（先天愚型）的陈某1，造成原告廖某、陈某的精神损害。经鉴定，重医附一院在对原告廖某产前保健检查过程中存在过错，且该医疗过错行为与原告陈某1的出生存在直接因果关系，故原告廖某、陈某起诉要求赔偿精神损害抚慰金的理由正当，依法予以支持。

审理法院提出，对于原告廖某、陈某精神损害抚慰金的金额则应根据本案实际情况予以酌情确定。因原告陈某1所患21三体综合征属自身常染色体畸变所致的疾病，经鉴定重医附一院的医疗过错行为与原告陈某1的出生虽存在直接因果关系，但与原告陈某1所患21三体综合征无关，故原告陈某1以其患21三体综合征为由要求被告重医附一院赔偿康复费、残疾赔偿金、护理费和精神损害抚慰金的诉讼请求没有事实和法律依据，不予支持。

需要注意的是，本案的审理发生在《民法总则》颁行之前，当时并未有条件地赋予胎儿民事权利能力，故受理法院秉持这样的观点：医院在产前检查及诊断中存有过错，致使孕妇生育缺陷婴儿的，产前检查夫妇可以医院侵权为由提起损害赔偿诉讼；但医院仅对与其产前过错诊断具有因果关系的损害后果承担赔偿责任。但是，如果本案适用《民法总则》第16条予以裁判，是否应当得出不同的结论，这是值得斟酌的。

拓展资料

1-10

第二专题　死者人格利益的民法保护

知识概要

依我国《民法总则》第 13 条的规定，自然人死亡时民事权利能力即终止。法律上所称的死亡因认定死亡方式的不同可分为自然死亡与宣告死亡。

所谓自然死亡，也称生理死亡，是自然人的生命的终结。自然死亡是一个法律事实，事关民事权利能力的终止，可能涉及某些民事法律关系的消灭或者开始，如婚姻关系结束、继承关系开始等，故对死亡时间的判断意义重大。[1]关于自然死亡的判断标准与时点，和出生时间的判断一样，属于医学问题的法律化，而各国和地区的医学实践对于自然死亡时间的判断标准不一，主要存在心跳停止说、呼吸停止说、脑死亡说以及脉搏停止说等。心跳停止说认为心脏停止跳动即可认定为死亡；呼吸停止说认为呼吸停止后即可认定为死亡；脑死亡说认为应以脑电波是否消失来认定死亡与否；脉搏停止说认为脉搏一停止即可认定为死亡。上述学说都是与一定的医学条件和医学发展程度相联系的，各有利弊。随着医学技术水平的提高，心跳停止、脉搏停止

---

[1] 对于宣告死亡能否引起权利能力终止的问题，大致有两种立法例：一种做法是明确规定宣告死亡视同自然死亡，故发生民事权利能力的终止；另一种做法是以单独条文规定宣告死亡，并未明确说明权利能力是否终止。与这两种立法例相对应，在理论上形成两种不同观点：一种观点认为，宣告死亡同样引起民事权利能力的终止；另一种观点认为，权利能力只能因自然死亡而终止。我国通说采第二种观点，《民法总则》第 49 条"自然人被宣告死亡但是并未死亡的，不影响该自然人在被宣告死亡期间实施的民事法律行为的效力"的规定，意味着我国《民法总则》采纳了通说观点，因为一个民事权利能力已经终止的人还可以实施有效的民事法律行为，甚至还可以自行向法院申请撤销对自己的死亡宣告，这有违常理也不合逻辑。对于宣告死亡纠纷案件，本书另设专题。

或者呼吸停止后又抢救过来的病人并不少见。目前，脑死亡说很有影响，但因可操作性等问题而仅被极个别国家和地区的法律所认可。我国实践中仍采取传统医学上公认的呼吸和心跳均告停止作为自然人死亡的标准。

与出生时间相同的是，实践中也会对死亡时间的判断发生争议，因此需要采用一定的证据予以证明。依《民法总则》第15条的规定，自然人的死亡时间，以死亡证明记载的时间为准；没有死亡证明的，以户籍登记或者其他有效身份登记记载的时间为准。有其他证据足以推翻以上记载时间的，以该证据证明的时间为准。实践中，对于死于医院，或者因自杀、他杀、事故等导致非正常死亡的，多以医院或其他基层主管机关出具的死亡证明书载明的死亡时间为准，但死亡证明书记载的时间应与自然死亡的时间相一致，否则就不具有法律效力。一般而言，如果当事人对于死亡的时间有争执，而又难以判断死亡时间，则应由主张死亡时间对自己有利的当事人负责举证。

几个人在同一事件中死亡，而又不能确定死亡先后时间的，可能会导致财产继承发生困难。对于这一问题的解决，各国和地区的民法多设有推定制度，但具体规定不尽相同，如法国依年龄、性别的不同推定其中一方先死；而德国和瑞士则推定同时死亡。我国《最高人民法院关于贯彻执行〈中华人民共和国继承法〉若干问题的意见》第2条规定："相互有继承关系的几个人在同一事件中死亡，如不能确定死亡先后时间的，推定没有继承人的人先死亡。死亡人各自都有继承人的，如几个死亡人辈分不同，推定长辈先死亡；几个死亡人辈分相同，推定同时死亡，彼此不发生继承，由他们各自的继承人分别继承。"这一规定显然主要是从保护继承人的权益出发，基本依据自然顺序来推定死亡时间。

关于死者是否具有民事权利能力，也是向来具有争议的问题，理论上曾经形成两种不同的观点：认为死者不具有民事权利能力的否定说和认为死者具有民事权利能力的肯定说。但无论持否定说抑或肯定说，均不否认保护死者人格利益的重要性。学界和实务界曾有赞成赋予死者名誉权的观点，[1]但

---

[1] 如有学者曾经提出"……权利和权利能力是可以由立法者根据社会利益的需要而进行调整的……立法者在民法通则修正案或未来的民法典中直接规定死者享有名誉权，是可行的。这样，保护死者的名誉权，也就有了法律上的依据，学者间的诸多争议也就随之迎刃而解了"。可参阅王利明主编：《人格权法新论》，吉林人民出版社1994年版，第441~442页。

目前的通说持否定说的观点，即认为自然人的民事权利能力终于死亡，死亡之后原则上即不能享受权利、承担义务，因为如果承认死者的民事权利能力，也就意味着赋予死者以主体资格，这会在民法理论和制度上造成逻辑冲突和操作障碍。不过，通说也认为，在自然人死后，其生前的姓名、肖像、名誉、隐私以及著作权中的精神权利等死者生前的权益，法律仍然应当予以保护。对于保护死者利益的理论依据，学说不一，早已形成死者权利保护说、死者法益保护说、近亲属权利保护说、人格利益继承说、家庭利益保护说、人格法益延伸保护说、近亲属与社会利益关联说等不同学说。[1]

我国法律对死者的名誉及其他人格权益的保护作了特别规定，之前的《中华人民共和国著作权法》（以下简称《著作权法》）、《中华人民共和国著作权法实施条例》以及最高人民法院的一些司法解释等对此就有关注。例如，根据我国《著作权法》第20条和第21条的规定，作者的署名权、修改权、保护作品完整权的保护期不受限制；公民的作品，其发表权、复制权、发行权、出租权、展览权、表演权、放映权、广播权、信息网络传播权、摄制权、改编权、翻译权、汇编权以及应当由著作权人享有的其他权利的保护期为作者终生及其死亡后50年……再如，根据《最高人民法院关于确定民事侵权精神损害赔偿责任若干问题的解释》第7条的规定，自然人因侵权行为致死，或者自然人死亡后其人格或者遗体遭受侵害，死者的配偶、父母和子女向人民法院起诉请求赔偿精神损害的，列其配偶、父母和子女为原告；没有配偶、父母和子女的，可以由其他近亲属提起诉讼，列其他近亲属为原告。

由上述规定可以看出，我国司法实践中对死者利益的保护不是基于死者是民事主体，享有民事权利能力，而是基于其近亲属及社会利益的考虑，由此可见，我国目前基本采近亲属与社会利益关联说，即对死者利益的保护是为了维护近亲属利益和社会利益。因为民事权利是以利益为内容的，这种利益是社会利益和个人利益的结合。具体而言，一个人死亡，其生前享有的某些权利是包含有社会利益的因素的，因此，虽然死亡的自然人不能再享有权利中的利益，但从社会角度考虑，仍需对这种利益加以保护。在这种情况下，

---

〔1〕　可参阅杨立新：《人身权法论》，人民法院出版社2002年版，第295～300页；刘国涛：《人的民法地位》，中国法制出版社2005年版，第122～126页；葛云松："死者生前人格利益的民法保护"，载《比较法研究》2002年第4期。

与其说是保护该自然人的利益，不如说是与该自然人有关的某些社会利益受法律保护。这一学说既能与民事权利能力终于死亡的规定相协调，也能够对死者的利益予以保护，可资赞同。对此，有学者指出，法律保护死者的这些利益，体现了法律对民事主体权益保护的完整性，也有利于引导人们重视个人生前死后的声誉，维护社会公共道德和秩序。[1]

与此相呼应，我国《民法总则》第185条进一步规定："侵害英雄烈士等的姓名、肖像、名誉、荣誉，损害社会公共利益的，应当承担民事责任。"该规定不仅是首次在基本法律中对死者人格利益作出保护的规定，而且也是对社会中频繁出现的英雄烈士人格利益被侵害现象的回应。毋庸置疑，该规定具有鲜明的政治意义，体现了《民法总则》鲜明的政治导向，有利于在全社会营造尊崇先烈、扬善惩恶的良好氛围。然而，在《民法总则》颁行前，对于第185条的规定，学界在立法论上褒贬不一，解释观点也不尽一致。在立法论上，有学者对该条规定持否定态度，认为《最高人民法院关于确定民事侵权精神损害赔偿责任若干问题的解释》第3条已经对死者人格利益作了保护性规定，即便要增强保护力度，也应建立在保护普通死者人格利益的基础上，而非仅对英雄烈士的人格利益进行保护；[2]也有学者从民法典体系结构的角度剖析了该条制定的得失，在肯定其立法必要性的基础上，考察了国外对英雄烈士保护的立法经验，提出以特别法的形式作出对英雄烈士保护的规定，或者在《中华人民共和国民法典分则·侵权责任编》中进行细化规定更具有合理性；诸如此类等等，不一而足。[3]

《民法总则》实施后，多数学者对该条款的研究从立法论回归到解释论：有学者提出，《民法总则》第185条的立法目的不仅是保护"英雄烈士等"的人格利益，而应将其理解为对普通死者人格利益进行保护的条款才更符合法律形式平等、实质平等的要求以及法律逻辑的一致性；[4]另有学者则认为，

---

[1] 可参阅王利明：《民法总则》，中国人民大学出版社2017年版，第106页。

[2] 可参阅王利明主编：《中华人民共和国民法总则详解》（下册），中国法制出版社2017年版，第858页。

[3] 可参阅刘颖："《民法总则》中英雄烈士条款的解释论研究"，载《法律科学（西北政法大学学报）》2018年第1期。

[4] 参见阮建："论《民法总则》185条侵害英雄烈士等人格利益之规定"，载《吉首大学学报（社会科学报）》2017年第S2期。

制定该条款不仅是为了保护"英雄烈士等"的人格利益，更深层的目的在于维护"英雄烈士等"人格利益所象征的社会公共利益，肯定了其单独规制的必要性。[1]对于该条的具体适用问题，有学者通过界定"英雄烈士等"的范围、英雄烈士人格利益的范围以及侵害英雄烈士人格利益的民事责任三个方面对理解和适用该条款提出自己的思考，并且重点分析了行为人利用网络空间侵害英雄烈士人格利益的民事责任承担问题；[2]有学者从传播侵害公共利益的角度，分析了该条款的立法目的，保护对象、客体，请求权行使的主体，责任形式等；[3]还有学者则以该条的具体问题为线索，重点对该条中"英雄"和"社会公共利益"的内涵进行了具体的分析。[4]显然，学界的理解仍然不尽一致，鉴于该规定较为抽象，在司法适用中还存在不少需要进一步解释的问题。

◈ 经典案例

案例一：中贸圣佳国际拍卖有限公司诉杨季康（笔名杨绛）等侵害著作权及隐私权纠纷案[5]

2-1　判决书全文

一、基本案情

原告杨季康与其配偶钱钟书（1998年12月19日病故）、女儿钱瑗（1997年3月4日病故）曾先后向被告李某寄送私人书信共计百余封。上述信件由

〔1〕　参见迟方旭："《民法总则》第185条的核心要义是维护社会公共利益"，载《红旗文稿》2017年第11期。

〔2〕　参见房绍坤："英雄烈士人格利益不容侵害"，载《检察日报》2017年4月25日，第3版。

〔3〕　参见罗斌："传播侵害公共利益维度下的'英烈条款'——以《民法总则》第一百八十五条的理解和适用"，载《学术论坛》2018年第1期。

〔4〕　参见庞伟伟："认真对待英烈保护——从民法总则第185条的解释论展开"，载《新疆社会科学》2018年第6期。

〔5〕　见北京市高级人民法院民事判决书，（2014）高民终字第1152号。

被告李某收存，原告曾于信中明确要求其将手中书稿信札等妥为保藏。但2013年5月间，被告中贸圣佳公司发布公告称其将于2013年6月21日举行"也是集——钱钟书书信手稿"公开拍卖活动，公开拍卖上述私人信件，并在之前已经举行相关研讨会进行拍前鉴定活动，将上述若干封私人信件公开展览、公之于众，对相关信息进行了大范围集中转载和传播。法院于本案诉前作出停止侵权裁定后，被告中贸圣佳公司停止了对涉案书信手稿的拍卖。被告中贸圣佳公司未能举证证明其与涉案拍品的委托拍卖人签署了真实有效的委托拍卖合同，也未对涉案拍品著作权作任何审查，未取得权利人授权，承认委托人是在撤拍时才表示涉案书信不涉及他人隐私，未举证证明其在接受委托时委托人即向其保证涉案书信不侵犯他人隐私。原告未提交直接证据证明被告李某自行或授权他人对涉案书信作品进行了著作权意义上的使用，也未提交充分证据证明被告李某与被告中贸圣佳公司的侵害著作权行为存在关联。被告李某也未能就涉案书信的流转过程提供充分证据。

原告认为，被告李某作为收信人将涉案书信手稿交给第二方的行为以及被告中贸圣佳公司在司法裁定前为拍卖而举行的准备活动，已经构成对原告的著作权和隐私权的侵犯，给原告造成了严重伤害，故请求法院判令两被告停止侵权行为，在官方网站等媒体上向原告公开赔礼道歉，赔偿因侵害著作权给原告造成的经济损失，并向原告杨季康支付精神损害抚慰金和为制止侵权所支出的合理费用。

被告中贸圣佳公司辩称，中贸圣佳公司已履行我国相关法律、部门规章、行业规则等规定中的审查义务；委托人在委托拍卖时已就拍品权属等情况提供了保证；中贸圣佳公司无法预见到涉案行为存在侵权可能性，且还就涉案拍品是否属于文物监管范围主动向相关部门进行了申报，并已获得监管部门的核准；中贸圣佳公司于获知本案争议后第一时间与委托人进行联系，并于获知委托人撤拍决定后第一时间停止了相关拍卖活动，故本案中相关拍品最终未进入拍卖阶段，相关拍前鉴定活动也并未侵犯原告的合法权益。因此被告中贸圣佳公司认为原告有关停止侵权、赔偿损失、赔礼道歉的主张没有事实和法律依据，请求法院判决驳回原告全部诉讼请求。

被告李某辩称，首先，包括案涉书信在内的相关藏品被不便透露姓名的案外人以现金方式向其收购，故对于转让涉案信件给原告造成的不快感受深感歉疚，但因其未直接或间接委托拍卖公司进行拍卖，故原告所诉侵权行为与其不存在法律意义上的关系。其次，法律并未规定私人信件属于著作权法保护的作品，涉案信件的内容多为讨论出版细节、代购或赠阅图书及日常问候等事务性、礼节性内容，不具有文学性和艺术性，并非受著作权法保护的作品。即使构成作品，鉴于钱钟书、钱瑗均已去世，在其他权利人未出具书面放弃声明或委托的情况下，原告无权主张对钱钟书、钱瑗作品的著作权。再次，涉案信件内容不涉及隐私，原告等通过信件传递信息本身也表明其认可这些信件内容不属于隐私，否则其会向自己作出保密要求。即使信件内容涉及隐私，因隐私权是与自然人人格不可分离的人身权利，不能转移、转让和继承，故原告无权就钱钟书、钱瑗的隐私权提出主张。由此被告李某也认为原告的诉讼请求没有事实和法律依据，请求法院依法驳回原告全部诉讼请求。

一审法院审理后确认相关事实并判决，被告中贸圣佳公司停止侵害涉案书信手稿著作权的行为；两被告中贸圣佳公司、李某停止侵害涉案隐私权的行为，就其涉案侵权行为向原告赔礼道歉，共同向原告支付精神损害抚慰金；被告中贸圣佳公司赔偿原告经济损失。

一审判决后，被告中贸圣佳公司不服一审判决，提起上诉。二审法院驳回上诉，维持原判。

二、法律问题

1. 私人信件是否属于著作权法保护的作品？
2. 私人信件是否属于隐私？
3. 木案中两被告的抗辩是否成立？
4. 法院是否应当支持原告要求支付精神损害赔偿的主张？

三、法理分析

对于本案涉及的法理问题，作如下分析：

第一，关于涉案书信是否属于作品的问题。涉案书信均为写信人独立创作的表达个人感情及观点或叙述个人生活及工作事务方面的内容，是以文字、符号等形式表达出来的文学、艺术和科学领域内的智力成果，符合作品独创性要求，构成我国著作权法保护的作品，各写信人分别对各自创作的书信作品享有著作权，应受我国著作权法保护。本案中，原告同时作为其他写信人的继承人，有权依法继承写信人著作权中的财产权，依法保护其著作权中的署名权、修改权和保护作品完整权，依法行使其著作权中的发表权。

第二，关于涉案书信是否属于隐私的问题。涉案书信均为写给被告李某的私人书信，内容包含学术讨论、生活事务、观点见解等，均为与公共利益无关的个人信息、私人活动，属于隐私范畴，应受我国法律保护。各写信人各自有权保护自己的隐私权不受侵犯。需要注意的是，死者同样具有隐私，对死者隐私的披露必然给死者近亲属的精神带来刺激和伤痛，死者的近亲属具有与死者的隐私相关的人格利益，而该利益应当受到法律的保护。因此，本案中，原告作为钱钟书、钱瑗的近亲属和继承人，有权就涉案隐私权问题提出主张。

第三，关于被告中贸圣佳公司的抗辩是否成立的问题。首先，被告中贸圣佳公司自述委托人是在撤拍时才表示涉案书信不涉及他人隐私，却并未举证证明其在接受委托时委托人即向其保证涉案书信不侵犯他人隐私。其次，被告中贸圣佳公司未能举证证明其与涉案拍品的委托拍卖人签署了真实有效的委托拍卖合同，其未对涉案拍品著作权作任何审查，亦未取得权利人授权，其应当预见到涉案行为存在侵权可能性，但其并未尽到拍卖人应尽的合理注意义务。当然，鉴于被告中贸圣佳公司在法院作出裁定后已经取消公开拍卖活动，故其并未实施公开拍卖行为。但被告中贸圣佳公司作为涉案拍卖活动的主办者，已通过召开研讨会等方式将涉案书信手稿向相关专家、媒体记者等披露、展示或提供，且未对相关专家、媒体记者不得以公开发表、复制、传播书信手稿等方式侵害他人合法权益予以提示，反而在网站中大量转载，其行为系对涉案书信著作权中的发表权、复制权、发行权、信息网络传播权及获得报酬的权利的侵害，依法应当承担停止侵权、赔偿损失的法律责任。此外，被告中贸圣佳公司未经原告许可，擅自向鉴定专家、媒体记者等展示、提供并放任相关人员在互联网上传播涉案书信及相关隐私，还对相关信息进行了大范围集中转载和传播，构成对相关权利人隐私权的侵害，造成了不良影响，依法应承担停止侵权、赔礼道歉、支付精神损害抚慰金的法律责任。由此可知，被告中贸圣佳公司的抗辩不成立。

第四，关于被告李某是否侵犯原告著作权的问题。首先，原告主张涉案拍品的委托拍卖人是李某，但对此未举证证明，而两被告对此均不予认可。

其次，原告主张被告李某侵害了其涉案书信作品的著作权，但并未提交任何直接证据证明被告李某自行或授权他人对涉案书信作品进行了著作权意义上的使用，也未提交充分证据证明被告李某与被告中贸圣佳公司上述侵害著作权行为存在关联，故不能认定被告李某侵害了原告的著作权。

第五，关于被告李某是否侵犯原告隐私权的问题。涉案书信本应由被告李某保管，且原告曾于信中明确要求其将手中书稿信札等妥为保藏。对于涉案书信的流转过程，被告李某在诉讼中未能就其主张提供充分证据。毋庸置疑，被告李某作为收信人，负有保护写信人通信秘密和隐私的义务。基于此，被告李某未经权利人同意擅自以转让或其他方式使得涉案书信手稿对外流转，且未对受让人及经手人等作出保密要求和提示，导致后续涉案侵权行为发生，亦构成对原告涉案隐私权的侵犯。

四、参考意见

第一，依《侵权责任法》第18条第1款的规定，被侵权人死亡的，其近亲属有权请求侵权人承担侵权责任。再依《最高人民法院关于确定民事侵权精神损害赔偿责任若干问题的解释》第3条的规定，自然人死亡后，其近亲属因下列侵权行为遭受精神痛苦，向人民法院起诉请求赔偿精神损害的，人民法院应当依法予以受理：①以侮辱、诽谤、贬损、丑化或者违反社会公共利益、社会公德的其他方式，侵害死者姓名、肖像、名誉、荣誉；②非法披露、利用死者隐私，或者以违反社会公共利益、社会公德的其他方式侵害死者隐私；③非法利用、损害遗体、遗骨，或者以违反社会公共利益、社会公德的其他方式侵害遗体、遗骨。本案中，原告作为钱瑗的母亲，钱钟书的配偶，是钱瑗和钱钟书的近亲属，在钱瑗和钱钟书去世后，其有权就涉案侵权行为请求侵权人承担侵权责任。

第二，依《著作权法》第19条、《中华人民共和国著作权法实施条例》第15第1款、第17条的规定，著作权属于公民的，公民死亡后，其著作权中的财产权在著作权法规定的保护期内，依照继承法的规定转移；其著作权中的署名权、修改权和保护作品完整权由作者的继承人或者受遗赠人保护；作者生前未发表的作品，如果作者未明确表示不发表，作者死亡后50年内，其发表权可由继承人或者受遗赠人行使。本案中，原告作为钱瑗和钱钟书的继承人，有权依法继承被继承人著作权中的财产权，依法保护被继承人著作权中的署名权、修改权、保护作品完整权，依法行使被继承人著作权中的发表权。

第三，依《中华人民共和国拍卖法》（以下简称《拍卖法》）第41条的规定，委托人委托拍卖物品或者财产权利，应当提供身份证明和拍卖人要求提供的拍卖标的的所有权证明或者依法可以处分拍卖标的的证明及其他资料。本案中，涉案拍卖标的是属于作品的私人书信，因此被告中贸圣佳公司除审查委托人的身份证明、拍卖标的的所有权证明、委托人依法可以处分拍卖标的的证明外，还应结合拍卖标的上所负载的著作权、隐私权要求委托人提供与著作权、隐私权相关的其他资料。而被告中贸圣佳公司并未履行上述规定赋予拍卖人的法定义务，主观上存在过错，对因拍卖涉案标的的侵害他人著作权、隐私权的行为应承担相应的侵权责任。具体来看，本案中被告中贸圣佳公司侵犯了原告对涉案书信享有的复制权、发行权、信息网络传播权、获得报酬权以及原告的隐私权。

需要注意的是，私权的行使和放弃均取决于权利人的意思，而著作权、隐私权均属私权，故他人使用原告书信的行为是否侵犯著作权、隐私权也完全取决于权利人的意思，是否追究他人侵犯著作权、隐私权的侵权责任也完全由权利人自行决定。本案中，原告的起诉即表明了原告的意思。

案例二：洪某与葛某名誉权、荣誉权纠纷上诉案[1]

2-2 判决书全文

一、基本案情

葛振林与葛某系父子关系，宋学义与宋某系父子关系。2013年9月9日，

---

〔1〕 见北京市第二中级人民法院民事判决书，分别为（2016）京02民终6271号、（2016）京02民终6272号。该案被评为"2016年度人民法院十大民事行政案件之五"。一审判决书分别为北京市西城区人民法院（2015）西民初字第27841号、（2015）西民初字第27842号（2016年6月27日）。

时任《炎黄春秋》杂志社执行主编的被告洪某在财经网发表《小学课本〈狼牙山五壮士〉有多处不实》一文。文中写道：据《南方都市报》2013 年 8 月 31 日报道，广州越秀警方于 8 月 29 日晚间将一位在新浪微博上"污蔑狼牙山五壮士"的网民抓获，以虚构信息、散布谣言的罪名予以行政拘留 7 日。所谓"污蔑狼牙山五壮士"的"谣言"，也来自媒体报道。该网友实际上是传播了 2011 年 12 月 14 日百度贴吧里一篇名为《狼牙山五壮士真相原来是这样！》的帖子的内容，该帖子说"'五壮士'的五个人中有三个是当场被打死的，后来清理战场把尸体丢下悬崖。另两个当场被活捉，只是后来不知道什么原因又从日本人手上逃了出来"。2013 年第 11 期《炎黄春秋》杂志刊发了被告洪某撰写的《"狼牙山五壮士"的细节分歧》一文，该文也发表于《炎黄春秋》杂志网站。该文分为"在何处跳崖""跳崖是怎么跳的""敌我双方战斗伤亡""'五壮士'是否拔了群众的萝卜"等部分。文章通过援引不同来源、不同内容、不同时期的报刊资料等，对狼牙山五壮士事迹中的细节提出质疑。

原告葛某诉称：1941 年 9 月 25 日，在易县狼牙山发生了著名的"狼牙山战斗"。在这场战斗中，"狼牙山五壮士"英勇抗敌的基本事实和舍生取义的伟大精神，赢得了全中国人民的高度认同和广泛赞扬。新中国成立后，"狼牙山五壮士"的事迹被编入义务教育教科书，"五壮士"被人民视为当代中华民族抗击外敌入侵的民族英雄。被告洪某撰写的《小学课本〈狼牙山五壮士〉有多处不实》《"狼牙山五壮士"的细节分歧》以历史细节考据、学术研究为幌子，以细节否定英雄，企图达到抹黑"狼牙山五壮士"英雄形象和名誉的目的，请求判令被告洪某停止侵权、公开道歉、消除影响。

被告洪某辩称，葛某非本案适格原告，且案涉文章是学术文章，没有侮辱性的言辞，关于事实的表述有相应的根据，不是凭空捏造或者歪曲，不构成侮辱和诽谤，不构成对名誉权的侵害。进行历史研究的目的是探求历史真相，行使的是宪法赋予公民的思想自由、学术自由、言论自由权利。故请求法院驳回原告的全部诉讼请求。

一审法院审理后判决：被告洪某立即停止侵害葛振林、宋学义名誉、荣誉的行为；公开发布赔礼道歉公告，向原告赔礼道歉，消除影响。判决后，被告洪某不服，提起上诉。二审法院驳回上诉，维持原判。

二、法律问题

1. 葛某是否是本案适格的原告？

2. 洪某发表的《小学课本〈狼牙山五壮士〉有多处不实》《"狼牙山五壮士"的细节分歧》等案涉文章是否构成名誉侵权，如构成名誉侵权，应如何承担侵权责任？

3.《民法总则》第185条在适用中可能遇到哪些问题？

三、法理分析

本案属于保护英雄人物人格权益的典型案例。受理法院进行事实认定和质证后认为，葛某是本案适格的原告，洪某发表的案涉文章构成名誉侵权，应承担侵权责任。

第一，死者的近亲属有权就侵害死者名誉、荣誉等行为提起民事诉讼，死者的近亲属是正当当事人。具体到本案，葛振林与葛某系父子关系，葛振林系"狼牙山五壮士"之一，其已去世，葛某作为近亲属有权就侵害葛振林名誉、荣誉的行为提起民事诉讼，葛某作为本案原告适格。因此，洪某对本案原告葛某主体资格提出的异议不能成立。

第二，1941年9月25日，在易县狼牙山发生的狼牙山战斗，是被大量事实证明的著名战斗。在这场战斗中，"狼牙山五壮士"英勇抗敌的基本事实和舍生取义的伟大精神，赢得了全国人民的高度认同和广泛赞扬，是五位战士获得"狼牙山五壮士"崇高名誉和荣誉的基础。葛振林、宋学义均是"狼牙山五壮士"这一系列英雄人物的代表人物，"狼牙山五壮士"这一称号在全军、全国人民中已经赢得了普遍的公众认同，这一称号，既是国家及公众对他们作为中华民族的优秀儿女在反抗侵略、保家卫国中作出巨大牺牲的褒奖，也是他们应当获得的个人名誉和个人荣誉。"狼牙山五壮士"是中国共产党领导的八路军在抵抗日本帝国主义侵略伟大斗争中涌现出来的英雄群体，是中国共产党领导的全民抗战并取得最终胜利的重要事件载体。这一系列英雄人物及其事迹，经由广泛传播，在抗日战争、解放战争、抗美援朝战争等为民族独立、人民解放和保卫国家安全战斗的时期，成为激励无数中华儿女反抗侵略、英勇抗敌的精神动力之一；成为人民军队誓死捍卫国家利益、保障国家安全的军魂来源之一。在和平年代，"狼牙山五壮士"的精神，仍然是我国公众树立不畏艰辛、不怕困难、为国为民奋斗终生的精神指引。这些英雄人物及其精神，已经获得全民族的广泛认同，是中华民族共同记忆的一部分，是中华民族精神的内核之一，也是社会主义核心价值观的重要内容。而民族的共同记忆、民族精神乃至社会主义核心价值观，无论是从我国的历史看，还是从现行法上看，都已经是社会公共利益的一部分。由此，诉讼中洪某关于"狼牙山五壮士"精神不是公共利益的主张不能成立。

第三，案涉文章对于"狼牙山五壮士"在战斗中英勇抗敌的事迹和所表现出的舍生取义的精神这一基本事实，自始至终未作出正面评价，而是以考证"在何处跳崖""跳崖是怎么跳的""敌我双方战斗伤亡"以及"'五壮士'是否拔了群众的萝卜"等细节为主要线索，通过援引不同时期的材料、相关当事者不同时期的言论为主要证据，全然不考虑历史的变迁、各个材料形成的时代背景以及各个材料的语境。在无充分证据的情况下，案涉文章多处作出似是而非的推测、质疑乃至评价。尽管案涉文章无明显侮辱性的语言，但通过强调与基本事实无关或者关联不大的细节，引导读者对"狼牙山五壮士"这一英雄人物群体的英勇抗敌事迹和舍生取义精神产生质疑，从而否定基本事实的真实性，进而降低他们的英勇形象和精神价值。故洪某的行为方式符合以贬损、丑化的方式损害他人名誉和荣誉权益的特征。

此外，案涉文章通过刊物发行和网络传播，在全国范围内产生了重大影响，不仅损害了葛振林和宋学义的个人名誉和荣誉，损害了葛某和宋某的个人感情，还在一定范围和程度上伤害了社会公众的民族和历史情感；同时，在我国，由于"狼牙山五壮士"的精神价值已经内化为民族精神和社会公共利益的一部分，因此，也损害了社会公共利益。洪某作为具有一定研究能力和熟练使用互联网工具的人，应该认识且有能力控制前述后果的发生，但其仍然发表案涉文章，显然具有过错。行使言论自由和学术自由的权利，需要在法律范围内进行，洪某应当采取适当的方式从事研究及发表言论，并应当充分考虑可能造成的社会影响。洪某撰写的案涉文章侵害了葛振林、宋学义的名誉和荣誉，侵害了社会公共利益，违反了法律规定，该行为已经超出了法律允许的范围，不受法律保护。故洪某以言论自由、学术自由作为其不承担侵权责任的抗辩理由，不能成立。

本案发生在《民法总则》实施之前。我国《民法通则》中并未规定有对死者人格利益进行保护的条款。在 1987 年的"荷花女案"、1989 年的"海灯法师案"中，最高人民法院以《最高人民法院关于死亡人的名誉权应依法保护的复函》和《最高人民法院关于范应莲诉敬永祥等侵害海灯法师名誉权一案有关诉讼程序问题的复函》两份复函的形式确认了自然人在死亡之后继续享有名誉权且受法律保护。这两份批复皆有赋予死者"名誉权"的意味，明显欠妥，但也表明我国司法实务界已经具有了保护死者人格利益的意识。1993 年，最高人民法院发布《最高人民法院关于审理名誉权案件若干问题的解答》，将死者名誉保护的请求权人的范围明确界定为死者三代以内的近亲属。2001 年，《最高人民法院关于确定民事侵权精神损害赔偿责任若干问题的解释》（以下简称《精神损害赔偿司法解释》）第 3 条，将死者人格利益保护的范围由名誉进一步扩大为姓名、肖像、名誉、荣誉、隐私、遗体、遗骨等人格利益。2009 年颁布的《侵权责任法》第 2 条第 2 款采用兜底式的规定明确了受法律保护的各项民事权益的范围。至此，在民法中，基本上确立了全面保护死者人格利益的原则。[1]

作为死者，英雄烈士的本质并无异于普通死者，故上述法律以及相关司法解释对其人格利益保护同样具有积极作用，但也存在一定的局限性。首先，该类规定中将起诉的主体皆限定为死者的近亲属，而英雄烈士牺牲后，很可能因年代久远没有近亲属，或近亲属怠于维护英雄烈士的人格利益，此时英雄烈士的人格利益遭受侵犯，将面临无人诉请保护的困难。其次，英雄烈士有异于普通人，是民族精神的象征，侵害其人格利益的受害主体也已不再局限于近亲属的范围，很可能造成对国家和社会公共利益的损害。因此，在侵害英雄烈士人格利益事件频发的情形下，《民法总则》第 185 条的制定能够为保护英雄烈士的人格利益提供直接的法律指引，也填补了长期以来我国仅通过司法解释及相关批复文件对死者人格利益进行保护的法律空白。

依《民法总则》第 185 条的规定，侵害英雄烈士等的姓名、肖像、名誉、

---

[1] 对于死者人格利益保护的范围，学界也有讨论。2010 年 6 月，中国人民大学民商事法律科学研究中心"侵权责任法司法解释研究"课题组发布"中华人民共和国侵权责任法司法解释草案建议稿（草案）"，其第 4 条就建议"死者的姓名、肖像、名誉、荣誉、隐私以及遗体或者遗骨等人格利益"应为《侵权责任法》第 2 条第 2 款规定的民事利益保护范围。

荣誉，损害社会公共利益的，应当承担民事责任。正如有学者所言，"这个条文设计的并不精巧，概括的问题也不全面，并不是一个含义精准、适用规则明确的民法规范"。[1]司法实践中，法院在处理类似案件时，应综合考量损害行为的主观目的、损害结果的影响范围，来判断行为人是否构成侵权，以平衡学术自由、言论自由与英雄烈士权益、社会公共利益之间的关系。具体而言，在司法实践中准确适用该条款至少需要解决以下问题：

第一，社会公共利益在不同的法律领域存在不同的内涵，该条款中的"社会公共利益"应当作出何种解读？该条款仅仅保护社会公共利益，还是兼保护英雄烈士等的人格利益？对此，目前理论观点不一：有学者认为，该条款的立法目的在于保护"英雄烈士等"的人格利益，即行为人仅仅侵害"英雄烈士等"的人格利益，未对社会公共利益造成损害后果时，其也应当依据本条规定承担责任，损害社会公共利益仅可以作为衡量侵权情节的考量因素；[2]另有学者认为，该条款不仅旨在对"英雄烈士等"的人格利益进行保护，应将损害社会公共利益也作为侵害人依本条承担侵权责任的构成要件之一。[3]

第二，该条款适用的主体不清晰。例如，如何确定该条款中"英雄烈士等"的范围？在"英雄烈士等"的人格利益及社会公共利益受损后，谁具有民事救济的原告资格？能否适用民事公益诉讼的形式？若采用民事公益诉讼的形式，如何协调英雄烈士公益诉讼和私益诉讼之间的冲突？对此，我国2018年5月1日正式实施了《中华人民共和国英雄烈士保护法》（以下简称《英雄烈士保护法》），对侵害英雄烈士的姓名、肖像、名誉、荣誉的行为，该法第25条不仅进一步明确了英雄烈士的近亲属可以依法向人民法院提起诉讼，而且第2款明确规定："英雄烈士没有近亲属或者近亲属不提起诉讼的，检察机关依法对侵害英雄烈士的姓名、肖像、名誉、荣誉，损害社会公共利益的行为向人民法院提起诉讼。"这是以特别法授权的方式赋予检察机关提起英烈保护公益诉讼的重要职能。之后各地陆续受理了英烈保护民事公益诉讼

---

〔1〕 杨立新：《民法总则：条文背后的故事与难题》，法律出版社2017年版，第484页。

〔2〕 参见房绍坤："英雄烈士人格利益不容侵害"，载《检察日报》2017年4月25日，第3版。

〔3〕 参见杨立新：《民法总则精要十讲》，中国法制出版社2018年版，第308页；参见阮建："论《民法总则》第185条侵害英雄烈士等人格利益之规定"，载《吉首大学学报（社会科学版）》2017年第S2期。

案件，具有较强的示范效应，但对于如何协调英雄烈士公益诉讼和私益诉讼之间冲突的问题，仍需作进一步研究。

2-3　《中华人民共和国英雄烈士保护法》全文

第三，应当以何种标准判断侵害"英雄烈士等"人格利益的人是否构成侵权？当学者以"英雄烈士等"为对象进行历史研究并发表评论时，其与名誉侵权之间的界限应如何划分？目前实务中对此莫衷一是。

第四，侵害"英雄烈士等"的人格利益的损害赔偿中是否包括惩罚性赔偿？损害赔偿金应当如何管理？对此，学界也存在不同的观点。有学者认为，对英雄烈士人格利益的侵害已经不仅仅是对"英雄烈士等"及其近亲属的侵害，还包括对社会公共利益的侵害。通过高额赔偿，提高侵害"英雄烈士等"人格利益的违法成本，可以有效预防此类侵害行为的发生。[1]也有学者认为，在行政处罚和刑事责任都能够预防侵害行为发生的情形下，引入惩罚性赔偿似无必要。

综上，理论和实务中对于上述问题需要进一步进行研究。

四、参考意见

本案发生在《民法总则》实施之前，受理法院依案发当时的法律规定作出了裁判。判决结果值得肯定。

2-4　当时可资参酌的条文

---

〔1〕　参见王杏飞："英雄烈士人格利益的民法保护"，载《中国社会科学报》2017年5月3日，第5版。

如果本案发生在《民法总则》实施后，在原有法律规定的基础上，依据《民法总则》第185条的规定，侵害英雄烈士等的姓名、肖像、名誉、荣誉，损害社会公共利益的，应当承担民事责任。再依《英雄烈士保护法》第25条的规定，英雄烈士的近亲属可以依法向人民法院提起诉讼。而且，即便英雄烈士没有近亲属或者近亲属不提起诉讼的，为维护公共利益，检察机关可以介入提起民事公益诉讼，要求加害人承担民事责任，即检察机关可以依法对侵害英雄烈士的姓名、肖像、名誉、荣誉，损害社会公共利益的行为向人民法院提起诉讼。可以预见，最终的判决结果也应该是支持原告的主张。

◈ 拓展案例

案例一："荷花女"名誉权纠纷案[1]

2-5　《人民法院报》发布案例全文

一、基本案情

吉文贞，1925年6月出生在上海一个曲艺之家，自幼随父学艺演唱，从1940年起在天津登台演出，曾红极一时，1944年病故。1985年起，本案被告魏某拟以吉文贞为原型人物创作小说。创作中，被告魏某曾几次寻访了本案原告陈某（吉文贞之母）、吉某（吉文贞之弟），了解吉文贞生平及其从艺情况，并索要了其生前照片。1987年初，这部由被告魏某自行创作，总计约11万字的小说《荷花女》完稿，并被投稿于《今晚报》。《今晚报》副刊自1987年4月18日~同年6月12日对小说配插图进行连载，每日一篇，共计56篇。小说使用了吉文贞的真实姓名和艺名，内容中除部分写实外，还虚构了部分有关生活作风、道德品质的情节。在小说连载过程中，原告陈某及其亲属以

---

〔1〕《人民法院报》发布21个庆祝改革开放40周年典型案例之四："荷花女"名誉权纠纷案。该案被认为是"中国死者名誉权保护第一案"。

小说损害了吉文贞的名誉为由，先后两次找到报社要求停载。报社以报纸要对广大读者负责为由拒绝，并在同年 8 月召开的小说笔会上授予该小说荣誉奖。

1987 年 6 月，本案原告陈某以被告魏某未经其同意在创作发表的小说《荷花女》中故意歪曲并捏造事实，侵害了已故艺人吉文贞和自己的名誉权，被告《今晚报》未尽审查义务致使损害扩大为由，提起诉讼，要求停止侵害，恢复名誉，赔偿损失。

被告魏某认为，小说《荷花女》虽然虚构了部分情节，但并没有降低"荷花女"本人形象，反而使其形象得到了提高；另"荷花女"本人已死，原告陈某不是正当原告，无权起诉，并提起反诉。

被告《今晚报》报社认为，报社按照"文责自负"的原则，不负有核实文学作品内容是否真实的义务。

法院经审理判决：被告魏某和《今晚报》报社分别在《今晚报》上连续三天刊登道歉声明，为吉文贞、陈某恢复名誉，消除影响，并对原告陈某予以赔偿；责令被告魏某停止侵害，其所著小说《荷花女》不得再以任何形式复印、出版发行。

判决后，两被告均不服，提起上诉。上诉法院在认定一审法院判决合法的基础上，主持双方达成了调解协议。

二、法律问题

1. 自然人死亡后是否还享有名誉权？
2. 应当如何保护自然人死亡后的相关权益？

三、重点提示

第一，对于自然人死亡后是否享有名誉权，以及如何保护自然人死亡后的相关权益，在本案发生当时，法律没有明确规定，学界也未有定论。据报道，此案法院审理了近两年，期间走访了天津曲艺团、中国作家协会权益保障委员会等，查证了当年的邻居、作家、曲艺演员、观众等 17 名证人。在案件审理期间，审理法院曾向最高人民法院发函请示意见。1989 年 4 月 12 日，最高人民法院以《最高人民法院关于死亡人的名誉权应依法保护的复函》

（〔1988〕民他字第 52 号）答复，死者名誉权应受到保护，其母有权提起诉讼。最高人民法院的复函更成为审理此类案件的重要参照。如最高人民法院于 1990 年对海灯名誉案的批复中重申了这一意见：海灯死亡后，其名誉权应依法保护，作为养子，范某有权向法院起诉。最终，法院参照文化部颁发的《图书、期刊版权保护试行条例》（已失效）第 11 条关于作者死亡后，其署名等权利受到侵犯时，由作者的合法继承人保护其不受侵犯的规定精神，认定公民死亡后，虽然丧失了民事权利能力，但其生前享有的名誉权仍受法律保护。

2-6　最高人民法院复函全文：最高人民法院关于死亡人的
名誉权应受法律保护的函（〔1988〕民他字第 52 号）

2-7　最高人民法院复函全文：最高人民法院关于范应莲诉敬永祥
等侵害海灯法师名誉权一案有关诉讼程序问题的复函（〔1990〕民他字第 30 号）

第二，行为人在损害死者名誉的同时，也会使其在世亲属的名誉受到损害。由此，自然人死亡后，其名誉受到侵害时，有直接利害关系的亲属有权提起诉讼。本案中，"荷花女"之母陈某作为死者的母亲，有权提起诉讼；被告魏某所著《荷花女》体裁虽为小说，但作者使用了吉文贞和陈某的真实姓名，其中虚构了有损吉文贞和陈某名誉的一些情节，其行为侵害了吉文贞和陈某的名誉权，应承担民事责任；被告《今晚报》报社对使用真实姓名的小说《荷花女》未作认真审查即予登载，致使损害吉文贞和陈某名誉的不良影响扩散，也应承担相应的民事责任。

值得关注的是，本案认为自然人死亡后仍然享有名誉权等人格权的观点值得商榷,[1]但这一案件作为我国首例在司法实践中确认保护死者名誉权的案件,开启了保护死者人格利益的先河,在当时引起了法学界和法学部门的广泛讨论,对于推动我国名誉权保护的立法、司法和理论研究进程起到了积极作用。本案之后,最高人民法院专门针对这一问题分别于1993年和1998年推出了《最高人民法院关于审理名誉权案件若干问题的解答》和《最高人民法院关于审理名誉权案件若干问题的解释》。2001年通过的《最高人民法院关于确定民事侵权精神损害赔偿责任若干问题的解释》第3条第1项规定:自然人死亡后,其近亲属因"以侮辱、诽谤、贬损、丑化或者违反社会公共利益、社会公德的其他方式,侵害死者姓名、肖像、名誉、荣誉"侵权行为遭受精神痛苦,向人民法院起诉请求赔偿精神损害的,人民法院应当依法予以受理。

2-8 最高人民法院解答全文:最高人民法院关于死亡人的名誉权应受法律保护的函(1993年8月7日)

2-9 最高人民法院解释全文:最高人民法院关于审理名誉权若干问题的解释(1998年9月15日施行)

---

〔1〕 无论是死者还是生者,都有名誉。死者的名誉,实际上是指人们对死者生前的道德品质、生活作风、工作能力等方面的一种社会评价。但名誉不等于名誉权。人死后,其生前的行为和表现仍然可以作为人们的评价对象。最高人民法院关于"荷花女案""海灯法师案"的复函和批复混淆了名誉和名誉权。如之后1993年8月7日通过的《最高人民法院关于审理名誉权案件若干问题的解答》中就没有使用死者名誉权的概念,而是说"死者名誉受到侵害的,其近亲属有权向人民法院起诉"。

案例二：邱某与孙某等一般人格权纠纷案[1]

2-10 判决书全文

一、基本案情

邱少云烈士出生于重庆市铜梁县少云镇（原四川省铜梁县）玉屏村邱家沟，1949年12月参加中国人民解放军，为第15军第29师第87团第9连战士，1951年3月参加中国人民志愿军赴朝鲜作战。1952年10月12日因美军燃烧弹落在邱少云潜伏点附近，火势蔓延其全身，为避免暴露，确保全体潜伏人员的安全和攻击任务的完成，邱少云任凭烈火在全身燃烧而放弃自救，直至壮烈牺牲，时年26岁。1953年8月30日邱少云被追认为中国共产党党员，1953年6月25日朝鲜民主主义人民共和国最高人民会议常任委员会授予其"朝鲜民主主义人民共和国英雄"称号和金星奖章、一级国旗勋章。2009年，为推动群众性爱国主义教育活动深入开展，迎接新中国成立60周年，经中央批准，在中央宣传部、中央组织部、中央统战部、中央文献研究室、中央党史研究室、民政部、人力资源和社会保障部、全国总工会、共青团中央、全国妇联、解放军总政部11个部门联合组织开展的评选"100位为新中国成立作出突出贡献的英雄模范人员和100位新中国成立以来感动中国人物"活动中，邱少云被评为"100位新中国成立以来感动中国人物"之一。原告邱某系邱少云烈士的胞弟。

2013年5月22日，被告孙某在新浪微博通过用户名为"作业本"的账号发文称："由于邱少云趴在火堆里一动不动最终食客们拒绝为半面熟买单，他们纷纷表示还是赖宁的烤肉较好。"作为新浪微博知名博主，孙某当时已有6 032 905个"粉丝"。该文发布后不久就被转发662次，点赞78次，评论884次。2013年5月23日凌晨，该篇微博博文被删除。另查明：被告孙某在2013

---

[1] 北京市大兴区人民法院民事判决书，（2015）大民初字第10012号。

年~2015 年期间，通过其新浪微博"作业本"账号发表过多篇有关烧烤的微博。

2015 年 4 月，加多宝公司在其举办的"加多宝凉茶 2014 年再次销量夺金"的"多谢"活动中，通过"加多宝活动"微博发布了近 300 条"多谢"海报，感谢对象包括新闻媒体、合作伙伴、消费者及部分知名人士。被告孙某作为新浪微博知名博主也是加多宝公司感谢对象之一。加多宝公司于 2015 年 4 月 16 日以该公司新浪微博账号"加多宝活动"发博文称："多谢@作业本，恭喜你与烧烤齐名。作为凉茶，我们力挺你成为烧烤摊 CEO，开店十万罐，说到做到"，并配了一张与文字内容一致的图片。被告孙某用"作业本"账号于 2015 年 4 月 16 日转发并公开回应："多谢你这十万罐，我一定会开烧烤店，只是没定哪天，反正在此留言者，进店就是免费喝!!!"该互动微博在短时间内被大量转发并受到广大网友的批评，在网络上引起了较大反响。2015 年 4 月 17 日，加多宝公司通过媒体对此事件予以回应：2015 年是加多宝成立二十周年，加多宝自 1996 年推出第一罐红罐凉茶，成功开创并做大了凉茶产业，成为凉茶行业领导品牌。加多宝始终深爱着这片土地，将慈善上升为企业发展战略的高度，努力做好企业公民的本分，于是，我们发起了"多谢行动"，多谢加多宝成长历程中的里程碑城市、合作伙伴和所有消费者。继连续在香港、东莞、四川、北京等四地登报多谢城市之后，昨天，我们发布了近 300 条微博，用最诚恳的姿态感谢众多消费者（作业本只是其中之一，此前，我们对作业本发生在 2013 年的微博事件毫不知情）。在不断致谢消费者的过程中，我们发现背后的竞争对手恶意拿作业本 2013 年的微博截图（在发布之后旋即删除）与"多谢行动"海报刻意嫁接到一起，刻意混淆视听，误导不明真相的网友。我们对这种以烈士为幌子，达到不可告人的目的的行为，表示极大的愤慨。由于已造成网友不安与困惑，我们已经删除了对于作业本的多谢海报，同时，向广大网友致歉。我们希望通过自身的努力，最大程度地去消除事件带来的负面和消极影响。我们将积极配合媒体，作出正面引导。同时，也希望通过媒体的公允报道，还原事实真相，还加多宝清白，还烈士安宁。加多宝作为一个负责任的面向国际的领导品牌，始终以实现"凉茶中国梦"为最终目标，爱国爱民，尊重每一个中国人，尊重为祖国的发展和建设贡献过自己力量的英雄和平民，过去不可能，现在不可能，未来也不可能利用这种话题来营销。

加多宝公司在此次"庆祝销量夺金"的"多谢活动"中，在全国范围内包括北京、香港、成都、东莞等城市的主要平面媒体刊登"多谢"广告，针对不同的城市，加多宝公司发布具有针对性的感谢内容，如在香港《文汇报》的感谢内容为"多谢@香港一家人一条心"，在《东莞日报》的感谢内容为"多谢@东莞第一罐在这里诞生走向全国迈向世界"，在《华西都市报》的感谢内容为"多谢@四川大爱无疆以善促善"，在《京华时报》的感谢内容为"多谢@北京新常态新起点"。庭审中加多宝公司表示在这次"多谢活动"中，平面媒体比较慎重，是经过精心策划的，而网络媒体不是精心策划。

原告认为，被告孙某以博文方式对邱少云烈士进行侮辱、丑化，在网络和现实社会中引起了强烈反响，使邱少云烈士亲属的精神遭受严重创伤并使其家庭生活受到了极大影响。同时，被告孙某与被告加多宝公司以违背社会公德的方式贬损烈士形象，用于市场营销的低俗行为，在社会上造成了极其恶劣的影响。故诉至法院要求二被告停止侵害、消除影响、赔礼道歉，并要求被告孙某赔偿精神损失费1元。

被告孙某认为，侵权微博之前已经删除，且之后又以微博发文形式进行了消除影响、赔礼道歉，故无需再承担责任。

被告加多宝公司认为，原告邱某不具备诉讼主体资格，且加多宝公司发布涉案微博是其正常的市场营销活动，不存在主观过错，且在事发后及时删除了涉案微博并向社会公众澄清事实，故不构成侵权。

法院经审理后认为，邱少云烈士生前在战斗中表现出的舍生取义、爱国为民的精神，在当代中国社会有着广泛的道德认同，是中华民族宝贵的精神财富，同时也是邱少云享有崇高名誉和荣誉的基础。本案中，原告邱某系邱少云的弟弟，属于本案原告适格；被告孙某微博发文对邱少云烈士的人格贬损和侮辱，属于故意的侵权行为，且该言论通过公众网络平台快速传播，已经造成了严重的社会影响，伤害了社会公众的民族和历史感情，同时损害了公共利益，也给邱少云烈士的亲属带来了精神伤害，故判决被告孙某应当在全国性媒体刊物上予以正式公开道歉，消除侵权言论造成的不良社会影响；被告加多宝公司应当而未对被告孙某之前发表的影响较大的不当言论予以了解而进行答谢及互动，导致较大社会负面影响产生，再次给邱少云烈士的家属造成了精神上的损害，即被告加多宝公司未尽到合理审慎的注意义务，存在主观上的过错，应当对其言论产生的负面影响和侵权事实，承担相应的法律责任。

二、法律问题

1. 本案原告邱某是否是本案适格的原告？

2. 被告孙某发表的涉案言论，是否构成侵权？如果构成，应如何承担侵权责任？

3. 被告加多宝公司发表的涉案言论是否构成名誉侵权？

三、重点提示

法院审理类似案件，需要根据言论发布者的语境、言论传播情况、舆论的反应、言论发布者的主观状态以及损害结果等综合确定被告是否以及如何承担侵权责任。具体到本案，需要明确下列三个问题：

第一，对于原告邱某是否是本案适格原告的问题：本案发生在《民法总则》实施之前，依之前的法律规定可以作如下分析。依《中华人民共和国民事诉讼法》（以下简称《民事诉讼法》）第 119 条第 1 项的规定，原告是与本案有利害关系的公民、法人和其他组织。依《最高人民法院关于确定民事侵权精神损害赔偿责任若干问题的解释》第 3 条的规定，自然人死亡后，其近亲属因以侮辱、诽谤、贬损、丑化或者违反社会公共利益、社会公德的其他方式，侵害死者姓名、肖像、名誉、荣誉遭受精神痛苦，有权向人民法院提起诉讼。再依《最高人民法院关于适用〈中华人民共和国民事诉讼法〉的解释》第 69 条的规定，对侵害死者遗体、遗骨以及姓名、肖像、名誉、荣誉、隐私等行为提起诉讼的，死者的近亲属为当事人。综合上述条文可知，死者的近亲属有权就侵害死者名誉、荣誉等行为提起民事诉讼，死者的近亲属是适格当事人。具体到本案，原告邱某系邱少云的弟弟，邱少云去世后邱某作为其近亲属当然有权就侵害邱少云名誉、荣誉的行为提起民事诉讼。由此可知，被告加多宝公司对本案原告邱某主体资格提出的异议不能成立。当然，在《民法总则》实施之后，依《民法总则》第 185 条的规定，侵害英雄烈士等的姓名、肖像、名誉、荣誉，损害社会公共利益的，应当承担民事责任。再依《英雄烈士保护法》第 25 条的规定，也明确英雄烈士的近亲属可以依法向人民法院提起诉讼，而且，如果英雄烈士没有近亲属或者近亲属不提起诉讼的，检察机关还可以依法对侵害英雄烈士的姓名、肖像、名誉、荣誉，损害社会公共利益的行为向人民法院提起诉讼。

第二，对于被告孙某发表的涉案言论是否构成侵权，如果构成，应如何承担侵权责任的问题：依前述《最高人民法院关于确定民事侵权精神损害赔偿责任若干问题的解释》第 3 条的规定，自然人死亡后，其生前的人格利益仍然受法律的保护，也即本案中邱少云烈士生前的人格利益仍受法律保护。被告孙某发表"由于邱少云趴在火堆里一动不动最终食客们拒绝为半面熟买单"的言论，实质上是将"邱少云烈士在烈火中英勇献身"比作"半边熟的烤肉"，这当然可以认定为故意对邱少云烈士的人格进行贬损和侮辱，已经构成侵害邱少云烈士人格利益的侵权行为，且该言论通过公众网络平台快速传播，造成了严重的社会影响，伤害了社会公众的民族和历史感情，同时损害了公共利益，也给邱少云烈士的亲属带来了精神伤害。因此，法院应当支持原告邱某要求被告孙某对其侵权行为进行消除影响、赔礼道歉和赔偿精神损失的诉讼请求。

第三，对于被告加多宝公司发表的涉案言论是否构成名誉侵权的问题：本案中，从加多宝公司发布的言论及其后果来看，被告加多宝公司在"多谢活动"中的言论及其与孙某进行的网上互动在网络平台上迅速传播，遭到了广大网友的谴责。对此，加多宝公司本身也认可该言论"引起了广大网友的不安和困惑"，造成了"负面和消极的影响"，所以才通过媒体发布事件澄清。而且，对于此行为造成的损害，即便被告加多宝公司在"多谢活动"中感谢被告孙某（作业本）时，并不知道孙某之前发表过侮辱邱少云烈士的言论，也不能因此而否定其侵权的构成。正如审理法院认为，加多宝公司未尽到合理审慎的注意义务，存在主观上的过错。具体分析如下：首先，加多宝公司作为国内知名饮料厂商，具有一定的社会影响力，其在为庆祝"销量夺金"精心策划的"多谢活动"中，在国内多个大城市的主要平面媒体进行感谢，并在网络上发布了近 300 条"多谢"海报，此次活动从空间范围和答谢对象的数量上来看，社会影响较大，加多宝公司应当对所感谢的对象尽到审慎的注意义务；其次，被告孙某作为网络知名人士，虽然发表过多篇与烧烤有关的其他微博博文，但在转载和评论数量上、评论内容的激烈程度和社会影响力上，远不及其侮辱邱少云烈士的博文，加多宝公司应当而未对孙某之前发表的影响较大的不当言论予以了解而进行答谢及互动，导致较大社会负面影响，再次给邱少云烈士的家属造成了精神上的损害，因此加多宝公司应当对其言论产生的负面影响和侵权事实承担法律责任。

◉ 拓展资料

2 – 11

第三专题　人工体外胚胎及人工授精子女的民法保护

◉ 知识概要

依《简明不列颠百科全书》的界定，医学以及生物学领域将受孕后的发育分为受精卵时期、胚胎期和胎儿期三个阶段，而"胎儿"是指受精后人类胚胎发育至初具人形的阶段，一般以受孕 12 周后手足分化且四肢明显可见至发育完全为标准，即 12 周之前为医学意义上的受精卵和胚胎期，之后至诞出母体前为"胎儿"。[1]

在《民法总则》通过之前，我国《民法通则》确立了自然人的民事权利能力始于出生的原则，不承认胎儿有民事权利能力，且对胎儿利益保护没有作出明确规定。我国《继承法》等法律虽然对胎儿利益保护从不同角度作了一些专门性规定，但均未赋予胎儿民事权利能力。我国《民法总则》第 16 条规定："涉及遗产继承、接受赠与等胎儿利益保护的，胎儿视为具有民事权利能力。但是胎儿娩出时为死体的，其民事权利能力自始不存在。"显然，这一

---

〔1〕　美国不列颠百科全书公司编：《简明不列颠百科全书》（第 7 卷），中国大百科全书出版社译，中国大百科全书出版社 1986 年版，第 615 页。

规定已经明确赋予孕育期间的胎儿以民事权利能力。但是，这一规定中的"胎儿"如何解释？是否等同于医学上或者生物学上对于"胎儿"的界定？这是适用该规定必须予以明确的问题。

目前，我国尚未从法律层面对"胎儿"进行较为明确的界定，法学理论上的界定也不尽一致。有学者受医学和生物学观点的影响，以"在母体子宫中孕育"和"尚未脱离母体"作为基本构成要素来界定胎儿，将胎儿定义为孕育过程中的一个阶段。[1]然而，法学作为社会科学，其对于胎儿利益的保护侧重于社会性而非生物性，如果仅沿袭医学及生物学对"胎儿"的界定，则可能与立法保护胎儿利益的初衷相悖。更何况医学和生物学上对于"胎儿期"的起始本身就存在一定的模糊性，具体时间无法准确界定，可操作性比较低。由此可以看出，《民法总则》第16条中的"胎儿"这一法律概念不应简单承继医学和生物学的观点。民法学界的主流观点则更倾向于根据受孕形成胚胎和出生脱离母体两个时间节点，鉴于"胎儿"发展为人的潜力及可能性，将受孕至出生脱离母体前视为一个整体加以保护。[2]

随着高科技生命技术的应用和发展，不孕不育夫妻在符合一定医学和法律规定的条件下，可以借用现代生物技术，通过人工授精或试管婴儿促成精卵结合，实施人类辅助生殖技术生育子女。人类辅助生殖技术的使用，一方面给不孕不育患者繁衍自己的后代提供了可能，但另一方面也对与婚姻家庭有关的法律规则带来挑战。近年来，学界对于人工胚胎等的法律属性多有争论，司法界也有备受关注的案例发生，案例涉及冷冻胚胎的属性及权利归属和处置权问题，[3]夫妻双方生育选择权问题、亲子关系认定问题等。但目前《民法总则》对于人工胚胎的法律地位未予以规范，故如何保护这些特殊情形下的胎儿的利益，仍有待于理论研究予以指引和解决。

---

〔1〕 可参阅郭明瑞等：《民商法原理（一）民商法总论、人身权法》，中国人民大学出版社1999年版，第382页；徐开墅主编：《民商法辞典》（增订版），上海人民出版社2004年版，第518页。

〔2〕 可参阅胡长清：《中国民法总论》，中国政法大学出版社1997年版，第60页；汪智渊："胎儿利益的民法保护"，载《法律科学（西北政法大学学报）》2003年第4期。

〔3〕 如2014年江苏无锡中级人民法院二审的因争夺冷冻胚胎监管权和处置权引发的纠纷受各界关注。

经典案例

案例一：无锡已故夫妻冷冻胚胎权属纠纷案[1]

3－1　二审判决书全文

一、基本案情

沈某与刘某都是独生子女，两人登记结婚。两年后因自然生育困难，沈某与刘某到南京市鼓楼医院，通过人工辅助生殖方式培育了 13 枚受精胚胎，其中 4 枚符合移植标准。但就在植入母体前一天，夫妻二人因交通事故死亡。夫妻双方的父母就 4 枚冷冻胚胎的归属产生争议，协商不成。沈某的父母沈某 1、邵某作为原告认为，死者双方遗留的冷冻胚胎处置权是其子生命延续的标志，故死者存放于鼓楼医院生殖医学中心的受精胚胎（四支）应归原告监管处置。作为被告的刘某的父母刘某 1、胡某则认为，胚胎系他们的女儿留下的唯一东西，要求处置权归被告所有。

江苏省宜兴市人民法院立案后，依法追加南京市鼓楼医院为第三人。鼓楼医院认为，根据原卫生部的相关规定，胚胎不能买卖、赠送且禁止实施代孕。由此提出，胚胎不具有财产的属性，原、被告都无法继承；沈某夫妇生前已与医院签署手术同意书，同意将过期胚胎丢弃。所以请求法院驳回原告的诉讼请求。

一审法院经审理认为，体外受精胚胎具有发展为生命的潜能，是含有未来生命特征的特殊之物，不能像一般物一样任意转让或继承，故其不能成为继承的标的。沈某夫妇已死亡，其通过手术实现生育的目的已无法达成，故手术过程中留下的胚胎不能被继承。最后一审法院驳回了原告的诉请。原告

---

〔1〕 见江苏省无锡市中级人民法院民事判决书，（2014）赣锡民终字第 01235 号。另可参阅江苏省宜兴市人民法院（2013）宜民初字第 2729 号民事判决书。

不服，向无锡市中级人民法院提起上诉。

二审法院审理期间，在充分了解当事人诉求实质的基础上，对于一审确定的案由进行了变更，将4名失独老人就子女遗留的冷冻胚胎权属矛盾确定为"监管、处置权纠纷"。

二审法院审理认为，虽然沈某夫妇生前与医院签订了相关知情同意书，约定胚胎冷冻保存期为一年，超过保存期同意将胚胎丢弃，但是沈某夫妇因意外死亡导致合同不能继续履行，南京鼓楼医院不能根据知情同意书中的相关条款单方面处置涉案胚胎。在我国现行法律对胚胎的法律属性没有明确规定的情况下，确定涉案胚胎的相关权利归属，还应考虑伦理、情感和特殊利益保护这三个方面的因素。原卫生部的相关规定是卫生行政管理部门对相关医疗机构和人员在从事人工生殖辅助技术时的管理规定。南京鼓楼医院不得基于部门规章的行政管理规定对抗当事人基于法律享有的正当权利。

最终二审法院撤销一审判决，支持了上诉失独老人关于获得已故儿子、儿媳冷冻胚胎的监管权和处置权的诉求，判决沈某夫妇存放于南京鼓楼医院的4枚冷冻胚胎由上诉人（沈某父母）和被上诉人（刘某父母）共同监管和处置。

二、法律问题

1. 人工胚胎的法律属性如何？

2. 本案中当事人对体外胚胎享有的权利究竟是继承权还是监管权、处置权？如果是后者，涉案胚胎的监管权和处置权的行使主体如何确定？

三、法理分析

本案被认为是一个标志人情与伦理胜诉的典型案例，被评为2014年度人民法院十大民事案件之一，也是《人民法院报》发布的21个庆祝改革开放40周年典型案例之一。鉴于本案涉及的法律问题立法上并无直接依据，也无先例可以遵循，理论上对所涉问题也态度不一，众说纷纭。所以尽管本案二审法院作了改判的决定，但这也仅意味着一、二审法院所侧重的角度、考虑的因素以及对问题的认识存在差异，不能说明哪一级法院的判决有误。从这个意义上看，本案的裁判一方面对于本案当事人的合法权益维护具有实质意义，另一方面也为我国今后的人工生殖、冷冻胚胎立法提供了实务素材。

1. 未植入人体的人工胚胎的法律属性。审理本案的理论基础之一即是确定胚胎的法律属性，这一法律属性的确定直接决定案件的最终判决结果。在我国以往的司法实践中，虽然在保障生育权的领域出现过涉及人体冷冻胚胎处置的争议，但是涉及人体冷冻胚胎权属纠纷的司法案件尚无先例。也就是说，本案一审判决和二审判决均是在我国现行法对人体胚胎的法律性质没有明确规定且对人体冷冻胚胎权属也无先例可以参酌的情况下作出的，这使得本案的审理具有很大不确定性。

对于未植入人体的人工胚胎的法律属性问题，本案一审判决认定施行"体外受精－胚胎移植手术"过程中产生的受精胚胎，是具有发展为生命的潜能，含有未来生命特征的特殊之物；二审法院则回避了说明胚胎的法律属性，但提出胚胎具有孕育成生命的潜质，为双方家族血脉的唯一载体，承载着精神慰藉、情感抚慰等人格利益，比非生命体具有更高的道德地位，并以此为基础支持当事人的关于血缘传承的身份利益主张。在理论上，学界对于未植入人体的人工胚胎的法律属性主要有客体说、主体说、阶段说和折中说四种观点。

主体说认为，涉及人工胚胎的法律调整应当在利益衡量的基础上立足于人格权法的角度来进行规制，而不能用民法上的物的标准衡量，否则在人类辅助生殖相关法律规则不健全的背景下，会造成观念和操作上的混乱。

客体说认为，虽然将未植入人体的冷冻胚胎等脱离人体的器官和组织作为民事主体来保护，有助于对于生命的尊重，也存在生命伦理上的支撑，但面临着现行法规则缺失的困境，故应将未植入人体的人工胚胎的法律属性确定为特殊的法律不允许买卖和继承的物。本案一审法院基本就是以该观点作为判断基础的。目前有学者的建议稿多建立在这种观点的基础上。如王利明教授主编的"中华人民共和国民法典草案"第128条第2款规定：自然人的器官、血液、骨髓、组织、精子、卵子等，以不违背公共秩序与善良风俗为限，可以作为物。梁慧星教授主持编写的"中国民法典草案建议稿"第94条也规定：自然人的器官、血液、骨髓、组织、精子、卵子等，以不违背公共秩序与善良风俗为限，可以成为民事权利的客体。

阶段说认为，应当回应科技发展的现实需要，以胚胎的实际样态分阶段界定人工胚胎的法律地位：人工早期胚胎在植入母体前，实质上都还是卵裂细胞组成的囊胚，虽然具有发育的潜能，但并不具有"人"的任何组织、器官和结构特征。此时，人工胚胎独立于人体之外，能为人所感知和支配，并且具有一定的价值，能够满足人们社会生活的某种需要，可以认定为民事法律关系的客体物；待植入母体14天后，可以作为主体对待。[1]阶段说一定程度上避免了客体说和主体说存在的片面思维，具有一定的合理性，但欠缺法学作为社会科学的整体性考虑。

折中说认为，冷冻胚胎既不属于人，也不属于纯粹的物，而是介于人和物之间的蕴含未来生命潜能的特殊物体。对于该特殊物，既不能只适用人格权法的规定，也不能只适用物权法的规定，人们在处置冷冻胚胎时应该受到人格权法和物权法的双重约束。具体而言，即就胚胎的储存维护应适用物权法规范，就胚胎受损可以援引人格利益保护法，就胚胎管领则应适用监护法理。[2]这一学说应当说是符合现实的态度，本案二审法院的裁判基础实际上就是偏折中说。

2. 本案当事人与人工体外胚胎的关系。在缺乏明确立法规制的背景下，本案较为现实的处理思路应该是在确定人工体外胚胎法律属性的基础上，明确本案当事人与人工冷冻胚胎之间的关系。对于当事人对人工体外胚胎享有的权利究竟是继承权还是监管权、处置权，抑或是其他权利，目前理论上并未达成共识。

依上述折中说的观点，人工冷冻胚胎经过人工匹配取得，含有血缘传承的 DNA 等遗传物质和两个家族遗传信息，具有发育为生命的潜质，同时也往往是双方家族血缘传承的唯一载体，还可能承载着哀思寄托、精神慰藉、情感抚慰等人格利益，与不能单独培育为人的生命的器官、血液、组织、精子、卵子等物质还存在本质上的区别，不宜将其简单作为可继承的对象，故而本案中当事人与人工冷冻胚胎之间的关系不应被认定为继承关系。

与此同时，鉴于人工胚胎具有遗传信息，故而也不应随意处置，在缺乏

---

〔1〕　如有研究者发现，胚胎在植入母体14天后会发生质变，胚胎由单纯的囊胚开始逐渐转化为人的生命组织，因而具有生命体的特征。可参阅鲁源："当人体胚胎遭遇'14天规则'：新技术为人类发育研究带来突破性见解与伦理问题"，载《中国科学报》2018年8月28日，第3版。

〔2〕　曾品杰："论人工胚胎之法律地位"，载《交大法学》2016年第1期。

当事人事先依法意定安排的情形下，需要合理确定对人工胚胎的监管和处置问题。我国《人类辅助生殖技术管理办法》《人类辅助生育技术规范》等规章中有"禁止以任何形式买卖配子、合子、胚胎""禁止实施胚胎赠送""禁止实施代孕"等的规定，这是对医疗机构和医务人员在从事人工生殖辅助技术时的管理性规定，并未禁止或者限制失独公民就其或者其子女遗留下来的胚胎行使监管权和处置权。在这种立法背景下，本案二审法院将4名失独老人就子女遗留的冷冻胚胎权属矛盾确定为"监管、处置权纠纷"，在夫妻去世、辅助生殖手术无法进行的情况下，进行法律的补充解释，将其遗留胚胎的监管权和处置权判决赋予已故夫妻的双方父母。这一裁判并未违反以上法律的禁止性规定，又契合私法精神，值得肯定。

3-2　《人类辅助生殖技术管理办法》全文

此外，需要注意的是，对于通过人工辅助生育技术形成的人工胚胎，应该是夫妻双方充分表达意愿的情形下自由行使生育权的结果，[1] 故而所产生的胚胎的处置权作为生育权的延伸同样也应具有人身专属性。如果在婚姻关系存续期间夫妻合意形成了冷冻胚胎，之后因感情破裂夫妻离婚的情形下，或者对于基于其他原因有一方不愿继续通过辅助生殖技术孕育子女的情形下，该冷冻胚胎的处置权应归属于夫妻双方，即对胚胎的处置应获得夫妻双方的知情同意。如果双方无法达成胚胎处置的合意，则单方不能擅自处置胚胎。对此，司法实践也予以认可。例如，在"王某某与张某某其他婚姻家庭、继承纠纷再审案"中，法院即认为，在未经一方知情同意并签署知情同意书的情形下，夫妻另一方启动冷冻胚胎，实施胚胎移植手术，违背了不知情方的意愿，可视不知情方为一个单纯的精（卵）捐献者，应认定不知情方与出生的后代不构成法律上的父母与子女的关系，也不承担任何责任。[2] 当然，本

---

〔1〕　原卫生部颁布的《人类辅助生殖技术管理办法》及《人类精子库基本标准和技术规范》中明确规定，实施人类辅助生殖技术应当遵循知情同意原则，并签署知情同意书。
〔2〕　见广东省广州市中级人民法院民事裁定书，(2013) 穗中法民申字第247号。

案中，是夫妻因死亡均无法表达如何处置胚胎的情形，即原冷冻胚胎的处置权主体已经不复存在，在立法缺乏明确规定的情况下，需要司法予以裁断。

3. 需要关注特殊情形下冷冻胚胎的处置问题。在人类辅助生殖技术实践中，为了提高成功孕育的概率，按照医疗操作惯例，进行人类辅助生殖手术的夫妻除了移植入体内的胚胎，还会多培育一些。因此产生了三种特殊情形下冷冻胚胎的处置问题：

第一，在实施人类辅助生殖技术过程中，夫妻因死亡或其他情形导致双方均无法表达启动冷冻胚胎继续孕育子女的意愿的情形下，冷冻胚胎如何处置的问题。

第二，在实施人类辅助生殖技术过程中，夫妻因感情破裂或其他原因无法再达成一致的继续通过辅助生殖技术孕育子女的合意的情形下，冷冻胚胎如何处置的问题。比如，在一方选择继续移植胚胎，另一方却选择丢弃或者捐献胚胎，双方无法达成一致的情况下，可否允许夫妻单方启动冷冻胚胎的复苏？

第三，医院保管的已过保管期限的无主胚胎如何处置的问题。

四、参考意见

本案两审法院均援引学理解释作出认定并依此适用法律，行使自由裁量权作出裁判。本案二审法院基于下述理由，判决上诉人和被上诉人对涉案胚胎共同享有监管权和处置权：

第一，沈某、刘某生前与南京鼓楼医院签订相关知情同意书，约定胚胎冷冻保存期为　年，超过保存期同意将胚胎丢弃，现沈某、刘某意外死亡，合同因发生了当事人不可预见且非其所愿的情况而不能继续履行，南京鼓楼医院不能根据知情同意书中的相关条款单方面处置涉案胚胎。

第二，在我国现行法律对胚胎的法律属性没有明确规定的情况下，结合本案实际，应考虑以下因素以确定涉案胚胎的相关权利归属：一是伦理。施行体外受精－胚胎移植手术过程中产生的受精胚胎，具有潜在的生命特质，不仅含有沈某、刘某的 DNA 等遗传物质，而且含有双方父母两个家族的遗传信息，双方父母与涉案胚胎亦具有生命伦理上的密切关联性。二是情感。白发人送黑发人，乃人生至悲之事，更何况暮年遭丧独子、独女。沈某、刘某意外死亡，其父母承欢膝下、纵享天伦之乐不再可能，"失独"之痛，非常人所能体味。而沈某、刘某遗留下来的胚胎，则成为双方家族血脉的唯一载体，承载着哀思寄托、精神慰藉、情感抚慰等人格利益。涉案胚胎由双方父母监管和处置，既合乎人伦，亦可适度减轻其丧子失女之痛楚。三是特殊利益保护。胚胎是介于人与物之间的过渡存在，具有孕育成生命的潜质，比非生命体有更高的道德地位，应受到特殊尊重与保护。在沈某、刘某意外死亡后，其父母不但是世界上唯一关心胚胎命运的主体，而且亦应当是胚胎之最近、最大和最密切倾向性利益的享有者。基于以上因素应赋予沈某、刘某父母涉案胚胎的监管权和处置权。权利主体在行使监管权和处置权时，应当遵守法律且不得违背公序良俗和损害他人之利益。

第三，至于南京鼓楼医院在诉讼中提出，根据卫生部的相关规定，胚胎不能买卖、赠送和禁止实施代孕，但并未否定权利人对胚胎享有的相关权利，且这些规定是卫生行政管理部门对相关医疗机构和人员在从事人工生殖辅助技术时的管理规定，南京鼓楼医院不得基于部门规章的行政管理规定对抗当事人基于私法所享有的正当权利。

案例二：李某、郭某阳诉郭某和、童某某继承纠纷案[1]

3-3　判决书全文

一、基本案情

原告李某于 1998 年 3 月 3 日与两被告之子郭某顺登记结婚。2002 年 8 月 27 日，在婚姻关系存续期间，郭某顺与秦淮区房产经营公司签订《南京市直

---

[1]　南京市秦淮区人民法院民事判决书，（2006）秦民一初字第 14 号。最高人民法院以法〔2015〕85 号文件将该案例作为第十批第 50 号指导性案例予以发布。该案例旨在明确通过人工授精出生子女的法律地位问题，有利于依法保护通过人工授精出生子女及妇女的合法权益，统一类似案件的裁判标准。

管公有住房买卖契约》，购买了位于本市秦淮区 21 号 602 室建筑面积 45.08 平方米的房屋，同年 9 月将该夫妻共同财产以郭某顺的名义办理了房屋所有权证、土地使用证。

2004 年 1 月 30 日，原告李某与郭某顺夫妇与南京军区南京总医院生殖遗传中心签订人工授精协议。通过人工授精（他人精子），李某于 2004 年 10 月 22 日产一子，名郭某阳。

2004 年 4 月，郭某顺因病住院，5 月 20 日，郭某顺在医院立下遗嘱，主要内容有二：一是拒绝承认通过人工授精（不是本人精子）出生的孩子为其子女；二是将坐落在秦淮区 21 号 602 室建筑面积 45.08 平方米的房屋赠予其父母郭某和和童某某。同年 5 月 23 日郭某顺病故。

2006 年 3 月 20 日法院委托南京大陆房地产估价师事务所有限责任公司对上述房产的现价评估为 19.3 万元。

原告李某每月享受低保，另有不固定的打工收入。被告郭某和、童某某现居住于 21 号 601 室，产权人为被告郭某和。两被告均享有退休工资。

原告李某、郭某阳主张，人工授精系经夫妻双方同意而实施，所生子女应享有婚生子女的权利，遗嘱剥夺了这一权利应属无效，且该遗嘱将夫妻共同财产（位于本市秦淮区 21 号 602 室的房屋）一并处分，侵犯了另一方的权利，亦属无效。现郭某顺去世，遗嘱无效，作为郭某顺的妻子和儿子，要求按法定继承对该房屋中属于被继承人郭某顺的财产析产继承，同时请求法院考虑李某无固定收入、郭某阳年幼，在分割遗产时予以照顾。

被告郭某和、童某某认为，对人工授精问题法律没有明确的规定，被继承人有权作出自己的选择。其子郭某顺留有遗嘱，将该房赠予两被告，故对房产应适用遗嘱继承。

二、法律问题

1. 如何看待人工授精所生子女的法律地位？

2. 本案中被继承人自书遗嘱否认人工授精所生子女与其之间的亲子关系并将房产处分给其父母，是否具有法律效力？

三、法理分析

我国《继承法》第 5 条规定，继承开始后，按照法定继承办理；有遗嘱的，按照遗嘱继承办理。本案中，被继承人留有自书遗嘱一份，如果该遗嘱有效，则在处理遗产时应按遗嘱处理；如果遗嘱无效，则应依法定继承处理。对于本案中遗嘱的效力问题，理论争议焦点有二：

第一，关于人工授精所生子女的法律地位问题。随着医学和科学技术的发展，体外受精技术日趋成熟，人工授精子女的出现解决了许多家庭不孕不育的难题，但同时也引发了许多伦理与法理难题，如人工授精所生子女的法律地位问题。按照传统的亲属法理论，父母子女关系可分为自然血亲的父母子女关系和法律拟制的父母子女关系两大类，其中包括婚生和非婚生的父母子女关系，也包括养父母与养子女的关系和形成抚养关系的继父母与继子女的关系。这两大类父母子女关系中的权利义务相同。通过实施人类辅助生殖技术所生育的子女，即便是在夫妻婚姻关系（或者事实婚姻关系）存续期间受孕和出生的，但夫妻双方与所生子女之间却既无法成立传统的自然血亲关系，也未发生养父母与养子女的关系，同时也非继父母与继子女的关系，即无法用传统的亲属法理论和法律规定直接确定实施人类辅助生殖技术情况下夫妻双方与所生子女之间的关系。

本案中，被继承人在遗嘱中拒绝承认其妻通过人工授精所生之子为其子女。传统民法中，血缘与怀胎是判断是否具有父母子女关系的必备要素，法律上兼以两者作为认定父母子女关系的指标。随着医学技术的发达，人工生殖技术的发展使得血缘与怀胎间的关联性不再必然，相关现行法律制度面临诸多挑战，人工生殖情形下子女与父母身份关系的认定问题就是其中之一。对此，我国民法领域目前没有关于通过实施人类辅助生殖技术孕育子女亲子关系认定的专门立法，只有在1991年7月8日发布的《最高人民法院关于夫妻离婚后人工授精所生子女的法律地位如何确定的复函》中有这样一个态度："夫妻关系存续期间，双方一致同意进行人工授精，所生子女应视为夫妻双方的婚生子女，父母子女之间权利义务关系适用《中华人民共和国婚姻法》（以下简称《婚姻法》）的有关规定。"可以说这是我国首次对人类辅助生殖技术子女的法律地位作出规定，但在之后修订的《婚姻法》以及相关司法解释中，对这一问题并没有予以明确。

3-4　复函全文

根据该复函的规定，"夫妻双方同意进行的人工授精所生子女，为婚生子女"。因此，在司法实践中，对于婚姻关系存续期间进行人类辅助生育技术生育的子女一般根据不同情况分别予以判断：一是精子与卵子来源于夫妻双方，所谓人类辅助生育，只是采用科学技术辅助手段促使精子和卵子结合，之后由妻子怀孕生育子女。这种情况下，出生后的子女与父母双方均有血缘上的联系，自然可以认定为夫妻双方的亲生子女，其法律地位当然也可以适用《婚姻法》关于父母子女关系的规定。二是在婚姻关系存续期间，妻子事先经过丈夫同意采用他人精子借助人工授孕技术怀孕，或者虽然事先未经过丈夫同意，但采用人工授孕技术怀孕后丈夫知道但明确表示没有异议的，此时致妻子受孕的精子虽然不是生育妇女的丈夫提供的，该子女与生育母亲的丈夫无自然血缘上的联系，但该生育妇女的丈夫仍应被认为是该子女法律意义上的父亲。三是如果妻子未经丈夫事先同意或者丈夫事后未明确表示无异议，采用他人精子借助人工授精技术生育子女，则该生育妇女的丈夫不应被认定为所生育子女的法律意义上的父亲。

本案中，郭某顺、李某夫妇一致同意通过人工授精方法受胎，表明对以此获得共同的子女具有积极的意思表示，之后女方经过人工授精成功受孕后所生子女，虽然与被继承人并无血缘关系，但也应当视为其婚生子女，即被继承人与通过该方法所生子女之间产生父母子女间的权利义务关系。进一步言之，即使在夫妻关系结束后，不论男方是否反悔，其婚姻存续期间经过人工授精所生子女享有同其他婚生子女一样的继承权。

第二，关于被继承人将房产处分给其父母的行为的效力判断问题。对于这一行为的效力判断，涉及两个方面的问题。首先，在我国，自然人享有处分自己合法所有的个人财产的权利，而被继承人在死亡之前对自己合法所有的个人财产进行遗嘱处分的行为，正是行使这种处分权的具体表现，但需符合法律的限制性规定。根据《最高人民法院关于贯彻执行〈中华人民共和国继承法〉若干问题的意见》第 38 条的规定，遗嘱人以遗嘱处分了属于他人所有的财产，遗嘱的这部分应被认定为无效。本案中，登记在被继承人名下的讼争房产，系在夫妻关系存续期间取得，应属夫妻共同财产；遗嘱中被继承人将全部房产赠予其父母的行为，属于在遗嘱中单独处分属于夫妻共同所有的共同财产的行为，故处分属于原告李某的一半房产部分的遗嘱内容应属无效。其次，依《继承法》第 19 条的规定，遗嘱应当对缺乏劳动能力又没有生活来源的继承人保留必要的遗产份额，此即"特留份"制度。本案中，被继承人在处分属于其的另一半房产时，也应适用这一规则。鉴于本案中的原告郭某阳尚属年幼，故被继承人立遗嘱处分遗产时，应当为该继承人留下必要的遗产份额，所剩余的部分，才可参照遗嘱的意思表示分配。

四、参考意见

第一，1991 年 7 月 8 日发布的《最高人民法院关于夫妻离婚后人工授精所生子女的法律地位如何确定的复函》规定："夫妻关系存续期间，双方一致同意进行人工授精，所生子女应视为夫妻双方的婚生子女，父母子女之间权利义务关系适用《婚姻法》的有关规定。"本案中，被继承人在遗嘱中拒绝承认其妻通过人工授精所生之子为其子女的内容违背了这一司法解释的精神，不发生法律效力，遗嘱中该部分内容无效。

第二，依《最高人民法院关于贯彻执行〈中华人民共和国继承法〉若干问题的意见》第 38 条的规定，遗嘱人以遗嘱处分了属于他人所有的财产，遗嘱的这部分应被认定为无效。本案中登记在被继承人名下的讼争房产属夫妻共同财产，所以遗嘱中被继承人处分属于原告李某的一半房产部分的遗嘱内容应属无效。

第三，依《继承法》第 19 条的规定，遗嘱应当对缺乏劳动能力又没有生活来源的继承人保留必要的遗产份额。本案中，被继承人立遗嘱处分遗产时应当为尚属年幼的继承人，即原告郭某阳留下必要的遗产份额，否则，遗嘱相应部分应属无效。

本案中，受理法院判决认定被继承人死亡时遗留的位于秦淮区 21 号 602 室房产的 1/2 属于其遗产，其中的 1/3 即全部房产的 1/6 应归被继承人的子女即原告郭某阳继承，余下的 2/3 即全部房产的 1/3，由两被告共同继承。考虑到继承人的实际需要及所占份额，受理法院最终将该房屋判归原告李某所有，李某按该房产评估价值折价补偿原告郭某阳及两被告。

案例三：徐某某1与吴某某离婚纠纷案[1]

3-5 判决书全文

一、基本案情

原告徐某某1（以下简称原告）2004年7月经张某某介绍与被告吴某某（以下简称被告）认识，2005年4月30日双方登记结婚。因原告生理存在缺陷，无生育能力，原告同意被告通过人工授精（他人精子）方式进行生育。2011年7月12日，被告在鹰潭市希正医院生育一女（取名徐某某）时，原告在医院予以陪护，在之后的户口本、出生证明及儿童预防接种证等证件上原告也均以徐某某父亲的身份出现。自徐某某出生以来，原告都以父亲的身份出现（如户口本记载）。

诉讼中，原被告均认为夫妻感情已彻底破裂，同意离婚。但原告主张，徐某某是被告人工授精生育的孩子，不是原告的女儿，原告无需承担抚养义务。被告则认为，虽然女儿徐某某和原告没有生物学上的血缘关系，但女儿徐某某是经过原告同意后被告人工授精而生育的子女，故徐某某和原告应属于法律上的亲子关系，请求法院判决原告每月支付女儿徐某某抚养费。

二、法律问题

1. 人工授精的方式是否影响父母子女关系的认定？

2. 本案中徐某某与原告是否存在法律上的亲子关系？原告是否有义务抚养徐某某？

---

[1] 江西省鹰潭市月湖区人民法院民事判决书，（2015）月民一初字第360号。

三、法理分析

我国《人类辅助生殖技术管理办法》对人类辅助生殖技术的分类作了规定。根据该规定，人类辅助生殖技术分为人工授精和体外受精－胚胎移植技术及其各种衍生技术。所谓体外受精－胚胎移植技术及其各种衍生技术，是指从女性体内取出卵子，在器皿内培养后，加入经技术处理的精子，待卵子受精后，继续培养，到形成早期胚胎时，再转移到子宫内着床，发育成胎儿直至分娩的技术。

所谓人工授精，是指用人工方式将精液注入女性体内以取代性交途径使其妊娠的一种方法。根据精液来源不同，分为丈夫精液人工授精和供精人工授精。丈夫精液人工授精，也称同质人工授精，是指利用人工技术将丈夫的精子与妻子的卵子结合，形成受精卵之后在妻子的子宫内着床、发育、分娩。在同质人工授精的情形下，精子和卵子分别来自于父母双方。这种人工授精方式利用人工技术取代了传统的性行为，与自然繁殖唯一的区别只是精卵结合的方式不同。在此种条件下出生的子女，完全具备和父母之间的生物学联系，其遗传学父母即为法律父母，在目前的实际生活中，通过丈夫精液人工授精技术所生子女的法律地位较为明确，引起的法律问题较少，一般沿用传统的亲子认定规则即可，即认定该情况下出生的子女具备同婚生子女相同的法律地位。

本案涉案当事人采取的辅助生殖技术为供精人工授精。这种人工授精方式的主要过程是：在丈夫的精子无生育能力或者完全没有精子的情况下，依照人工生殖方式将第三人捐赠的精子注入妻子体内，使妻子受孕分娩。这种生育方式切断了婚姻与生儿育女的纽带，通过这种方式生育的子女，事实上存在两个父亲，一位是养育父亲，另一位是遗传父亲（捐精者）。此时，如何认定人工授精所生子女的法律地位，直接涉及监护、抚养、赡养、继承等相关法律问题。如果按照传统的血统主义规则，此时应认定捐精者和分娩者分别为子女的父亲、母亲；但如果根据婚生推定制度，子女因在婚姻存续期间受孕而出生，就成为丈夫的婚生子女，丈夫被推定为子女的父亲。显然，在供精人工授精的情形下，血统主义原则和现行的亲子制度在父亲的确定上发生了结果不一致的矛盾。对此种情形下究竟应当认定谁为子女的父亲的问题，实际上需要立法者和司法者作出价值判断。从人工生殖治疗不孕的目的和不孕夫妇接受手术的初衷考虑，血统主义原则显然不应再成为供精人工授精方式下认定子女父亲的理论依据。或者说，综合捐精者捐精行为的隐匿性，以及捐精时捐精者缺乏成为该子女法律上父亲的意思，再加上人工授精前夫妻双方的术前一致同意，这些当然应作为供精人工授精方式下认定子女父亲应当考虑的重要因素。同时，不孕夫妇在接受手术前理应具有充分的物质经济准备和相应的精神心理准备，当然应推定具有将所生子女视为他们的婚生子女的意思，这种情形下，从维护子女的最大利益角度考虑，也不应再选择依血统主义原则来认定。

综合上述这些因素，供精人工授精方式下认定不孕夫妇中的丈夫成为孩子的父亲更趋合理。这一观点，事实上在司法实践中也得到了最高人民法院的认可。在1991年7月8日《最高人民法院关于夫妻离婚后人工授精所生子女的法律地位如何确定的复函》中规定："在夫妻关系存续期间，双方一致同意进行人工授精，所生子女应视为夫妻双方的婚生子女，父母子女之间权利义务关系适用《婚姻法》的有关规定。"在我国目前的司法实践中，也基本采取这样的态度。例如，在"郭某甲与汤某抚养纠纷案"中，受理法院也认为，对子女的抚养，应从有利于子女健康成长，保障子女合法权益的角度出发，鉴于郭某乙系原告郭某甲及被告汤某在离婚后经双方同意通过体外受精胚胎移植所生育的女儿，故判令支持原告郭某甲请求被告汤某抚养女儿郭某乙的诉讼请求。[1]

3－6　判决书全文

四、参考意见

本案受理法院经审理认为，原、被告均同意离婚，夫妻感情确已破裂，

---

〔1〕　见湖北省武汉市江汉区人民法院民事判决书，(2015)鄂江汉巡民初字第01437号。

故准予离婚。依我国《婚姻法》第 36 条、第 38 条的规定，父母与子女间的关系，不因父母离婚而消除；离婚后，子女无论由父或母直接抚养，仍是父母双方的子女；离婚后，父母对于子女仍有抚养和教育的权利和义务；离婚后，不直接抚养子女的父或母，有探望子女的权利，另一方有协助的义务。再结合依《最高人民法院关于夫妻离婚后人工授精子女的法律地位如何确定的复函》中的指示，在夫妻关系存续期间，只要夫妻双方一致同意通过人工授精生育子女，所生子女无论是与夫妻双方还是与其中一方没有血缘关系，均应视为夫妻双方的婚生子女，父母子女权利义务关系适用《婚姻法》的有关规定。本案中，在原、被告一致同意通过人工授精方法受胎的情形下，原告生下的徐某某应认定为原被告的婚生子女，父母子女权利义务关系适用《婚姻法》的有关规定，所以原告拒绝负担对孩子的抚养义务，其理由不能成立。由于徐某某由被告抚养有利于徐某某的健康成长，故应由原告支付徐某某的抚养费。最终法院判决原、被告婚生女徐某某由被告抚养，原告徐某某每月支付抚养费至徐某某年满 18 周岁止；原告可每月探视婚生女徐某某二次，被告应予以协助。

拓展案例

案例一：杨某诉舟山市妇幼保健院医疗服务合同纠纷案[1]

3-7　判决书全文

一、基本案情

原告杨某与其丈夫周某于 2013 年 1 月 24 日登记结婚。婚后，双方未生育，亦未收养子女。杨某与周某因不孕到被告舟山市妇幼保健院诊疗，并于 2016 年 2 月 24 日签署《体外受精－胚胎移植（IVF-ET）知情同意书》，同意

---

〔1〕 见舟山市定海区人民法院民事判决书，（2016）浙 0902 民初 3598 号。

由被告为其施行"体外受精－胚胎移植"术。随后杨某与周某又签署《取卵－胚胎移植手术知情同意书》，同意由被告为杨某施行腹腔镜下取卵术；在被告实施了取卵术和体外受精术后，于2016年3月18日签署《胚胎冷冻知情同意书》，同意被告采用低温保存技术保存胚胎5个至2017年3月21日，并缴纳了相关费用；于2016年3月21日签署《全胚冷冻知情书》，言明因取卵日子宫内膜回声欠均匀，取消促排卵周期胚胎移植，所有胚胎冷冻保存，待以后周期解冻后移植回子宫。《胚胎冷冻知情同意书》载明："我们夫妇一方或双方均死亡而没有留下有关冷冻胚胎的处理遗嘱"，"我们允许生殖中心终止胚胎冷冻保存"；"终止冻存的胚胎"选择"胚胎在体外退化"。2016年5月12日凌晨0时02分许，浙岱渔11307号船失联，后经搜救发现该船已沉没，船员周某下落不明。2016年7月，原告要求被告继续完成"体外受精－胚胎移植"手术，被告予以拒绝。

原告认为，原告夫妇签署的相应文书，表明实施"体外受精－胚胎移植"手术是原告夫妇共同的意思表示，被告拒绝为原告实施该手术，缺乏理由，且原告丧偶，继续完成胚胎移植手术传承丈夫的血脉，寄托了原告的全部希望，故诉至法院，请求判如所请。

被告认为，原告的要求不符合相关的条件和程序，对原告停止实施胚胎移植手术，符合相关法律规定和伦理原则，请求法院依法予以判决。

诉讼过程中，经法院询问，周某的生母陈某、继父虞某表示支持原告接受胚胎移植手术，希望原告为周某生育后代。

二、法律问题

1. 本案中原被告之间形成的医疗服务合同是否有效？

2. 本案中原告要求继续实施胚胎移植术的诉讼主张是否违反有关的伦理道德、法律规则？

3. 本案中周某父母表明支持原告实施人类辅助生殖技术的态度是否对案件的判断有影响？

4. 本案中原被告双方之间的相关医疗服务合同是否应当继续履行？

三、重点提示

实施人类辅助生殖技术，可以使不孕不育夫妻得以借用现代生物技术通过人工授精或试管婴儿促成精卵结合来生育子女。故人类辅助生殖技术已经是现代社会治疗不育症的一种医疗手段。这一技术在给不孕不育患者带来繁衍自己后代的希望的同时，也对与婚姻家庭有关的伦理道德、法律规则产生了冲击。本案中，原告与其丈夫因不育症到被告医院诊疗，被告同意为其实施"体外受精－胚胎移植"术，双方之间形成的医疗服务合同合法、有效，对此，当事人没有争议。被告之所以拒绝原告的请求，主要原因在于，被告认为能否为原告实施胚胎移植手术既是一个法律问题，也是一个社会伦理问题，原告要求继续实施胚胎移植术违反有关的伦理道德、法律规则。其中，有三个方面的问题需要关注：

第一，原卫生部颁布的《人类辅助生殖技术和人类精子库伦理原则》中的"社会公益原则"一项中明确规定，医务人员必须严格贯彻国家人口和计划生育法律法规，不得对不符合国家人口和计划生育法规和条例规定的夫妇和单身妇女实施人类辅助生殖技术。本案中，原告的丈夫因海难事故失踪，原告是否属于上述规定中的"单身妇女"的范畴，这一判断会影响到认定被告是否应当继续为原告实施胚胎移植手术。

3－8　《人类辅助生殖技术和人类精子库伦理原则》全文

第二，上述《人类辅助生殖技术和人类精子库伦理原则》中的"伦理原则"规定，人类辅助生殖技术必须经夫妇双方自愿同意并签署书面知情同意书后，方可实施。本案中，原告的丈夫不可能签署知情同意书，实施胚胎移植手术的必备程序已经无法完成，但周某之前已签署《体外受精－胚胎移植（IVF-ET）知情同意书》《取卵－胚胎移植手术知情同意书》《胚胎冷冻知情同意书》《全胚冷冻知情同意书》，这些文件说明周某对于通过人类辅助生殖技术包括实施胚胎移植术生育子女，已表达了明确的意愿。为此，需要考虑的是，被告继续为原告实施人类辅助生殖技术是否违反"人类辅助生殖技术必须在夫妇双方自愿同意并签署书面知情同意书后方可实施"这一知情同意的原则？

第三，上述《人类辅助生殖技术和人类精子库伦理原则》中的"保护后代原则"规定，如果有证据表明实施人类辅助生殖技术将会对后代产生严重的生理、心理和社会损害，医务人员有义务停止该技术的实施。本案中，原告的丈夫可能无法生还，若原告通过胚胎移植手术生育了孩子，孩子一出生就没有父亲，且原告是否在物质条件上为新生命的到来作好了准备，亦无证据予以证明。但是否仅凭单亲家庭就断言孩子会因此遭受严重的生理、心理和社会损害，进而认为被告继续为原告实施人类辅助生殖技术违反了前述保护后代原则？而且，物质能力是否应当作为公民行使生育权利的约束条件？

案例二：郑某、徐某 1 婚姻家庭纠纷审查与审判监督案[1]

3 - 9　民事裁定书全文

一、基本案情

郑某与徐某 1 原系夫妻关系，婚后因不能正常生育，经协商，郑某、徐某 1 均同意到上海集爱遗传与不育诊疗中心进行体外受精 - 胚胎移植，并于2009 年 5 月底至 2011 年底在上海集爱遗传与不育诊疗中心签署了多份体外受精 - 胚胎移植（IVF-ET）知情同意书，留存遗传标本知情同意书，胚胎冷冻、解冻及移植知情同意书，废弃无用卵子、剩余精子及胚胎处理知情同意书。同时，郑某给徐某 1 出具了多份授权委托书，委托妻子徐某 1 全权处理冷冻胚胎安置事宜，郑某在冷冻胚胎移植注意事项书上签名，承诺如郑某因工作安排无法前来签字，可由郑某写好委托书，委托女方全权代理。2011 年 10 月20 日，郑某将其精液一份交付给上海集爱遗传与不育诊疗中心，同意该精液样本自交付日起由上海集爱遗传与不育诊疗中心保存 2 年，以备用作辅助生

---

〔1〕　湖北省高级人民法院民事裁定书，（2017）鄂民申 2456 号。

殖技术的实施。为此，徐某1持郑某出具的授权委托书及相关身份文件到上海集爱遗传与不育诊疗中心进行体外受精－胚胎移植手术，并于2012年4月怀孕。在该中心保存郑某精液期间，郑某、徐某1因家庭琐事发生矛盾，郑某没有书面通知或到上海集爱遗传与不育诊疗中心销毁精液样本。2012年7月，郑某向一审法院提起诉讼，请求判令郑某、徐某1离婚，该院经审理认为郑某在徐某1怀孕期间起诉离婚，违背了《婚姻法》第34条的规定，作出（2012）鄂沙市民初字第01469号民事裁定，驳回郑某的起诉。在婚姻关系存续期间，徐某1生育一女，取名徐某2。2013年6月3日，郑某、徐某1在湖北省江陵县民政局协议离婚，约定婚生女徐某2由徐某1抚养，郑某每年按其本人年收入的30%支付抚养费。由于郑某不按约定给付抚养费，婚生女徐某2向湖北省江陵县人民法院提起诉讼，请求判令郑某支付抚养费，该院作出（2015）鄂江陵民初字第00274号民事判决，判决郑某支付徐某2抚养费至徐某2年满18周岁止。郑某不服一审判决，向湖北省荆州市中级人民法院提起上诉，二审经审理后作出（2015）鄂荆州中民一终字第00108号民事判决：驳回上诉，维持原判。后郑某不服该判决申请再审，再审法院裁定驳回郑某的再审申请。在诉讼中，郑某主张徐某1胚胎移植的民事行为无效；徐某1侵害其生育权且造成其精神伤害及经济损失；徐某2的全部抚养费由徐某1自行承担，并返还郑某已付的抚养费。

二、法律问题

1. 本案中，如何判断进行体外受精胚胎移植生育是否系徐某1与郑某的真实意思表示？

2. 本案中，徐某1进行胚胎移植生育是否侵犯了郑某的生育权？

三、重点提示

在司法实务中，选择体外受精胚胎移植生育是否系双方的真实意思表示一般是司法者首先要考虑的因素。本案中，受理法院根据当事人提交的证据，认定双方在婚姻关系存续期间自愿选择体外受精胚胎移植生育，系双方的真实意思表示，认为郑某主张徐某1进行胚胎移植生育未经其同意，应当确认为无效行为，且该行为侵犯其生育权，给其造成巨大的精神伤害和经济损失，缺乏事实与法律依据，最终法院未予支持郑某的主张。

实践中，也不乏受理法院因根据当事人提交的证据认定体外受精胚胎移植生育非双方的真实意思表示而得出否定判断的案例。例如，在"王某某诉张某某生育选择权纠纷案"中，王某某与张某某同居，因王某某经医学专科诊断为原发性不孕，双方决定采用体外授精方法生育子女，于是通过医学手段提取了精子和卵子制造出胚胎，产下王某1和王某2。之后王某某提起诉讼要求解除其与张某某的同居关系、非婚生子女王某1、王某2随王某某生活、张某某支付抚养费等诉讼请求，广东省深圳市中级人民法院终审判决支持王某某的诉讼请求。此后，王某某利用之前由张某某提供的精子，通过代孕方式，又生育了王某3并予以抚养，为此又向法院提起诉讼，主张请求王某3由张某某抚养。对此，法院认为，没有任何证据显示"王某3"的出生征得了张某某的同意；"王某3"之出生，侵犯了张某某的生育选择权；张某某拥有"不能被迫成为父亲"的基本权利，对在其不知情情况下生下的"试管婴儿"，其无需负担作为父亲的法律责任。[1]

3-10　王某某案案情及审理情况

📚 **拓展资料**

3-11

---

〔1〕 广州市中级人民法院民事判决书，穗中法少民终字第168号。该案为最高人民法院发布98例未成年人审判工作典型案例之85号。

第四专题 民事行为能力判断及民事责任能力

知识概要

自然人的民事行为能力，是指自然人能够以自己的行为独立参加民事法律关系，取得民事权利和承担民事义务的法律资格。自然人具有民事权利能力只是自然人享有民事权利、承担民事义务的资格，而要通过自己的行为独立参加民事法律关系则要具备相应的判断能力和意思能力。为了保障思虑未成熟者的利益和维护社会正常的交易秩序，法律创设了以意思能力为基础的民事行为能力制度。

自然人的民事行为能力与民事权利能力不同。民事权利能力是所有自然人享有民事权利、承担民事义务的资格，是自然人具有民事行为能力的前提，但并非每个自然人均具有民事行为能力。自然人的民事权利能力始于出生，终于死亡，而自然人只有在达到一定年龄并具备正常的智力状态的情况下才能具有相应的民事行为能力。当然，民事权利能力作为一种法律资格，仅可以使民事主体拥有通过自己独立的行为取得权利、承担义务的可能性，并不能使民事主体实际享有权利或承担义务。从这个意义上看，民事行为能力是民事权利能力和具体民事权利、义务的一个连接点。

自然人的民事行为能力也是实现私法自治原则的重要工具之一，而民事行为能力以意思能力为前提。所谓意思能力，是指自然人可以判断自己行为后果的能力。虽然意思能力是自然人具有民事行为能力的基础，但两者并不等同。意思能力的有无属于纯粹的事实判断，民事行为能力的有无则是以事实判断的结论为前提，进而进行价值判断的产物。为此，有无意思能力通常应结合具体情形进行判断，但有无行为能力通常应依据法律确立的一般标准进行判断。在这种情形下，实践中就可能会出现有健全的意思能力却无民事行为能力的情形，如早慧的儿童；也可能会出现有民事行为能力却无相应意思能力的情形，如完全民事行为能力人处于昏迷状态。

自然人要进行民事法律行为必须具有相应的判断能力。而自然人只有智力发展到一定程度，有一定的社会经验且精神状态正常，方可能正确地识别事物，准确地表达自己的意思，判断行为的后果，理智审慎地处理自己的事务。因此，与民事权利能力突出平等性不同，各国和地区的法律并不平等地赋予自然人民事行为能力，而是根据一定的标准作了区分。当然，这种分类最为科学的方法是个案审查，根据具体条件确定当事人的意思能力，但这样的做法不具有技术上的可操作性，且与法律交往要求的简便性和安全性格格不入。为了简化操作，法律采用抽象的标准以供实践之用。因为自然人的意思能力依赖于其生理发育，我国法律采取了以年龄和智力状况为标准的抽象判断模式，进行动态层面的设计，依此将自然人的一般民事行为能力[1]分为完全民事行为能力、限制民事行为能力和无民事行为能力三种。

完全民事行为能力，是指自然人能够以自己的独立行为参加民事法律关系，取得民事权利、承担民事义务的能力。各国和地区民法多以成年作为自然人享有完全民事行为能力的标准，我国《民法总则》第18条第1款也规定："成年人为完全民事行为能力人，可以独立实施民事法律行为。"当然，各国和地区民法根据本国和本地区的实际情况，在成年年龄的规定上也不尽相同。在我国，自然人18周岁通常已经在大学读书或者参加工作，应当允许其广泛地参加民事法律关系，以此年龄作为成年年龄基本符合我国自然人的智力及判断能力的发育状况。故《民法总则》第17条规定："18周岁以上的自然人为成年人。不满18周岁的自然人为未成年人。"[2]与原《民法通则》的规定不同的是，现《民法总则》的规定将成年和具有完全行为能力两个问题进行了分别规定。[3]

此外，虽然智力状况正常的自然人成年即具有完全民事行为能力是我国

---

　　[1]　理论上对于民事行为能力还有一般民事行为能力和特殊民事行为能力的区分。所谓特殊民事行为能力，是指法律对为某种行为所特别规定的资格。这种特殊规定可能是法律规定了更为严格的资格要求，如《婚姻法》对于结婚年龄有更严格的结婚能力的规定，《中华人民共和国收养法》（以下简称《收养法》）对于收养人年龄也有更严格的收养能力的规定；也可能是法律规定放宽了对于资格的要求，如《民法总则》第22条对于限制行为能力人的但书规定"……但是可以独立实施纯获利益的民事法律行为或者与其智力、精神健康状况相适应的民事法律行为"。

　　[2]　法国、德国、瑞士等国家和我国《民法总则》的规定一样，而日本和我国台湾地区均规定20岁为成年。

　　[3]　原《民法通则》第11条第1款规定："18周岁以上的公民是成年人，具有完全民事行为能力，可以进行民事活动，是完全民事行为能力人。"

法律的通制，但考虑到我国法律以 16 周岁为就业及参军的最低年龄，[1]现实中也有很多 16 周岁的人以自己的劳动收入维持生活，因此我国《民法总则》在原《民法通则》的基础上[2]继续沿袭了劳动成年制[3]作为例外补充。《民法总则》第 18 条第 2 款规定："16 周岁以上的未成年人，以自己的劳动收入为主要生活来源的，视为完全民事行为能力人。"依《最高人民法院关于贯彻执行〈中华人民共和国民法通则〉若干问题的意见（试行）》第 2 条的规定，这里的"以自己的劳动收入为主要生活来源"，是指"能够以自己的劳动取得收入维持当地群众的一般生活水平"。

需要注意的是，我国确定成年的自然人为完全民事行为能力人是基于对其智力状况的判断，而不是对自然人经济状况的考虑。智力状况正常的成年自然人即使没有经济收入，也不影响其作为完全民事行为能力人。由此，《最高人民法院关于贯彻执行〈中华人民共和国民法通则〉若干问题的意见（试行）》第 161 条第 2 款"行为人致人损害时年满 18 周岁的，应当由本人承担民事责任；没有经济收入的，由扶养人垫付，垫付有困难的，也可以判决或者调解延期给付"的规定的正当性值得商榷。

限制民事行为能力又称不完全民事行为能力，是指自然人只能在法律限定的范围内以自己的独立行为取得民事权利、承担民事义务的能力。依我国《民法总则》第 19 条和第 22 条的规定，8 周岁以上的未成年人为限制民事行为能力人，实施民事法律行为由其法定代理人代理或者经其法定代理人同意、追认，但是可以独立实施纯获利益的民事法律行为或者与其年龄、智力相适应的民事法律行为；不能完全辨认自己行为的成年人为限制民事行为能力人，实施民事法律行为由其法定代理人代理或者经其法定代理人同意、追认，但是可以独立实施纯获利益的民事法律行为或者与其智力、精神健康状况相适应的民事法律行为。对该两条规定可作如下理解：

第一，我国未成年人作为限制行为能力人的年龄条件是 8 周岁以上。8 周

---

〔1〕 如依我国《劳动法》第 15 条第 1 款的规定，用人单位可以招用未满 16 周岁的未成年人。

〔2〕 原《民法通则》第 11 条第 2 款规定："16 周岁以上不满 18 周岁的公民，以自己的劳动收入为主要生活来源的，视为完全民事行为能力人。"

〔3〕 对于劳动成年制，我国民法理论上也出现过废除论、取代论和保留论三种不同的观点。可参阅戴孟勇："劳动成年制的理论与实证分析"，载《中外法学》2012 年第 3 期。

岁以上的未成年人已经具备一定的识别能力和判断能力，且此类人一般应为在校中、小学生，其有进行法律交往的需要，但其心智并不完全成熟，对一些复杂行为尚缺乏判断能力，因此法律仅赋予其一定范围内的民事行为能力。与原《民法通则》规定的 10 周岁相比，年龄条件放宽了。这主要是考虑避免与社会生活现实脱节，因为随着社会的发展，现在 8～10 周岁的未成年人事实上已经具有相当的能力。起草《民法总则》的过程中，曾经将这一年龄标准定在 6 周岁，但出于对未成年人保护的考虑，最终通过的《民法总则》采取了折中的方案。

第二，成年人不能完全辨认自己行为的情况下，为限制行为能力人。对于限制行为能力人，法律允许其独立实施纯获利益的民事法律行为，或者独立实施与其年龄、智力或者精神健康状况相适应的民事法律行为，但其他民事法律行为应当由其法定代理人代理或者经其法定代理人同意、追认。[1] 一般认为，民法对限制行为能力人的行为能力进行限制，主要是为了避免其因判断能力不足而遭受不利益，因此，对于其实施"纯获利益的民事法律行为"，法律自无干涉的必要。只是对于判断何种行为为"纯获利益的民事法律行为"，仍有较大的解释空间，[2] 尤其是能否以经济利益作为判断标准的问题，也是理论和实务界一直关注的问题。

对于如何认定"与其年龄、智力或者精神健康状况相适应"，依《最高人民法院关于贯彻执行〈中华人民共和国民法通则〉若干问题的意见（试行）》第 3 条的规定，可以从行为与本人生活相关联的程度、本人的精神状态能否理解其行为并预见相应的行为后果以及行为标的数额等方面进行认定。当然，即便有此判断标准，在司法实践的具体判断过程中仍然会有较大的弹性，可能不利于对限制行为能力人的保护，或者有害于交易安全。对此，有学者指

---

〔1〕　与我国允许限制行为能力人从事判断能力之内的法律行为不同，依《德国民法典》第 107 条的规定，德国法上，除非纯获利益，限制民事行为能力人进行法律行为均需要征得法定代理人的同意。

〔2〕　我国学界有主张以"法律利益"作为判断标准的，认为只要限制行为能力人实施此法律行为时其权利未因此而减损，义务未因此而增加，就应属于"纯获利益"（可参阅朱庆育：《民法总论》，北京大学出版社 2016 年版，第 251～253 页）；也有主张，只要限制行为能力人所获利益远远高于其承受负担所遭受的不利益，就属于"纯获利益"（可参阅王利明：《民法总则》，中国人民大学出版社 2017 年版，第 111～112 页）。

出，在适用这一规定时，"应尽可能朝有利于限制行为能力人一方解释，以便最大限度贯彻保护未成年人的法律意旨"。[1]此外，对于日常生活中的定型化供给关系，如利用一般公共交通工具、使用自动售货机等行为，鉴于这一类关系不涉及复杂利益判断，且为日常生活所必需，金额也不大，已经被定型化设计和处理，如果限制民事行为能力人从事了这一类行为，一般应认定为属于与其年龄、智力或者精神健康状况相适应。

限制行为能力人除上述行为以外的其他法律行为，应当由其法定代理人代理或者经其法定代理人同意、追认。对于法定代理人的代理行为，适用我国《民法总则》关于代理的一般规定。这里的所谓"同意"，是指法定代理人事先允许限制行为能力人从事受限的法律行为，可以是针对每一项法律行为单独允许，也可以针对某一特点领域的法律交往进行概括允许。如果限制行为能力人未得到法定代理人的同意就从事法律行为，该行为就存在效力瑕疵，不过与原《民法通则》的规定[2]不同的是，《民法总则》赋予了法定代理人通过事后的追认予以补正的机会。应当说，允许法定代理人事后追认，更体现民法作为私法尊重意思自治的特征，值得肯定。

无民事行为能力，是指自然人不具有以自己的独立行为取得民事权利、承担民事义务的能力。依《民法总则》第20～21条的规定，不满8周岁的未成年人为无民事行为能力人，由其法定代理人代理实施民事法律行为；不能辨认自己行为的成年人为无民事行为能力人，由其法定代理人代理实施民事法律行为；8周岁以上的未成年人不能辨认自己行为的，适用前款规定。对该两条规定可资如下理解：

第一，年龄不满8周岁的未成年人均属于无行为能力人。与原《民法通则》规定的不满10周岁[3]相比，年龄下调了。如前所述，下调的原因主要是考虑到随着社会的发展，8～10周岁的未成年人事实上已经具有相当的能力和一定的独立性。

---

〔1〕 朱庆育：《民法总论》，北京大学出版社2016年版，第255页。

〔2〕 依原《民法通则》第58条的规定，限制民事行为能力人依法不能独立实施的民事行为无效，且无效的民事行为从行为开始起就没有法律约束力；而该法第12条也未赋予法定代理人追认的机会。后来的《合同法》第47条第1款规定了限制行为能力人订立的合同经法定代理人追认后有效。由此，《民法总则》实际上是继受了《合同法》的做法。

〔3〕 《民法通则》第12条第2款规定："不满10周岁的未成年人是无民事行为能力人……"

　　第二，无论是成年人还是未成年人，只要不能辨认自己的行为，均属于无行为能力人。对于无行为能力人，法律规定由其法定代理人代理实施民事法律行为。立法作出这样的安排，一方面是基于对行为能力欠缺者的保护，避免因为保护交易安全而使无理性能力的无行为能力人的利益受到损害，法律未赋予无行为能力人以自己的行为取得权利和承担义务的资格；[1]另一方面，也是为了避免因此而使无行为能力人脱离自治生活，故而为其能够在得到帮助的情况下实现从事民事法律行为的后果，设置了"由其法定代理人代理实施民事法律行为"的制度。

　　在《民法总则》实施后，有两个问题值得关注：是否还允许无行为能力人独立实施纯获利益的民事法律行为？无行为能力人独立实施的民事法律行为是否都应当被认定为无效？依原《民法通则》第58条的规定："下列民事行为无效：①无民事行为能力人实施的；②……"但之后《最高人民法院关于贯彻执行〈中华人民共和国民法通则〉若干问题的意见（试行）》第5条却解释称，无民事行为能力、限制民事行为能力人接受奖励、赠与、报酬，他人不得以行为人无民事行为能力、限制民事行为能力为由，主张以上行为无效。甚至曾经还有学者认为，《合同法》第47条[2]对于限制行为能力人有关纯获利益合同的规定，应类推适用于无行为能力人。[3]现《民法总则》第144条在原《民法通则》第58条的基础上，更加明确地规定"无民事行为能力人实施的民事法律行为无效"。那么，在此情形下，是否还允许无行为能力人独立实施纯获利益的民事法律行为？如果允许，则意味着《民法总则》第144条本应该有但书却没有规定。如果不允许，法律在实施中则可能因有悖于实际需求而增加实施难度。一方面，在我国，法律规定未成年人从6~7周岁起就要接受义务教育，在此过程中不免需要这些未成年人进行一些数额不大的民事法律行为，如购买文具、购买零食等，并且，这个年龄段的行为人一

─────────────

　　〔1〕　拉伦茨教授曾经指出，这样的安排"……可以保护这些人不致因自己的行为发生对己不利的后果。根据法律的评价，对无行为能力人的保护优先于对交易的保护"。可参阅［德］卡尔·拉伦茨：《德国民法通论》（上册），王晓晔、邵建东、程建英等译，法律出版社2003年版，第142页。

　　〔2〕　《合同法》第47条："限制民事行为能力人订立的合同，经法定代理人追认后，该合同有效，但纯获利益的合同或者与其年龄、智力、精神健康状况相适应而订立的合同，不必经法定代理人追认……"

　　〔3〕　可参阅梁慧星：《民法总论》，法律出版社2011年版，第105页。

般能够预见这种行为的后果。若法律规定进行类似行为必须由法定代理人代理，则有欠缺对无行为能力人自主意思的尊重与关怀之嫌疑。另一方面，日常生活中有一些定型化的行为，其法律后果相当确定，未成年人为此种行为一方面不会对其利益造成损害，另一方面也不会对社会交易秩序构成损害。从民事行为能力制度设立的目的来看，法律似乎也没有必要一刀切地规定无民事行为能力人独立实施的民事法律行为都是无效的，否则可能反而不利于保护无行为能力人的合法权益。我国民事立法对此应该予以考虑，如何在维护行为能力制度基本法律价值的同时，对行为能力欠缺者的利益和善意相对人的利益、"静的安全"与"动的安全"之间等进行全面衡量和综合协调，完善自然人行为能力欠缺制度，以更好发挥行为能力制度在发展人格自由、维护交易安全等方面的作用。对此，两大法系的国家和地区都已经在进行缓和的努力，[1]在我国未来的民法典中，明文规定无行为能力人和限制行为能力人均可实施"纯获法律利益的民事法律行为"，同时认可"日常生活行为条款""营业条款"等的效力，均实为可行举措。

对于成年人欠缺民事行为能力的司法认定，历来是司法实践中的难题。虽然我国《民法总则》仍然保留了成年人欠缺民事行为能力的司法认定制度，但应当认识到成年欠缺民事行为能力者与未成年欠缺民事行为能力者有不同，立法应该考虑欠缺民事行为能力的成年人即便已经司法认定为无行为能力或者限制行为能力，也可能在其具体从事法律行为时出现突然有能力辨认自己行为的情形，立法者应对这种情形下其行为的效力认定予以考虑。

此外，还需要关注自然人的责任能力这一概念。虽然大陆法系民法理论及民事立法多认可自然人的民事责任能力，但对于自然人的民事责任能力的含义及其在民事能力体系中的地位等问题，学说及各国和地区立法例上一直存在分歧，目前《民法总则》未采用民事责任能力的概念，实务中对此有不同解读，值得关注。

---

〔1〕 如《德国民法典》第110条和《日本民法典》第5条规定增加的"零用钱条款"；《德国民法典》第105a条、《法国民法典》第389－3条以及英美法的"必需品合同理论"规定增加的"日常生活行为"条款；《德国民法典》第112条和《日本民法典》第6条规定增加的"营业条款"；《德国民法典》第107条、《日本民法典》第5条规定增加的"纯获法律利益的条款"；等等。

经典案例

案例一：吴某与吴某 1、吴某 2 继承纠纷案[1]

4-1　吴某案二审判决书全文

一、基本案情

吴某 3 与应某系原配夫妻，生有吴某、吴某 1、吴某 2 三子女。吴某 3 与应某于 1987 年诉讼离婚。此后，应某无其他的婚姻关系及子女。2012 年 10 月 3 日，应某去世，其父母先于应某去世。

案涉某号房屋系 20 世纪 50 年代应某自其单位分得居住，并于 1997 年购买。后应某于 1999 年 4 月 7 日取得房产证，登记在其名下。

吴某 1 提供了经（2007）西证字第 0600 号公证书予以公证的应某留下的公证遗嘱，内容表明应某自愿在其去世后将案涉某号房屋留给其小女儿吴某 1 继承。但吴某根据 1979 年、1980 年、1983 年吴某 3 与应某离婚诉讼卷宗中提及应某有精神分裂的情况，以及诉讼中双方律师往来的函件，认为应某有精神分裂症，不具备订立遗嘱的能力，故主张该遗嘱无效。

吴某提供的离婚诉讼卷宗中的确提及应某有精神分裂的情况，但 2000 年应某的住院病例中，无论是既往病史还是当时诊断，均未提及应某患有精神分裂症。

二、法律问题

1. 如何认定成年自然人的民事行为能力？

2. 本案中的公证遗嘱是否有效？是否可以按照公证遗嘱确定案涉某号房屋的继承人？

---

〔1〕　可参阅北京市第一中级人民法院民事判决书，（2018）京 01 民终 3537 号。

三、法理分析

我国现行法将自然人的民事行为能力分为完全民事行为能力、限制民事行为能力和无民事行为能力。因为成年人一般已经具有相当的知识和社会经验，在社会交往中基本能够判断和预见自己行为的法律后果，故各国和地区民法多以成年作为自然人享有完全民事行为能力的标准。对于未成年人，我国分别以劳动成年制、限制民事行为能力和无民事行为能力来确定其是否可以以自己的独立行为取得民事权利、承担民事义务。对于成年人，依我国《民法总则》第21～22条的规定，不能辨认自己行为的成年人为无民事行为能力人；不能完全辨认自己行为的成年人为限制民事行为能力人。

需要注意的是，一方面，自然人即使已达成年，如果其智力不完全正常，理性能力的欠缺程度影响其法律交往，法律就有规制和保护的必要，对其民事行为能力应予以适当限制；另一方面，自然人即使已达成年，也可能因为其智力发育不健全而完全不能辨认自己的行为，故而法律也有予以规制和保护的必要。对于自然人是否属于不能完全辨认或者不能辨认的判断，现行法也作了规定。所谓不能完全辨认，依《最高人民法院关于贯彻执行〈中华人民共和国民法通则〉若干问题的意见（试行）》第5条的规定，判断标准是：对于比较复杂的事物或者比较重大的行为缺乏判断能力和自我保护能力，并且不能预见其行为后果。现行《民法总则》未继续采用原《民法通则》[1]规定的"精神病人"的概念，而是使用"不能完全辨认自己行为的成年人"，即不仅仅包含精神病人，也包含痴呆等智障病患等情形，应当说这一变化使得概念使用更加周延。所谓不能辨认，依《最高人民法院关于贯彻执行〈中华人民共和国民法通则〉若干问题的意见（试行）》第5条的规定，判断标准是：没有判断能力和自我保护能力，不知其行为后果。

当然，值得思考的是，是否有必要将成年智力不正常者区分为无行为能力人和限制行为能力人。在实践中，对于成年人的精神状况是不能辨认还是不能完全辨认自己的行为，与无行为能力的未成年人的认定不同，因为精神

---

[1]　原《民法通则》第13条第2款规定："不能完全辨认自己行为的精神病人是限制民事行为能力人，可以……"

状况的表现可能相当不稳定，并非可以如生理自然发育一样能够随着年龄的增长而相应稳定增长，也正因为如此，有学者早就提出了对精神障碍者行为能力的两分法，即对于精神障碍者，取消限制行为能力的分档。[1]

对于成年人民事行为能力的司法认定，是司法实践中的难题。自近代以来，基于保护交易安全的考虑，各国和地区民法上多确立了成年人欠缺民事行为能力的宣告制度，称禁治产宣告制度或者准禁治产宣告制度。这一制度随着实践的发展被认为有法律歧视和扩张管制之嫌，遭到越来越多的批评，以致德国、法国以及我国台湾地区等开始逐渐废除行为能力欠缺宣告制度。[2]我国《民法总则》第24条尽管在承继原《民法通则》第19条[3]规定的基础上，仍然对无民事行为能力人或者限制民事行为能力人的司法认定问题作了规定。不过，在措辞上由原来的"宣告"一语改为了"认定"，体现出立法者已经有向客观化转化的理念。

依《民法总则》第24条第1款的规定，认定成年人为无民事行为能力人或者限制民事行为能力人应具备两个条件：一是被申请人不能辨认或者不能完全辨认自己的行为；二是须利害关系人或者有关组织向人民法院申请。未经利害关系人或者有关组织申请，法院不得主动启动认定程序。对此，司法实践中已基本达成共识。例如，在"宗某诉吴某等生命权、健康权、身体权纠纷案"中，宗某1和被告吴某系夫妻关系，案件双方争议的焦点是宗某1对吴某有无监护能力。审理法院认为，配偶系精神病人的第一顺序的法定监护人，在本案中宗某1虽年逾八十，但在案发之前均是与吴某共同独立生活，无证据证明宗某1失去民事行为能力和对吴某的监护能力，因此最终认定宗

---

〔1〕 可参阅王俊杰、曹莉萍、王旭荣、陈瑞珍、林振强："精神障碍者民事行为能力两分法的理论依据"，载《法律与医学杂志》2002年第4期。这种观点正好与德国民法（见《德国民法典》第104条第2项）的主张吻合。当然，《日本民法典》更是在形式上就整体采取了两级制的立法模式，即将自然人的行为能力类型化为有行为能力和限制行为能力两类。可参阅〔日〕富井政章：《民法原论》，陈海瀛、陈海超译，中国政法大学出版社2003年版，第94页。
〔2〕 可参阅朱庆育：《民法总论》，北京大学出版社2016年版，第246~247页。
〔3〕 原《民法通则》第19条规定："精神病人的利害关系人，可以向人民法院申请宣告精神病人为无民事行为能力人或者限制民事行为能力人。被人民法院宣告为无民事行为能力人或者限制民事行为能力人的，根据他健康恢复的状况，经本人或者利害关系人申请，人民法院可以宣告他为限制民事行为能力人或者完全民事行为能力人。"

某1系吴某的唯一法定监护人。[1]依该条第3款的规定，这里的具备申请资格的有关组织包括居民委员会、村民委员会、学校、医疗机构、妇女联合会、残疾人联合会、依法设立的老年人组织、民政部门等。人民法院受理申请后，应依照《民事诉讼法》规定的特别程序进行司法认定。经司法认定后，对于该被申请人即适用关于无民事行为能力或者限制民事行为能力的规定。当然，这种司法认定也可以基于情况的变化或者相反的事实而通过一定程序撤销。依该条第2款的规定，被人民法院认定为无民事行为能力人或者限制民事行为能力人的，经本人、利害关系人或者有关组织申请，人民法院可以根据其智力、精神健康恢复的状况，认定该成年人恢复为限制民事行为能力人或者完全民事行为能力人。

4-2 宗某案判决书全文

依我国《继承法》第22条第1款的规定，无民事行为能力和限制民事行为能力人所立遗嘱无效。本案中，吴某主张应某订立的公证遗嘱无效，主要理由是应某在办理公证遗嘱时属于无民事行为能力人，即应某不具有订立遗嘱的行为能力。然而，在应某已经去世的情况下，吴某并未提交证据证明应某的民事行为能力已经人民法院认定，且现有证据也无法证明应某在2007年3月办理公证遗嘱前后精神存在异常，故而法院未采信吴某关于应某2007年3月2日所办理公证遗嘱无效的主张。

四、参考意见

诉讼中原则上应当"谁主张谁举证"，即当事人对自己提出的诉讼请求所依据的事实或者反驳对方诉讼请求所依据的事实，应当提供证据加以证明。如果当事人未能提供证据或者证据不足以证明其事实主张的，一般由负有证明责任的当事人承担不利的后果。

---

[1] 见浙江省义乌市人民法院民事判决书，(2013) 金义上溪民初字第44号。

本案受理法院认为，根据法律规定，遗产是公民死亡时遗留的个人财产。继承开始后，按照法定继承办理；有遗嘱的，按照遗嘱继承或者遗赠办理。公民可以立遗嘱将个人财产指定由法定继承人中的一人或者数人继承。本案中，某号房屋系应某的个人财产，应某去世后应当作为遗产进行分割，现应某留有公证遗嘱，遗嘱中将某号房屋留由其法定继承人吴某、吴某1、吴某2中的吴某1继承。吴某主张应某立遗嘱时不具有遗嘱能力，但自然人的民事行为能力涉及自然人的人格利益和财产利益，非经人民法院经法定程序依法宣告不得随意认定自然人为限制民事行为能力人或无民事行为能力人。虽然1987年的离婚诉讼卷宗中提及应某有精神分裂的情况，但不能由此即证明应某在2007年立遗嘱时的精神状态。同时，应某2000年后的住院病例中，无论是既往病史还是当时诊断均未提及应某患有精神分裂症，同时吴某也未提交前述公证遗嘱被依法撤销或无效的相关证明，故法院对吴某1提交的公证遗嘱予以采信，对吴某"应某不具有订立遗嘱能力"的主张不予采信，故案涉某号房屋应按照遗嘱继承确定继承人。对于吴某要求确认其在某号房屋中的继承份额，法院未予支持。

案例二：齐某、齐某1、韩某与封丘县高级中学、李某教育机构责任纠纷案[1]

4-3　齐某案二审判决书全文

一、基本案情

李某和齐某均系封丘高级中学学生，为10周岁以上未成年人。2016年12月7日晚自习放学后，齐某从校园内厕所出来后，在跑动过程中撞倒了李某，致使李某头部受伤严重。受伤当日及之后，李某先后到封丘中医院、新

---

〔1〕　可参阅河南省封丘县人民法院民事判决书，（2017）豫 0727 民初 3656 号；河南省新乡市中级人民法院民事判决书，（2018）豫 07 民终 1632 号。

乡市中心医院等医疗机构治疗，花费医疗费若干。

法庭审理中查明：封丘高中未采取有效的监管和安全教育措施，校园内未科学合理地设置夜间照明设施。

李某向一审法院起诉请求齐某、齐某的监护人以及封丘高级中学赔偿医疗费、伙食补助费、营养费、护理费、交通费等费用。

二、法律问题

1. 不具有完全行为能力的未成年人是否具有民事侵权责任能力？
2. 本案责任如何分配？

三、法理分析

对于自然人的责任能力的含义及其在民事能力体系中的地位等问题，民法理论、民事立法以及司法实务历来有不同观点。在采狭义民事行为能力的理论和立法例中，自然人的民事责任能力独立于民事行为能力，一般包括侵权责任能力、违约责任能力和其他民事责任能力。由于民事责任能力在侵权法中最为重要，所以各国和地区一般只对侵权责任能力作明确规定，而违约责任能力等其他责任能力则准用侵权责任能力的规定。如果笼统地从效果上定义自然人的民事责任能力，可以指自然人对民事违法行为承担民事责任的能力。一般而言，有民事责任能力的人要对其不法行为所致的损害在其民事责任能力的范围内承担相应的民事责任；无民事责任能力的人，则由其监护人承担民事责任。当然，自然人具备民事责任能力并不意味着一定要承担民事责任。具备民事责任能力的自然人，在不具备民事责任的其他构成要件时，或者存在免责事由时，也无需承担民事责任。

对于民事责任能力概念的必要性及责任能力有无的认定，理论上学界主要形成广义民事行为能力说、侵权行为能力说、意思能力说、识别能力说以及独立责任资格说五种学说。长期占通说地位的是广义民事行为能力说，也称民事行为能力包容说。这种学说认为，自然人的民事行为能力不仅包括自然人为合法行为而取得民事权利和承担民事义务的能力，而且包括自然人对其违法行为承担民事责任的能力。依广义民事行为能力说，自然人的民事责任能力与狭义民事行为能力的状况及其判定标准应当是一一对应的。[1]我国《民法通则》及《民法总则》均仅采纳了民事权利能力和民事行为能力的概念,这实际上是采广义的民事行为能力学说,未采纳民事责任能力的概念,即认为自然人对其实施的不法行为承担民事责任的能力或资格为广义的民事行为能力所包容,自然人的民事责任能力只是民事行为能力的一个方面。

在《民法总则》立法过程中,有学者提出我国可以借鉴德国、日本或者我国台湾地区的做法,即采"识别能力说"来判断自然人是否具有民事责任能力。具体来看,《德国民法典》第827条对成年人致人损害的责任设有得因意识能力的欠缺而排除和减少的规定:处于无意识的状态中或处于精神错乱而不能以自由意志决定的状态中,对他人施加损害的人,对其损害不负责任,但由于饮酒或其他类似方式而有过失地使自己暂时处于上述状态者除外。与此同时,该法典第828条对于未成年人的民事责任能力则设有得因识别能力的欠缺而排除责任的规定:未满7周岁无行为能力的未成年人致人损害,不负责任,而已满7周岁未满18周岁的限制行为能力的未成年人对其施加于他人的损害,如在为加害行为时不具有认识其责任所必要的理解力,则不负责任。此外,该法典第829条和第832条还将"负有监督义务者"的责任作为上列情况下的例外和补充。在日本,依《日本民法典》第712条,对"未成年人的责任能力"统一以有无识别能力作为判定根据,规定未成年人加害于他人的情形下,如该未成年人不具备足以识别其行为责任的知识和能力,就无须为其行为负赔偿责任。而且,虽然该法典未规定未成年人有无识别能力的具体认定方法,且实践中一般针对个案情况进行具体的判断,但据学者考证,判例、学说上大致以小学毕业的12岁前后作为是否具有责任辨识能力的界限。[2]我国台湾地区"民法"第187条则作了明确规定:"无民事行为能力人或限制民事行为能力人不法侵害他人之权利者,以行为时有识别能力为限,与其法定代理人连带负担损害赔偿责任;行为时无识别能力者,由其法定代理人负损害赔偿责任。法定代理人如其监督并未疏懈,或纵加以相当之监督,而仍不免发生损害者,不负赔偿责

---

[1] 见刘心稳主编:《中国民法学研究述评》,中国政法大学出版社1996年版,第95页。
[2] 可参阅于敏:《日本侵权行为法》,法律出版社1998年版,第86页。

任。如不能依前二项规定受损害赔偿时，法院因被害人之声请，得斟酌行为人与被害人之经济状况，令行为人为全部或一部之损害赔偿，该项规定亦准用于有行为能力的成年人在无意识或精神错乱中所为行为致人损害的情形。"

我国原《民法通则》对自然人的侵权责任能力采取了双重标准，即以基于意思能力而确定的民事行为能力状况为一般标准；同时为贯彻公平原则，还以不具民事责任能力人的财产状况为例外标准。一般而言，完全民事行为能力人具有完全的侵权责任能力，至于其财产状况如何则在所不问。[1] 但对于欠缺民事行为能力人，《民法通则》的规定考虑了在特殊情况下行为人的财产状况，并以此肯定有财产的无民事行为能力人和限制民事行为能力人的侵权责任能力。[2] 也就是说，依《民法通则》的规定，一般情况下无民事行为能力人和限制民事行为能力人没有侵权责任能力；但特殊情况下应考虑其财产状况让其承担侵权责任。这样的规定虽旨在维护被监护人、监护人、受害人在损害结果负担上的相对公平，并适当减轻监护人的负担，但是否具有正当性还值得进一步斟酌。

最终，我国《民法总则》的立法者对于"识别能力说"中监护人与被监护人对外负连带责任的基础以及其内部如何确定责任的份额等问题未能达成共识，出台的《民法总则》没有采纳这一观点。虽然我国《民法总则》对于民事责任能力的概念以及其与民事行为能力的关系的态度并不明朗，但在理论上，早有学者以识别能力说为基础，将自然人的民事责任能力定义为：自然人能够辨认和控制自己的行为并对自己行为的后果承担民事责任的资格。并认为自然人的民事责任能力虽以意思能力为基础，但对意思能

---

[1] 值得注意的是，对此，《最高人民法院关于贯彻执行〈中华人民共和国民法通则〉若干问题的意见（试行）》对年满18周岁的完全民事行为能力人的侵权责任能力作了特别规定，即"行为人致人损害时年满18周岁的，应当由本人承担民事责任；没有经济收入的，由扶养人垫付，垫付有困难的，也可以判决或者调解延期给付"。这里的"垫付"应当理解为并不因此而影响由本人承担民事责任的性质。

[2] 《民法通则》第133条第2款规定："有财产的无民事行为能力人、限制民事行为能力人造成他人损害的，从本人财产中支付赔偿费用。不足部分，由监护人适当赔偿，但单位担任监护人的除外。"《最高人民法院关于贯彻执行〈中华人民共和国民法通则〉若干问题的意见（试行）》第161条第1款进一步补充规定："侵权行为发生时行为人不满18周岁，在诉讼时已满18周岁，并有经济能力的，应当承担民事责任；行为人没有经济能力的，应当由原监护人承担民事责任。"

力的要求要低于民事行为能力（有识别能力即可）。[1]本案审理法院也持这种态度。本案中，一二审法院均认为，案涉当事人齐某虽为未成年人，但已年满10周岁以上，对自己的行为及后果已有一定的预见能力……应承担相应的赔偿责任。可见，法院肯定了不完全民事行为能力人仍然可以具有民事责任能力。实际上，在司法实务中，即便在《民法总则》实施之前，也一直存在将民事责任能力认定独立于民事行为能力认定的态度，即认为具有民事行为能力的人肯定具有民事责任能力，但具有民事责任能力的人，不一定具有相应的民事行为能力。例如，在"向某与仙桃市仙桃小学、李某教育机构责任纠纷案"中，二审法院认为，根据《中华人民共和国义务教育法》的规定，儿童6周岁可以入学，向某作为近8周岁的小学生，在课堂上转身对坐在其后排的李某进行打扰，对于其违反课堂秩序的危险行为有一定的识别能力或者注意能力……[2]

当然，对于"识别能力"的概念，目前学界的定义也不一而足，有定义为"足以辨识自己的行为结果的精神能力"[3]，也有定义为"行为人足以负担侵权行为法上赔偿义务之识别能力"[4]，等等，这需要在实践中继续予以关注总结，给实务认定提供类型化的参考。

四、参考意见

第一，对于不具有完全行为能力的未成年人是否具有民事侵权责任能力的问题，本案中两审法院都给予了肯定态度，这也与目前学界通说相吻合。

第二，对于本案中的责任分配问题，二审法院认为，封丘高级中学未采取有效监管和安全教育措施，在校园内未科学合理地设置夜间照明设施，上述情形是导致齐某和李某相撞，致使李某受伤的主要原因，故封丘高中存在重大过错，应依据《侵权责任法》第39条之规定承担民事赔偿责任；齐某作为限制民事行为能力人，对自己的行为及后果已有一定的预见能力，其在跑

---

〔1〕　马俊驹、余延满：《民法原论》（上册），法律出版社1999年版，第108、113页。

〔2〕　可参阅湖北省汉江中级人民法院民事判决书，（2015）鄂汉江中民一终字第00081号。

〔3〕　于敏：《日本侵权行为法》，法律出版社2006年版，第85页。

〔4〕　郭丽红、何群："成年年龄的再确定——从行为能力的视角审视成年年龄"，载《河北法学》2009年第10期。

动时未充分尽到安全注意义务，自身存在一定过错；李某作为限制民事行为能力人在黑暗处由于没有充分尽到避让和自我保护义务，其自身也存在一定过错。最终，法院结合本案实际情况，认定齐某和李某过错程度相当。由于齐某和李某二人存在一定过错，应适当减轻封丘高中的民事赔偿责任，故酌定由齐某和李某各承担 20% 的民事责任，剩余 60% 的责任由封丘高中承担。这一分配比例是适宜的。

拓展案例

案例一：何某、何某 1 诉周某、陈某、周某 1 彩票案[1]

4-4　何某、何某 1 案案情及审理情况

一、基本案情

2009 年 5 月 29 日端午节假期，原告何某、何某 1 和被告周某（均系限制民事行为能力人），在本村附近玩，其间周某邀约二原告到江川县大街镇游玩，三人便一起搭车到大街镇。在大街镇三人一起逛街、吃米线、到滑冰场滑冰，费用主要由周某支付。二原告还陪周某到商店买了一条价值 80 元的裤子。玩至当晚 8 点半左右，三人途经江川县大街镇星云路 16 号冰川冷饮店时，便相约一起在该店的体彩销售点买彩票刮。开始周某支付了 9 元买了 3 张鸽子彩票，每人刮了 1 张，其中 1 张中了 8 元，周某用中奖的 8 元买了其他彩票，没刮中奖，周接着又买了 1 张 10 元的绿翡翠彩票刮，中了 10 元，周用中奖的 10 元买了一张绿翡翠彩票刮，没中奖。这时被告周某征求二原告的意见说："要么再刮一张？"二原告表示同意说："刮嘛。"周某随即就买了一张 10 元的绿翡翠彩票，二原告在旁边教周某先把奖金部分刮开，彩票刮开后，

---

〔1〕　可参阅云南省玉溪市江川县人民法院民事判决书，（2009）江民一初字第 401 号；云南省玉溪市中级人民法院民事判决书，（2009）玉中民一终字第 465 号。

三人发现其中的 24 号中了 25 万元大奖。此时，周某要求兑奖，经店主核实中奖彩票后，店主要求通知中奖孩子的父母来。于是周某便电话通知其父母周某 1、陈某，待周某的父母赶到该店后，店主向其交代了兑奖事宜。随后，周某 1、陈某租车将二原告及其子周某拉回自己家中，当晚二原告在被告家中留宿到第二天（5 月 30 日）上午才回家。2009 年 5 月 31 日，被告周某持中奖 25 万元的绿翡翠彩票到云南省体育彩票管理中心兑奖，在扣缴了 5 万元的税金后，周某实际领取了 20 万元的奖金。之后，二原告及其父母认为该奖金是三家小孩共同刮中，奖金应由三家共同享有。在双方就分奖事宜协商未果的情况下，二原告提起诉讼。

二、法律问题

1. 限制民事行为能力人从事的民事法律行为效力如何认定？
2. 如何判断多方法律行为是否成立？
3. 本案中，中奖奖金应如何分配？

三、重点提示

本案涉及限制民事行为能力人的行为效力、多方民事法律行为的认定、效力判断以及共有财产的分割问题。

案涉何某、何某 1、周某三人均为限制行为能力人，且案涉金额与其行为能力不相适应，根据《民法总则》第 22 条的规定，限制民事行为能力人实施这类民事法律行为需要由其法定代理人代理或者经其法定代理人同意、追认，因三人的家长均对购买彩票的行为无异议，视同追认。

民事法律行为是民事主体通过意思表示设立、变更、终止民事法律关系的行为。本案中，受理法院最终认为，两个以上的多方当事人共同意思表示一致成立的行为属多方民事法律行为，该行为能够设立共同共有法律关系。案涉何某、何某 1、周某是平时要好的小伙伴，中奖的当天，三人聚在一起玩耍、购物，并形成临时购买彩票的意思联络后，共同参与实施了购买彩票的行为，最终导致所购彩票中得 25 万元大奖。周某的行为体现着三人的共同意志，属三人的共同行为，符合多方法律行为的法律特征，案涉中奖所得也理应属于何某、何某 1、周某共同享有。在分割共有奖金时，一般应均等，但也应考虑共有人在共有中的作用及贡献予以适当多分；周某出资购买彩票，在先购买彩票未中奖时提议再买彩票等行为均能证实其在此次多方民事法律行为中起主要作用，可以适当多分。何某、何某1参与购买彩票并在周某提议再购买彩票时给予响应、支持，是促成中奖的综合因素，可以适当分割奖金。

案例二：孙某与江苏省电力公司连云港供电公司、连云港绿生水晶制品有限公司触电人身损害责任纠纷再审民事判决书案[1]

4－5　孙某案再审终审判决书全文

一、基本案情

2005年8月20日下午6时许，孙某在连云港经济技术开发区泰山路路边玩耍，后攀爬位于绿生公司施工工地边上的一根立着的电线杆（该电线杆原为京兴海实业公司架设变压器所用，共有三根立着的电线杆，变压器已被人拆掉），因该电线杆上有一裸露的电压为10千伏的电缆线头，孙某在攀爬过程中，被电击伤摔到地上，随即被送至连云港市第一人民医院东方医院抢救治疗。次日，转至连云港市第一人民医院住院治疗。之后孙某作了伤残鉴定，被综合评定为人体损伤致残四级残疾。

漏电的线路由京兴海公司于2001年5月24日向供电公司下属的供电营业部门申请暂停用电，当日连云港供电局杂项工作传票［户号：3857－1］记载：5月24日申请暂停200KVA变压器。5月28日承办意见记载：该户因生产亏损，同意暂停。京兴海实业公司此后一直未申请恢复用电。

2005年1月，绿生公司与连云港市国土资源局签订土地使用权出让合同，

---

〔1〕　可参阅江苏省连云港市连云区人民法院民事判决书，（2005）港民一初字第0969号；江苏省连云港市中级人民法院民事判决书，（2006）连民一终字第0966号；江苏省连云港市连云区人民法院民事判决书，（2011）港民初字第0611号；江苏省连云港市中级人民法院民事裁定书，（2012）连民终字第0679号民事；江苏省连云港市中级人民法院民事判决书，（2013）连民再终字第0014号。

于同年 6 月取得事故发生地的土地使用权，该合同第 23 条规定："土地使用权转让、出租、抵押，地上建筑物、其他附着物随之转让、出租、抵押。"2005 年 5 月 29 日，绿生公司在该地块设置"禁止播种"标志牌。

2005 年 8 月 25 日，连云港市经济技术开发区安监局向供电局发出《关于请对变电设施停电的函》，内容为：我局发现泰山路 10KV 经 II 线 3 号杆用户电缆出线过路，现带电运行。为了确保安全，请给此变电设施以停电处理。2005 年 8 月 31 日，绿生公司由于无电使用，向连云港经济技术开发区管委会发出《关于协调本公司项目用地用电进线的申请》，请求协商供电部门完成公司供电事宜。经管委会协商后，连云供电分局认为原线路无法供电，只能从开发区泰山路接电，于 9 月 4 日向绿生公司发出供电方案答复意见，并收取方案编制费。

本案历经近 10 年，经过原审、重审、再审等程序，多次审理，当事人孙某的诉讼请求也多次变更，争议焦点主要有孙某触电人身损害赔偿中的责任分配、损害赔偿的范围和数额以及是否应当同时判决孙某对其父亲的扶养费。

二、法律问题

1. 本案中，孙某、供电公司、绿生公司在孙某触电人身损害赔偿中的责任应当如何分配？
2. 对孙某触电人身损害赔偿的范围和数额应如何认定？
3. 本案中，是否应当同时判决孙某对其父亲的扶养费？

三、重点提示

本案中，对于孙某触电人身损害赔偿的范围和数额的认定问题，以及是否应当同时判决孙某对其父亲的扶养费问题，再审法院本着事实与法律以及公正的立场，充分考虑到本案的特殊情况予以裁判，具有合理性。

对于孙某、供电公司、绿生公司在孙某触电人身损害赔偿中的责任分配问题，本案再审一审根据触电事故形成的复杂性及本案事故的根本原因，确定供电公司、孙某、绿生公司在本案事故中的责任比例为 80%、10%、10%。再审二审法院认为，应当结合各当事人在事故中的过错程度予以综合衡量：供电公司作为供电管理部门，其在收取相关用电及管理费用的同时，应当履行对相关电力设施管理和警示的义务。本案导致触电事故发生的电力设施，已被用电使用人申报暂停供电多年，且在事故发生后当地安监部门致函明示相关设施仍然带电运行，存在安全隐患的情况下，供电公司仍然确认该电力设施无法供电，并导致现用电使用人绿生公司交纳了方案编制费，重新调整用电线路，启动变线工程，投入大量资金。对这样一个供电公司明确确认无电的电力设施，孙某攀爬时却发生触电损害，作为电源提供方的供电公司应承担主要过错责任。

本案事实可以证明绿生公司在签订土地转让合同的同时即享有对地上附着物的所有权，且已对该地块实施管理，该行为均发生在事故发生之前，故绿生公司对该地块范围的供电设施与地上附着物，均有责任尽到相应的安全管理义务，但绿生公司未能完全尽到管理义务，应承担相应的过错责任。

孙某已满 10 周岁，虽然是限制民事行为能力人，但其对自己的行为有一定的判断能力。对于攀爬电力设施这样的高危险性物体或者其他较高的设施，其均应具有相应的危险意识，在此情况下其不应攀爬危险性物体而自行攀爬，进而导致损害，虽然涉案电线杆不应带电是主要原因，但其擅自攀爬危险设施导致损害，也应承担相应的过错责任。

综上，最终再审二审法院维持了再审一审法院判断的责任比例，说理部分也具有合法性。

拓展资料

4－6

| 第二章 |

监护制度

第一专题　未成年人的监护人确定及监护责任承担

◆ 知识概要

　　目前在我国，监护是指对不完全行为能力人的人身、财产及其他合法权益进行保护的法律制度。其中，依法对不完全行为能力人的人身、财产及其他合法权益进行监督和保护的人称为监护人，被监督保护的人称为被监护人。这一"大监护"概念反映了我国现行民法承继了原《民法通则》不区分亲权和监护的立法模式，将两者均合并至监护的概念之下。亲权制度的预设是"父母子女之间普遍的信任关系"，而监护制度的预设是"监护人和被监护人普遍的不信任关系"。因此，在未成年人保护问题上，立法对后者往往设置更多的约束性措施，以保护被监护人的利益；对前者则赋予父母在抚养教育子女方面较大的自主空间。[1]有学者指出，我国这种将亲权、监护并在一起规定的模式虽然简化了制度设计，但严重抹杀了这两种制度的区别，容易导致监护人滥用职权损害被监护人利益，甚为不妥。[2]

　　目前，我国《民法总则》用了相当大的篇幅确立了未成年人和成年障碍者的法定监护、遗嘱监护、协议监护、指定监护、国家监护或社会监护以及

――――――――――

　　[1]　可参阅刘征峰："被忽视的差异——《民法总则（草案）》'大小监护'立法模式之争的盲区"，载《现代法学》2017 年第 1 期。

　　[2]　可参阅杨立新："《民法总则》制定与我国监护制度之完善"，载《法学家》2016 年第 1 期；杨震："民法总则'自然人'立法研究"，载《法学家》2016 年第 5 期。

意定监护等多种监护设置方式。其中，《民法总则》第 27 条承继《民法通则》第 16 条[1]的规定，明确了未成年人法定监护人的设置规则："父母是未成年子女的监护人。未成年人的父母已经死亡或者没有监护能力的，由下列有监护能力的人按顺序担任监护人：①祖父母、外祖父母；②兄、姐；③其他愿意担任监护人的个人或者组织，但是须经未成年人住所地的居民委员会、村民委员会或者民政部门同意。"由此可以看出，父母的监护资格从未成年人出生时当然取得，由法律直接赋予，无须经其他任何程序，且不因双方婚姻关系的消灭而消灭。对此，在司法实践中把握的基本原则是，在夫妻离婚后，与子女共同生活的一方无权取消对方对子女的监护权；但是，未与该子女共同生活的一方，对子女有犯罪行为、虐待行为或对该子女明显不利的，人民法院认为可以取消的除外。在父母没有监护能力的情形下，祖父母、外祖父母，以及兄、姐这两个顺位的监护人的选定也不需要有关组织的同意。只有在以上顺位的监护人均不适合做监护人的情形下，才由其他愿意担任监护人的个人或者组织担任，但这一顺位的监护人的选任须经未成年人住所地的居民委员会、村民委员会或者民政部门的同意。与《民法通则》第 16 条的规定相比，《民法总则》的规定进一步扩大了监护人的范围，加大了社会组织监护力量。

指定监护，是指在有法定监护资格的人之间对担任监护人有争议时，确定法定监护人的制度。在原《民法通则》第 16 条第 3 款、第 17 条第 2 款以及《最高人民法院关于贯彻执行〈中华人民共和国民法通则〉若干问题的意见（试行）》第 14、16 ~ 19 条规定的基础上，《民法总则》第 31 条规定："对监护人的确定有争议的，由被监护人住所地的居民委员会、村民委员会或者民政部门指定监护人，有关当事人对指定不服的，可以向人民法院申请指定监护人；有关当事人也可以直接向人民法院申请指定监护人。居民委员会、村民委员会、民政部门或者人民法院应当尊重被监护人的真实意愿，按照最

---

[1] 《民法通则》第 16 条规定："未成年人的父母是未成年人的监护人。未成年人的父母已经死亡或者没有监护能力的，由下列人员中有监护能力的人担任监护人：①祖父母、外祖父母；②兄、姐；③关系密切的其他亲属、朋友愿意承担监护责任，经未成年人的父、母的所在单位或者未成年人住所地的居民委员会、村民委员会同意的。对担任监护人有争议的，由未成年人的父、母的所在单位或者未成年人住所地的居民委员会、村民委员会在近亲属中指定。对指定不服提起诉讼的，由人民法院裁决。没有第 1 款、第 2 款规定的监护人的，由未成年人的父、母的所在单位或者未成年人住所地的居民委员会、村民委员会或者民政部门担任监护人。"

有利于被监护人的原则在依法具有监护资格的人中指定监护人。依照本条第1款规定指定监护人前，被监护人的人身权利、财产权利以及其他合法权益处于无人保护状态的，由被监护人住所地的居民委员会、村民委员会、法律规定的有关组织或者民政部门担任临时监护人。监护人被指定后，不得擅自变更；擅自变更的，不免除被指定的监护人的责任。"相较之前的规定，《民法总则》第31条的变化主要有四：一是不再承继原《最高人民法院关于贯彻执行〈中华人民共和国民法通则〉若干问题的意见（试行）》第16条规定的将相关组织指定作为向人民法院提起诉讼的前置程序，而是赋予了有关当事人直接向人民法院提起诉讼的权利；二是将有权指定监护的主体确定为居民委员会、村民委员会、民政部门或者人民法院；三是明确有权指定监护人的组织应当尊重被监护人的真实意愿，按照最有利于被监护人的原则在依法具有监护资格的人中指定监护人；四是增加了临时监护人制度。需要关注的是，《民法总则》第32条规定："没有依法具有监护资格的人的，监护人由民政部门担任，也可以由具备履行监护职责条件的被监护人住所地的居民委员会、村民委员会担任。"这是在原《民法通则》第16条第4款及第17条第3款规定的基础上，对于在监护人缺位情形下的处理办法的规定，属于兜底性条款。

《民法总则》第34条采用列举加概括的规定明确了监护人的主要职责是"代理被监护人实施民事法律行为，保护被监护人的人身权利、财产权利以及其他合法权益等"。既然监护人有监护职责，在监护人未履行监护职责或者侵害被监护人合法权益的情形下，监护人就应当承担法律责任。

监护人资格的撤销、恢复和终止制度对于被监护人利益的保护具有重要意义。我国现行民法对监护人资格的撤销、恢复和终止问题作了规定，明确了撤销、恢复以及终止监护人资格的申请主体、事由、后果、补救措施。其中，监护人资格的撤销，是指人民法院根据具有申请撤销监护人资格的个人或者组织的申请，依法撤销监护人资格。根据《民法总则》第36条的规定，申请撤销监护人资格的事由包括：①实施严重损害被监护人身心健康行为的；②怠于履行监护职责，或者无法履行监护职责并且拒绝将监护职责部分或者全部委托给他人，导致被监护人处于危困状态的；③实施严重侵害被监护人合法权益的其他行为的。有权申请撤销监护人资格的主体包括其他依法具有监护资格的人，以及居民委员会、村民委员会、学校、医疗机构、妇女联合会、残疾人联合会、未成年人保护组织、依法设立的老年人组织、民政部门等组织，同时，如果在前述的个人和民政部门以外的组织未及时向人民法院申请撤销监护人资格，民政部门应当向人民法院申请，负责兜底。该条规定中有"等"字样，解释上对于公安机关、检察机关是否可以作为申请主体的问题，容易发生歧义。依《最高人民法院、最高人民检察院、公安部、民政部关于依法处理监护人侵害未成年人权益行为若干问题的意见》第11条、第30条的规定，公安机关将受侵害的未成年人交予临时监护人，检察机关对监护人的监护侵害行为提起公诉后，应书面告知临时监护人有申请撤销监护人资格的权利。由该规定可以看出，检察机关仅有建议临时监护人申请撤销监护人资格的权利，并未直接被赋权作为申请主体。不过，也有学者考察实践情况后发现，实践中检察机关可能以支持起诉人的身份参与撤销监护程序。[1]

特别需要关注的是，随着科技的发展，代孕在技术和实践上均具备了实现的可能性。同时，由于代孕的实现方法具有多样性，导致代孕子女的血缘来源也呈现多样性，由此而引发代孕子女的监护权问题。虽然我国现行法未对代孕问题提供明确的解决方案，但这并不意味着在司法实践中不能运用实践理性，在既存法律体系中通过规范解释论，妥善解决相关法律纠纷。从长远来看，在一个国家，无论代孕是否具有合法性，都有必要对代孕监护问题予以法律规制，以保护代孕母亲、代孕子女等各方当事人的合法权益。

◈ 经典案例

案例一：罗某甲等与陈某监护权纠纷案[2]

1-1　陈某诉罗某甲案二审判决书全文

---

〔1〕 可参阅王韵洁："检察机关参与未成年人民事权益保护研究——兼评全国首例检察机关支持起诉撤销监护权案"，载《吉林工程技术师范学院学报》2016年第3期。

〔2〕 可参阅上海市闵行区人民法院民事判决书，(2015)闵少民初字第2号；上海市第一中级人民法院民事判决书，(2015)沪一中少民终字第56号。

一、基本案情

罗某甲、谢某某系夫妻，婚生二女一子，长女罗 A、次女罗丙、儿子罗乙。罗乙与陈某于 2007 年 4 月 28 日登记结婚，双方均系再婚，再婚前，罗乙已育有一子一女，陈某未曾生育。婚后，罗乙与陈某经协商一致，通过非法购买他人卵子，并由罗乙提供精子，通过体外授精联合胚胎移植技术，出资委托其他女性代孕，于××年××月××日生育一对异卵双胞胎，即罗某丁（男）、罗某戊（女），两名孩子出生后随罗乙、陈某共同生活。两名孩子的出生医学证明上记载的父母为罗乙、陈某，罗乙、陈某为孩子申办了户籍登记。2014 年 2 月 7 日，罗乙因病经抢救无效死亡，嗣后，陈某携罗某丁、罗某戊共同生活至今。

2014 年 12 月 29 日，82 的罗某甲和 76 岁的谢某某提起本案监护权之诉。在案件审理过程中：①法院曾委托司法鉴定科学技术研究所司法鉴定中心对罗某甲、谢某某与罗某丁、罗某戊之间是否存在祖孙亲缘关系进行鉴定，鉴定意见为：不排除罗某甲、谢某某与罗某丁、罗某戊之间存在祖孙亲缘关系；排除陈某为罗某丁、罗某戊的生物学母亲。②罗某甲、谢某某提供了其在美国的女儿女婿出具的同意代为抚养孩子的承诺书。③双方当事人均明确表示，不知卵子提供者及代孕者的任何身份信息。④陈某有正当工作和稳定收入。

罗某甲、谢某某认为，罗乙为两名孩子的生父，陈某并非生母，不存在自然血亲关系；代孕行为违法，陈某与两名孩子之间亦未形成拟制血亲关系；罗某甲、谢某某作为祖父母，在孩子生父去世、生母不明的情况下，应由其作为监护人并抚养两名孩子。故请求判决：①确认罗某甲、谢某某为两名孩子的监护人；②陈某将两名孩子交由罗某甲、谢某某抚养。

陈某认为，其与罗乙结婚后，因其患有不孕不育症，故经夫妻协商通过购买卵子及委托代孕方式生育子女，整件事情由罗乙一手操办并支付了包括购买卵子、体外授精及胚胎移植、代孕分娩的全部费用。两名孩子出生后即随其夫妻共同生活，罗乙去世后则随陈某生活至今。陈某认为，采用代孕方式生育子女系经夫妻双方同意，孩子出生后亦由其夫妻实际抚养，故应类推适用 1991 年 7 月 6 日的《最高人民法院关于夫妻关系存续期间以人工授精所生子女的法律地位的函》（以下简称最高人民法院 1991 年函）视为夫妻双的婚生子女；如无法认定为婚生子女，则基于其夫妻共同抚养孩子的事实，应认定陈某与孩子已形成事实收养关系或有抚养关系的继父母子女关系；如无法作出上述认定，则应在卵子母亲和代孕母亲两者中认定孩子的生母，在不能确定生母是否死亡或丧失监护能力的情况下，应驳回祖父母要求作为监护人的诉请。确定未成年人监护权归属应秉承子女最大利益原则，本案无论从双方的监护能力、孩子的生活环境、与孩子的情感建立、隔代教育之弊端等方面考虑，将监护权判归陈某更有利于孩子的健康成长。

本案经两审终结。一审法院认定，陈某与罗某丁、罗某戊既不存在自然血亲关系，亦不存在拟制血亲关系，陈某辩称其为罗某丁、罗某戊的法定监护人之理由，不予采信；在罗某丁、罗某戊的生父罗乙死亡、生母不明的情况下，为充分保护未成年人的合法权益，现罗某甲、谢某某作为祖父母要求抚养罗某丁、罗某戊，并作为其法定监护人之诉请，合法有据，予以支持。故一审法院判决罗某丁、罗某戊由罗某甲、谢某某监护；陈某于判决生效之日将罗某丁、罗某戊交由罗某甲、谢某某抚养。一审判决后，陈某不服提起上诉。

二审法院认为，陈某与罗某丁、罗某戊已形成有抚养关系的继父母子女关系，其权利义务适用《婚姻法》关于父母子女关系的规定。罗某甲、谢某某作为祖父母，监护顺序在陈某之后，其提起的监护权主张不符合法律规定的条件，同时，从儿童最大利益原则考虑，由陈某取得监护权亦更有利于罗某丁、罗某戊的健康成长，故对陈某的上诉请求，二审法院予以支持。

二、法律问题

1. 如果代孕的卵子提供者、子宫提供者与抚养者各异，如何认定代孕所生子女的法律地位？

2. 本案中陈某与罗某丁、罗某戊是否成立拟制血亲关系？

3. 如何确定本案中罗某丁、罗某戊的监护权归属？

4. 代孕行为合法与否是否会对本案法律关系的定性与监护权的归属认定产生影响？

三、法理分析

本案被认为是"全国首例代孕子女监护权案"。一审法院基于"抚养母亲"与两名儿童之间既不存在血亲关系，也不存在拟制血亲关系，且代孕行为本身违法等理由，把监护权判归两个孩子的祖父母；二审法院认定"抚养母亲"陈某与两个孩子之间成立继父母子女关系，存在拟制血亲关系，最终撤销了一审判决，将监护权判归陈某。两审判决的本质差异主要在于对代孕子女法律地位的不同定性。对于代孕子女的法律地位，我国法律目前没有明确规定。故而本案需要根据法律的基本原则及其内在精神，结合社会道德和伦理，运用体系解释与目的解释的法律解释方法，分析"抚养母亲"陈某与两个孩子之间是否存在拟制血亲关系，综合考量监护能力、抚养意愿、物质条件、孩子的生活环境及情感需求、家庭结构的完整性等各类可能影响两个孩子成长的因素，作出最终裁判。

1. 代孕子女的法律地位认定实质上涉及亲子关系的认定。我国《婚姻法》对亲子关系的认定未作具体规定，司法实践中对生母的认定一般根据出生事实遵循"分娩者为母"原则，生父的认定根据血缘关系确定。代孕，一般是指用现代人工复制生殖技术将丈夫的精子注入自愿替代妻子怀孕的代孕母亲的体内进行受精，或者是将体外成功完成人工授精的受精卵、胚胎通过医学技术植入自愿替代妻子生孩子的代孕母亲的体内怀孕，直至孩子出生以后将孩子交给委托妻子以亲生母亲的身份抚养。根据精子、卵子的来源不同，可以将代孕子女分成四种情形：一是精子、卵子均由委托代孕双方提供，由代孕者娩出；二是由委托代孕者中男方提供精子，与代孕者的卵子形成受精卵，由代孕者娩出（即本案情形）；三是由委托代孕者中女方提供卵子，与其他人的精子形成受精卵，由代孕者娩出；四是由他人提供受精卵，由代孕者娩出。我国原卫生部曾颁布有《人类辅助生殖技术管理办法》《人类辅助生殖技术和人类精子库伦理原则》两个规章，明确了代孕行为违法，且对该违法行为将追究行政或者刑事法律责任的态度。但对于代孕所生子女处于何种法律地位，其与卵子提供者、代孕者、抚养者形成何种法律关系，并无法律明文规定。代孕行为的非法性在于其破坏了基本伦理，本案中基于代孕出生的两个孩子的亲子关系认定更是颇为复杂，因为本案中的代孕行为使得基因关系、分娩事实、抚养事实三者均异。

本案二审法院在确定代孕子女的法律地位时，提出了"缔结婚姻之后一方的非婚生子女"的概念，试图通过非婚生子女权利义务等同于婚生子女的规定，在代孕子女、非婚生子女、继子女之间构建一种联系，但这种链接是值得商榷的。其一，不能将非婚生子女与继子女等同。尽管非婚生子女与继子女具有平等的权利义务，但内涵差别很大：继子女是指夫妻一方在前婚中所生子女；而非婚生子女是指在婚姻关系中夫妻关系一方与非配偶所生的子女。非婚生子女如果未跟随再婚的配偶一方与不存在血缘关系的继父母共同生活，就不可能形成继父母子女关系。其二，不能将代孕子女与非婚生子女等同。未缔结婚姻关系就生育子女，仅仅是男女双方在生育子女时尚未缔结婚姻关系，可能会被认为存在道德上的瑕疵，但法律上并未对此予以否定评价；而对于代孕行为，法律上是直接予以否定评价的。对此，二审判决的基本论证思路为：先断定非婚生子女等同于继子女，接着认定两个孩子是罗乙非婚生子女，即法律上的生母应根据"分娩者为母"原则认定为代孕者，法律上的生父根据血缘关系及认领行为认定为罗乙，由于罗乙与代孕者之间不具有合法的婚姻关系，故这两个孩子属于非婚生子女；再结合非婚生子女的权利义务等同于婚生子女，直接将代孕子女的权利义务关系等同于婚生子女。这一思路不仅未能明确代孕子女与非婚生子女、继子女的保护目的共性，而且还模糊了代孕子女、非婚生子女与继子女的本质差异。

2. 本案中，司法鉴定意见书已经认定陈某非两个孩子的生母，故要确定两个孩子和陈某是否具有父母子女关系，需要判断彼此是否形成拟制血亲关系。对于是否可以认定陈某与两名孩子形成拟制血亲关系的问题，就我国现行法而言，确认了两类拟制血亲，一是具有合法的收养关系；二是形成具有抚养关系的继父母子女关系。故可以从这两个方面进行分析：

第一，判断陈某与两名孩子是否形成事实收养关系。依我国《收养法》的规定，本案当事人之间欠缺收养关系成立的法定条件：从形式要件来看，原则上必须办理收养登记才可以成立收养关系，经补办公证而确认的事实收养关系也仅限于《收养法》实施之前已经收养的情形；从实质要件来看，案涉的两个孩子也不符合作为"被收养人"的要件，因为他们既非"丧失父母的孤儿"，也非"查找不到生父母的儿童"。由此，陈某与两名孩子未形成法律上的事实收养关系。

第二，判断陈某与两名孩子是否形成有抚养关系的继父母子女关系。对于这一问题，一审判决基于陈某与两个孩子之间不属于法律明确规定的继父母与继子女关系，直接否认了陈某与两个孩子之间存在拟制血亲关系。我国现行法律并没有严格规定何为继父母与继子女的关系，但现行相关法规的目的主要在于体现无论是养子女还是非婚生子女，在法律上都必须与婚生子女同等对待。也正因为如此，二审判决认为，我国《婚姻法》关于"有抚养关系的继父母子女关系"的规定，系以是否存在抚养教育之事实作为拟制血亲形成与否的衡量标准。具体而言，其形成应同时具备两个条件：一是双方以父母子女身份相待的主观意愿；二是抚养教育之事实行为。缔结婚姻之后一方的非婚生子女，如果作为非生父母的一方具备了上述主观意愿和事实行为两个条件的，亦可形成有抚养关系的继父母子女关系。本案中的两个孩子尽管是借助代孕技术而生，但陈某存在抚养其丈夫罗某之非婚生子女的事实行为，且已完全将两个孩子视为自己的子女，故应认定双方之间已形成有抚养关系的继父母子女关系，至于该非婚生子女是否代孕所生，对于拟制血亲关系的形成并无影响。

3. 关于代孕所生两个孩子的监护权归属问题。对此，一审判决根据陈某与两个孩子之间不具有亲权关系，就直接否定了陈某有作为监护人的可能性，这种判断值得商榷。一则因为我国采用的是广义的监护概念，监护权的取得并不仅仅凭借身份，除具有亲权关系的父母之外，还可由具有其他关系的主体作为监护人。既然监护权可经由多种途径取得，就不能直接得出不具有亲权关系不可以作为监护人的结论。二则这一结论也与最终将监护权判归同样非亲权人的祖父母自相矛盾。也就是说，即便本案中的祖父母跟两个孩子之间具有血亲关系，倘若其没有监护能力或监护能力不足，也难以判归其监护权；反之，即便陈某与两个孩子之间没有任何血亲关系，只要其具有监护能力，也可能取得监护权。

值得注意的是，两审判决均纠结于代孕行为的合法与否，或者认为这对于陈某与两个孩子之间的法律关系认定有影响，如二审判决认为"如按事实收养关系认定，实际上认可了代孕子女的亲权由代孕母亲转移至抚养母亲，这将产生对代孕行为予以默认的不良效果"；或者依此直接确定监护权的归属，如一审判决认为代孕行为不合法，若判归陈某监护权会鼓励代孕，并将此作为确定监护权归属的决定性因素，得出将监护权判归孩子的祖父母的结论。毋庸置疑，代孕行为的确有可能导致伦理秩序混乱、性别歧视、代孕者人身损害、催生违法代孕医疗产业等不良社会后果，在目前的社会背景下，法律上有必要予以一定否定评价。然而，虽然我国原卫生部颁布的《人类辅助生殖技术管理办法》《人类辅助生殖技术和人类精子库伦理原则》规定代孕违法，但这仅仅是两个部门规章，能否依此直接确定代孕所生孩子的法律地位？尤其是当禁止代孕的规范及其所保护的价值与其他价值，如与代孕者的人身权、代孕所生子女的利益保护等发生冲突时，是否当然适用这一规范来认定当事人之间的民事权利义务关系？这些问题都值得商榷。更何况，如果依一审判决的认定，即判归陈某监护权会鼓励代孕，那判归孩子的祖父母监护权是否也是在鼓励代孕？如果依二审判决的认定，即按事实收养关系认定，将产生对代孕行为予以默认的不良效果，那判归孩子的祖父母监护权就不会产生对代孕行为予以默认的不良效果吗？更进一步来看，认定罗乙作为代孕所生两个孩子的父亲，是否也是在鼓励代孕？由此，可以看出两审判决在说理部分均存在自相矛盾之处。

事实上，我国司法实践中早已明确不能单纯依据基因关联认定或者排除父母子女法律关系的存在。例如，根据最高人民法院1991年函，在双方一致同意的情况下人工授精所生子女，应视为婚生子女，由此可见在认定婚生子女的问题上，对于人工授精所生子女是否与父母存在血缘关系，在所不问。再如，根据最高人民法院发布的指导案例第50号的裁判要点，"夫妻关系存续期间，双方一致同意利用他人的精子进行人工授精并使女方受孕后，男方反悔，而女方坚持生出该子女的，不论该子女是否在夫妻关系存续期间出生，都应视为夫妻双方的婚生子女"。由该裁判要点同样可以看出，在人工授精情况下，基因关系在父母子女关系的确定上也不具决定性意义。此外，联合国《儿童权利公约》第3条确立了儿童利益最大化原则，我国作为该公约的起草参与国和缔约国，当然应在立法及司法中体现这一原则。所谓儿童利益最大化，就是在儿童的生存权、发展权、受保护权、参与家庭、文化和社会生活的权利等方面均应以儿童利益作为首要出发点，给予儿童特殊保护。[1]就本案而言，无论是从双方的年龄及监护能力，还是从孩子对生活环境及情感的需求，以及家庭结构完整性对孩子的影响等各方面考虑，将监护权判归陈某

[1] 夏吟兰："民法典未成年人监护立法体例辩思"，载《法学家》2018年第4期。

更符合儿童最大利益原则。因此，在代孕行为违法规制价值和儿童最大利益原则的立法价值相冲突的情形下，确定代孕所生子女法律地位的问题实质上也是我们考虑如何在二者之间进行选择的问题。

四、参考意见

本案二审的裁判要旨为：首先，在现有法律条件下，代孕子女的亲子关系，应根据"分娩说"认定代孕母亲为生母，有血缘关系的委托父亲认领的，应认定为生父，所生子女为非婚生子女。根据《婚姻法》关于"有抚养关系的继父母子女关系"这一条款的立法目的及意图，其子女范围可扩大解释至包括夫妻一方婚前、婚后的非婚生子女，其形成要件为同时具备以父母子女相待的主观意愿和抚养教育的事实行为。因此，与代孕子女生父有合法婚姻关系的养育母亲可基于其抚养了丈夫之非婚生子女的事实行为及以父母子女相待的主观意愿，而与代孕子女形成有抚养关系的继父母子女关系。其次，代孕行为的违法性并不影响对代孕子女在法律上给予同等保护，在确定其监护权归属问题上应秉承儿童最大利益原则。据此，法院最后认定：①陈某与罗某丁、罗某戊已形成有抚养关系的继父母子女关系，其权利义务适用《婚姻法》关于父母子女关系的规定。②罗某甲、谢某某作为祖父母，监护顺序在陈某之后，其提起的监护权主张不符合法律规定的条件，同时，从儿童最大利益原则考虑，由陈某取得监护权亦更有利于罗某丁、罗某戊的健康成长。

此外，二审判决中也指出，不应因两个孩子将来可通过继承获得罗乙遗产促使双方争夺监护权。"裁判虽然是理性而坚硬的，但亲情却是温暖而柔软的，在家庭关系引发的矛盾纠纷中，更需要的是亲情的温和化解，而非裁判的冷硬切割。希望双方能够多以孩子为念化解不必要的矛盾和摩擦，置怨结欢，处理好今后的探望及遗产继承等事宜，给孩子们营建一个亲睦、和谐的家庭环境，使其能够健康、快乐地成长。"

综上，尽管二审判决也存在如前"法理分析"部分说明的自相矛盾之处，但该判决根据"儿童利益最大化"这一原则，综合考虑了本案双方当事人的年龄及监护能力、孩子对生活环境及情感的需求、家庭结构的完整性等可能对孩子成长有影响的因素，确定最终的监护权归属的做法值得肯定。

案例二：徐州市铜山区民政局申请撤销监护人资格案[1]

一、基本案情

邵某为未成年人，其未满 2 周岁时，父母因家庭琐事发生矛盾，父亲独自带邵某回到原籍生活。之后，其父亲长期殴打、虐待邵某，致其头部、脸部、四肢等多处严重创伤，又因 2013 年强奸、猥亵邵某，于 2014 年被法院判处有期徒刑 11 年。邵某母亲自 2006 年后从未看望过邵某，亦未支付抚养费用，且又与他人组建家庭并育有两名幼子。2014 年 6 月，在性侵案件侦办期间，公安机关曾将邵某遭受父亲性侵以及无人照料的情况告知邵某母亲及家人，但他们仍对邵某不闻不问致其流离失所、生活无着。2013 年邵某因饥饿离家，被好心人士张某某收留。2013 年 6 月后，邵某一直随张某某生活至案发。2015 年 1 月 7 日，铜山区民政局接到检察院建议后向法院提起诉讼，认为邵某父母不再适宜继续履行监护职责，请求撤销二被申请人的监护权，另行指定监护人。

二、法律问题

1. 有权申请撤销监护人资格的主体有哪些？
2. 什么情形下可以撤销未成年人父母的监护人资格？
3. 人民法院指定监护人应当遵循什么原则？

三、法理分析

该案被认为是全国首例由民政部门申请撤销监护人资格的案件，也是全国首例适用于 2015 年 1 月 1 日起实施的《最高人民法院、最高人民检察院、公安部、民政部关于依法处理监护人侵害未成年人权益行为若干问题的意见》（以下简称《意见》）的案件。该案被写入 2015 年 6 月国务院《2014 年中国人权事业的进展》白皮书，入选全国妇联发布的"依法维护妇女儿童权益十大案例"和《人民法院报》评选的"2015 年度人民法院十大民事行政案件"。

---

〔1〕 可参阅徐州市铜山区人民法院民事判决书，(2015) 铜民特字第 0001 号；"全国首例民政部门申请撤销监护人资格案宣判"，载《人民法院报》2015 年 2 月 7 日。本案为 2015 年 5 月 31 日最高人民法院公布的 12 起侵害未成年人权益被撤销监护人资格典型案例的其中之一。

1-2　《意见》全文

撤销父母监护权是国家保护未成人合法权益的一项重要制度。依我国《民法总则》的规定，父母对未成年子女负有抚养、教育和保护的义务，父母是未成年子女的监护人；未成年人的父母已经死亡或者没有监护能力的，祖父母、外祖父母，兄、姐，经未成年人住所地的居民委员会、村民委员会或者民政部门同意的其他愿意担任监护人的个人或者组织，可以按顺序担任监护人。这是确定未成年人监护人的基本规则。但是，如果父母有实施严重损害被监护人身心健康的行为，或者怠于履行监护职责，或者无法履行监护职责并且拒绝将监护职责部分或者全部委托给他人，导致被监护人处于危困状态，或者存在严重侵害被监护人合法权益的其他法律所禁止的行为，也可以撤销父母的监护权。在司法实践中，不乏因监护人不履行监护职责而被撤销监护权的案例。例如，在"王某甲和赵某某、许某某监护权纠纷案"中，法院就认为，监护人不履行监护职责或者侵害被监护人的合法权益的，应当承担责任。本案中许某某作为王某某的母亲，其是法定的监护人。在村委会通知许某某后，许某某拒绝履行抚养王某某的法定义务，怠于履行监护职责。从保护未成年人合法权益考虑，目前不宜由许某某担任监护人。王某甲、赵某某作为王某某的曾祖父母，在许某某拒绝抚养王某某时，倾心照料抚养王某某，助其成长，二人行为可嘉，并未损害王某某的合法权益。最终法院基于有利于未成年人成长的考量，撤销孩子母亲许某某的监护权，判决由作为王某某的曾祖父母的王某甲、赵某某作为王某某的监护人。[1]无独有偶，类似判决在司法实践中也不鲜见。如"杜某与李某某监护权纠纷案"中，法院也是在被监护人有生母的情形下，把监护权判归其祖母。[2]

---

〔1〕　可参阅甘肃省兰州市中级人民法院民事判决书，（2017）甘01民终3701号。

〔2〕　可参阅甘肃省庆阳市中级人民法院民事判决书，（2015）庆中民终字第493号。

1-3 王某甲二审判决书全文

本案之所以被广泛关注，是因为本案首次考虑了国家干预保护，即穷尽家庭监护后仍无法实现监护功能的，由国家相关部门进行代位监护，且在审理过程中对相关程序制度进行了探索和创新，确立了法院指定临时照料人制度、社会观护制度以及未成年人隐私保护制度在审理撤销未成年人监护权案件中的具体应用。在现行法律体系中，政府的民政主管部门在国家监护制度中，具有两项重要职责：一是对无民事行为能力人和限制民事行为能力人的监护人是否依法履行监护职责进行监督；二是在无民事行为能力人或者限制民事行为能力人的监护人缺位时，可以作为其监护人，履行监护职责。例如，在本案中，徐州市铜山区民政局向法院申请撤销邵某的监护人的监护资格，即属于履行监护监督职责，对未成年人邵某的监护人侵害被监护人邵某合法权益、不尽监护职责甚至遗弃被监护人的行为依法进行监督。在邵某的两个监护人的资格均被撤销后，民政局申请作为邵某的监护人，并最终被法院判决指定为邵某的监护人，这属于履行监护职责。

根据前述《意见》第27条的规定，有权提起申请撤销监护人资格的单位和个人，包括未成年人的其他监护人、关系密切的其他亲属、未成年人住所地的村（居）民委员会、民政部门及其设立的未成年人救助保护机构、妇联、关工委等。同时，该《意见》第35条还规定了在下列七种情况下人民法院可以判决撤销监护人资格：被申请人有下列情形之一的，人民法院可以判决撤销其监护人资格：①性侵害、出卖、遗弃、虐待、暴力伤害未成年人，严重损害未成年人身心健康的；②将未成年人置于无人监管和照看的状态，导致未成年人面临死亡或者严重伤害危险，经教育不改的；③拒不履行监护职责长达6个月以上，导致未成年人流离失所或者生活无着的；④有吸毒、赌博、长期酗酒等恶习无法正确履行监护职责或者因服刑等原因无法履行监护职责，且拒绝将监护职责部分或者全部委托给他人，致使未成年人处于困境或者危险状态的；⑤胁迫、诱骗、利用未成年人乞讨，经公安机关和未成年人救助保护机构等部门3次以上批评教育拒不改正，严重影响未成年人正常生活和学习的；⑥教唆、利用未成年人实施违法犯罪行为，情节恶劣的；⑦有其他严重侵害未成年人合法权益行为的。本案情形显然已经符合了这七种情形中的前三种。

四、参考意见

徐州市铜山区人民法院认为，被申请人邵某的父母已经符合撤销监护权的事由，应当撤销二人的监护权。而邵某的外祖父母等其他近亲属以及临时照料人也均不宜作为邵某的监护人，最终从对未成年人"特殊""优先"保护原则和未成年人最大利益原则出发，指定徐州市铜山区民政局作为邵某的监护人。此意见值得肯定。

案例三：李某与肖某教育机构责任纠纷案[1]

1-4　李某案二审判决书全文

一、基本案情

2009年2月1日，李某将其子李某1（13周岁）送至由肖某开办的原神州少林天龙武术学校（单位印章为天门市彭市镇天龙学校）学习，并于当日缴纳了学费4000元。同年9月30日上午，李某1随其他同学一起在教练黄某的带队下出校到汉江堤上跑步训练，在训练过程中，李某1向教练黄某请假离队去堤边上厕所，后李某1一直未归队。黄某在寻找无果后将此事报告给时任神州少林天龙武术学校校长的肖某。肖某得知后，发动学校师生四处寻找未果。因当时无法直接与李某取得联系，遂辗转通过李某的妹妹李某2告

---

[1]　可参阅湖北省天门市人民法院民事判决书，（2015）鄂天门民初字第01353号；湖北省天门市人民法院民事判决书，（2016）鄂9006民初1462号；湖北省汉江中级人民法院民事判决书，（2018）鄂96民终503号。

知李某李某 1 失踪一事，并于次日向天门市公安局彭市派出所报警。李某得知李某 1 失踪后，四处寻找并张贴寻人启事，均未能找到。2013 年 5 月 6 日，李某口头向天门市公安局彭市派出所报警，称其子李某 1 于 2009 年在彭市镇天龙武术学校失踪至今没有音讯。次日，该所告知李某以李某 1 被拐卖案立案。2015 年 1 月 22 日，湖北省汉川市人民法院依李某的申请作出（2014）鄂汉川民特字第 00001 号民事判决书，判决宣告李某 1 死亡。

神州少林天龙武术学校于 1993 年 9 月经相关主管部门批准设立，法定代表人为肖某，经营活动项目为武术、气功、散打，经营场所位于天门市 × × 市镇沿河大道，该校已于 2010 年 9 月核准注销。

李某向法院起诉，认为其将年满 13 周岁的儿子李某 1 交由肖某开办的武术学校全托监管，意味着将其对李某 1 的监管责任转移给了肖某；李某 1 在该校教练带队外出晨练时失踪，进而被宣告死亡，该武术学校应承担监管不力的主要过错，承担李某 1 失踪和被宣告死亡的主要责任，要求肖某赔偿死亡赔偿金、精神损害抚慰金、误工费等。

肖某认为，李某 1 系在学校失踪，学校才是本案的适格被告，其不是本案的适格被告，且学校已尽到了监管、教育职责，不应对李某 1 被宣告死亡的后果承担责任。

二、法律问题

1. 限制民事行为能力人在学校期间失踪后引起的损害赔偿责任如何承担？
2. 寄宿制和走读制教育机构对于学生的教育管理职责有无不同？

三、法理分析

1. 限制民事行为能力人在学校期间失踪后引起的损害赔偿责任承担问题。依我国《侵权责任法》第 39 条和第 26 条的规定："限制民事行为能力人在学校或者其他教育机构学习、生活期间受到人身损害，学校或者其他教育机构未尽到教育、管理职责的，应当承担责任。""被侵权人对损害的发生也有过错的，可以减轻侵权人的责任。"由此，判断本案中李某 1 在学校期间失踪后引起的损害赔偿责任承担问题，关键在于论证学校是否尽到教育、管理职责，以及李某 1 的监护人李某是否尽到监护职责。

　　根据两审判决认定的事实，本案中李某1失踪时属限制民事行为能力人，李某是李某1的监护人，监护人对被监护人负有法定的监护职责，但李某在将李某1送至学校学习后疏于对李某1的教育、管理，致使李某1在学校训练时失踪，进而被宣告死亡，其在主观上存在一定过错，依法应承担民事责任。肖某担任校长的神州少林天龙武术学校在安排教练带学生外出训练期间，负有保障学生生命安全的义务，应当预见到作为限制民事行为能力人的李某1独自离队后可能会发生危险后果，应履行好跟踪管理、督促归队的义务，但其未能履行好监管、教育和保护职责，致使李某1在训练期间走失，并被宣告死亡，其在主观上亦存在过错，依法也应承担相应的民事责任。对此，两审法院的认定是一致的，只不过对于责任承担比例的认定有不同。不过，这一比例也应当在司法者自由裁量的范围内。

　　本案中，肖某认为李某1系在学校失踪，学校才是本案的适格被告，其不是本案的适格被告。对此，依《最高人民法院关于适用〈中华人民共和国民事诉讼法〉的解释》第64条的规定，企业法人解散的，依法清算并注销前，以该企业法人为当事人；未依法清算即被注销的，以该企业法人的股东、发起人或出资人为当事人。肖某作为神州少林天龙武术学校的法定代表人和开办人，未依法清算即将该学校予以注销，依法应对该学校在正常经营期间应承担的民事责任予以承继。故原应当由神州少林天龙武术学校承担的责任，应由肖某予以承继。

　　2. 对于寄宿制和走读制教育机构对于学生的教育管理职责是否有不同的问题。依前述，学校等教育机构对学生有教育管理职责，但该教育管理职责是否会因为学校是寄宿制学校而有所不同？对寄宿制学校是否对未成年的不完全行为能力学生具有监护职责的问题，我国司法实践中也形成了基本的判断标准。例如，在吴某诉朱某、淮安曙光双语民营寄宿制学校人身损害赔偿纠纷案中，法院认为，监护职责可以因委托而转移，但监护人如果想将监护职责部分或者全部委托给学校，必须与学校达成明确的委托约定，否则不能推定学校已经接受监护人的委托，对到校学习的未成年学生承担起部分或全部监护职责；本案被告曙光学校是一所民办寄宿制小学，与其他实行走读制的学校相比，寄宿制小学只是在学校内部的管理上有所扩展，并未改变其对学生承担教育、管理和保护义务的本质，即学校内部管理上的变化并不必然导致未成年学生的监护职责的转移。鉴于在曙光学校与学生家长签订的入学协议中，没有约定家长委托学校对未成年学生履行监护职责，因此法院认定对在校学习的未成年学生，曙光学校没有监护职责。[1]这样的判断标准既维护了当事人的意思自治，同时也平衡了当事人的利益，是符合社会实际情况的。

1-5　吴某案裁判摘要

四、参考意见

判断本案中李某1在学校期间失踪后引起的损害赔偿责任承担问题，关键在于论证学校是否尽到教育、管理职责，以及李某1的监护人李某是否尽到监护职责。根据两审判决认定的事实，本案中监护人李某没有尽到监护职责，神州少林天龙武术学校也未履行好教育和管理职责，故而李某1在学校期间失踪后引起的损害赔偿责任，应当由法院在二者之间确定一定比例进行分配。

拓展案例

案例一：马某甲和李某某、马某乙监护权纠纷案[2]

1-6　马某甲二审判决书全文

一、基本案情

马某乙与马某甲、李某某之子马某昌于2004年3月5日开始同居生活，

---

〔1〕可参阅江苏省淮安市楚州区人民法院民事判决书，（2005）楚民一初字第347号。

〔2〕可参阅甘肃省永登县人民法院民事判决书，（2017）甘0121民初870号；甘肃省兰州市中级人民法院民事判决书，（2017）甘01民终2580号。

未领取结婚证。2006年12月9日，马某乙与马某昌生育长女马某某1；2008年3月5日，生育次女马某某。2016年2月5日，马某昌因交通事故死亡。马某某1、马某某与马某甲、李某某共同生活。

现马某乙提起诉讼，要求马某甲、李某某将两个孩子交由马某乙抚养，由马某乙依法行使监护权。而马某甲和李某某认为，两个孩子自出生至今，户口一直在爷爷奶奶（马某甲和李某某）家里，并在当地上学；二人长期照顾两个孩子的生活和学习，两个孩子早已习惯了在爷爷奶奶家中生活，双方已建立了深厚的感情；爷爷奶奶家庭居住环境稳定良好，家庭经济富裕，无论在生活或学习上都能给两个孩子提供充实的物质基础，能保证孩子们衣食无忧，学有所爱，快乐生活；两个孩子也很愿意在爷爷奶奶家中生活；孩子的母亲（马某乙）与马某昌同居之前已结过婚，而且生过一个男孩，现又再次结婚有了新的家庭，将来还会有小孩，她本人又无固定工作，生活不稳定，无法承担起抚养两个孩子的重大责任，无法给孩子提供安稳的生活和教育环境。

马某甲、李某某提交的孩子就读小学的《证明》载明：马某某1自入校以来由爷爷奶奶监护，马某某上下学接送由爷爷奶奶承担；等等。孩子就读的幼儿园的《证明》载明：马某某1、马某某在入园4年以来，无论学费、特长费都由爷爷奶奶交付，未有一次是爸爸妈妈来交付。

二、法律问题

1. 本案中应当由谁作为马某某1、马某某两个孩子的监护人？

2. 未成年人的监护人资格与给予未成年人有利健康成长的生活、学习环境之间的关系如何？

三、重点提示

本案中，一审法院认为，未成年人的父母是未成年人的监护人，父母有保护和教育未成年子女的权利和义务。案中马某某1和马某某的父亲因交通事故死亡，其监护权理应由作为母亲的马某乙行使；马某甲、李某某以马某乙没有固定的住所、没有经济来源和无能力抚养为辩解理由于法无据，故对其辩解理由不予采纳，最终判决马某甲、李某某应当将两个孩子交由马某乙抚养。

二审法院认为，一审判决认定事实清楚，但判决结果表述不当。本案中，马某甲、李某某作为马某某 1、马某某的祖父母，孙女马某某 1、马某某长期随其共同生活，平日里照顾两孙女吃穿，幼儿园、小学的接送等，从生活、学习诸方面践行了中国传统的长辈关爱之心。马某某 1、马某某的父亲马某昌因交通事故死亡后，马某甲、李某某为了让马某某 1、马某某能继续在现就读学校学习成长，要求让马某某 1、马某某继续随其共同生活，情有可原，其担当责任之精神符合社会主义核心价值，值得社会赞同。但是，父母与子女的血缘关系与生俱来，同时依我国《婚姻法》的规定，父母对子女有抚养教育的义务，有保护和教育未成年子女的权利和义务。祖父母等亲人的操心劳苦，不能取代父母在法律上的权利义务。除非父母有实施严重损害被监护人身心健康的行为；怠于履行监护职责或者无法履行监护职责并且拒绝将监护职责部分或者全部委托给他人，导致被监护人处于危困状态；实施严重侵害被监护人合法权益的其他法律所禁止的行为。由此，最终判决马某乙对马某某 1、马某某享有监护权，马某某 1、马某某由马某乙抚养。同时，二审法院提出，对于未成年人的生活、学习环境（如关于马某某 1、马某某的户口、学籍等均在现居住地，转学会影响孩子学习等问题），应当从有利于孩子健康成长出发，由孩子家长相互商量，征求孩子意见，以便作出有利于孩子健康成长的方案。本案二审法院既依法确定未成年人的监护人，同时也指出了未成年人的监护人资格与给予未成年人有利健康成长的生活、学习环境之间的关系，值得关注。

案例二：桑某 1、淮南师范附属小学
监护人责任纠纷案[1]

1－7　桑某 1 案二审判决书全文

---

〔1〕 可参阅安徽省淮南市中级人民法院民事判决书，（2018）皖 04 民终 1230 号。

一、基本案情

桑某1与陈某1均系淮南师范附属小学（以下简称淮师附小）四年级2班学生。2017年9月29日下午第二节课课间，9周岁的陈某1在前，10周岁的桑某1在后，陈某1在摸到一个柱子转身时，将身后的桑某1绊倒，致其受伤。桑某1的家人接到学校的通知后，将其送往淮南朝阳医院救治，经诊断：桑某1上前牙多处受伤折断，并伴下唇部黏膜及皮肤裂伤等，花费医药费若干。2018年2月12日，桑某1的母亲施某向安徽朝阳司法鉴定所申请鉴定，该所于2018年3月12日作出鉴定意见书，鉴定结果为：桑某1有五颗牙的牙冠切端1/3折断缺损，需后续牙齿修复费若干。因赔偿事宜协商未果，桑某1提起诉讼。一审审理过程中，根据陈某1、施某的申请，一审法院依法追加了淮师附小为共同被告参加诉讼。庭审查明，事故发生当时淮师附小并未安排相关人员进行必要的课间秩序维护和管理，事故发生后，是桑某1的几位同学扶着桑某1到老师办公室反映情况，学校及教师才得知此事。

二、法律问题

本案中如何分配监护人的责任与学校的责任？

三、重点提示

本案中，事故发生时，桑某1刚满10周岁，陈某1则为9周岁，两人均属限制民事行为能力人。桑某1是在与陈某1课间玩耍期间受伤，其受伤与陈某1的行为有一定的因果关系，故陈某1应对桑某1的受伤承担一定的责任。

桑某1在学校课间的自由活动期间，不注意自身安全导致摔倒受伤，其监护人也应承担相应的责任。

淮师附小是否尽到管理职能，应否承担相应的责任，要看学校是否尽了合理注意保护未成年学生人身安全的义务。本案事故发生在课间，属于学校和教师负有组织、管理未成年学生的职责期间。庭审查明，事故发生当时淮师附小并未安排相关人员进行必要的课间秩序维护和管理，事故发生后，是桑某1的几位同学扶着桑某1到老师办公室反映情况，学校及教师才得知此事。因此，对此次事故的发生，淮师附小亦应承担一定的民事责任。本案法院结合案情及各方过错程度，酌定桑某1自行承担20%的民事责任，陈某1与施某承担50%的民事责任，淮师附小承担30%的民事责任。这一分配比例较为适宜。

案例三：郭某与中国建设银行股份有限公司
舟山城关支行抵押合同纠纷案[1]

1－8　郭某案基本案情及裁判概要

一、基本案情

郭某1与郭某系父子关系，郭某出生于1994年11月4日。2000年6月21日，郭某1、郭某取得舟山市定海区东大街某号三楼的房屋所有权，两人系共同共有。

2011年10月25日，郭某1与中国建设银行城关支行签订了合同编号为×70627092501020110 7708的最高额抵押合同，约定：郭某1愿意为浙江升宇船舶技术有限公司（以下简称升宇船舶公司）与建设银行城关支行在2011年10月25日～2013年10月24日期间签订的人民币资金借款合同等主合同下的一系列债务提供最高额抵押担保；最高限额为513.80万元；抵押物为坐落于舟山市定海区东大街某号三楼的房产等内容。2011年12月26日，郭某1与建设银行城关支行在房管部门办理了房屋抵押登记手续，房屋他项权证号为舟房他证定字第103417号。

2014年6月30日，郭某以建设银行城关支行与郭某1擅自签订房产抵押合同的行为严重损害了郭某的合法权益，诉至法院，请求判决确认郭某1与建行城关支行于2011年10月25日签订的最高额抵押合同无效。

---

〔1〕　可参阅浙江省舟山市定海区人民法院民事判决书，（2014）舟定商初字第00787号；浙江省舟山市中级人民法院二审民事判决书，（2015）浙舟商终字第58号。

本案一审法院认为,本案中,登记在郭某名下的涉案房产作为借款人升宇船舶公司向建设银行城关支行贷款的抵押物,纯粹只是在郭某的财产上设置了义务,违反了法律的禁止性规定,应属无效。建设银行城关支行明知登记的产权人之一郭某系未成年人,却与郭某1签订最高额抵押合同,并办理抵押登记,不符合法律对于抵押权善意取得的规定,不构成善意取得。故判决确认郭某1与建设银行城关支行签订的最高额抵押合同无效。宣判后,建设银行城关支行不服一审判决,向舟山市中级人民法院提起上诉。最终,舟山市中级人民法院判决驳回上诉,维持原判。

二、法律问题

1. 监护人处分与被监护人共有的不动产的行为效力如何?
2. 本案中,中国建设银行城关支行是否可以取得涉案房屋抵押权?

三、重点提示

为保护未成年人利益,我国法律规定监护人除为被监护人利益外,不得处分被监护人的财产。近年来,随着家庭财产与日俱增以及财产投资理念盛行,未成年人通过继承、赠与或其他方式获得财产的可能性不断加大,现实生活中出现不少不动产所有人为未成年人的情形,同样也出现了一些因监护人处分被监护人财产而产生的纠纷。这样,在司法实践中就存在一个难题,即如何认定监护人处分被监护人的财产是否属于"为被监护人的利益"。

本案中,一审法院的判断依据是:登记在郭某名下的涉案房产作为借款人升宇船舶公司向建设银行城关支行贷款的抵押物,纯粹只是在郭某的财产上设置了义务,据此认定郭某1的处分行为不是为了被监护人郭某1的利益。二审法院的判断依据是:监护人郭某1将涉案房产为他人借款设定抵押的行为增加了被监护人郭某的财产被处置的风险,并据此认定郭某1将涉案房产为他人借款设定抵押的行为损害了未成年人郭某的利益。两审法院的判断依据均为合理。

1-9

第二专题　成年监护

⬡ 知识概要

　　人口老龄化带来了前所未有的社会问题。法国、德国、瑞士、奥地利、加拿大魁北克、日本、英国、美国、加拿大、澳大利亚、新西兰、蒙古、越南及我国台湾地区等不少国家和地区为此修订其成年监护制度，进行成年监护制度改革，以适应社会的发展变化 。

2-1　李霞著作推荐阅读

　　成年监护，是指为无民事行为能力或者限制民事行为能力的成年人确定监护人的制度。依成年监护成立的依据，可以将成年监护分为成年法定监护和成年意定监护。《民法总则》承继《民法通则》的传统，将成年监护制度置于自然人部分。我国《民法通则》中的成年监护制度仅局限于精神病人监护。2012 年通过的《中华人民共和国老年人权益保障法》（以下简称《老年人权益保障法》）第 26 条规定了"具备完全民事行为能力的老年人，可以在近亲属或者其他与自己关系密切、愿意承担监护责任的个人、组织中协商确定自己的监护人。监护人在老年人丧失或者部分丧失民事行为能力时，依法承担监护责任"以及"老年人未事先确定监护人的，其丧失或者部分丧失民事行为能力时，依照有关法律的规定确定监护人"的内容。在此基础上，我国《民法总则》设计的成年监护制度中，成年人法定监护的被监护人范围不再局限于精神病人，而是扩大到了无民事行为能力或者限制民事行为能力的成年人；除此之外，还对成年意定监护也作了规定。

2－2　《老年人权益保障法》全文

　　我国《民法总则》第28条承继《民法通则》第17条[1]的规定，明确了成年障碍者法定监护人的设置规则："无民事行为能力或者限制民事行为能力的成年人，由下列有监护能力的人按顺序担任监护人：①配偶；②父母、子女；③其他近亲属；④其他愿意担任监护人的个人或者组织，但是须经被监护人住所地的居民委员会、村民委员会或者民政部门同意。"相较《民法通则》的规定，《民法总则》第28条的规定有两个方面值得关注。其一，本条适用的对象是无民事行为能力或者限制民事行为能力的成年人，包括精神病患者、植物人或者老年痴呆症患者等不能辨认或者不能完全辨认自己行为的成年人。相较于原《民法通则》只限于"精神病人"的规定，这一范围的扩大是对社会现实的回应和必然选择。其二，对于法定监护人的范围，《民法总则》的规定更为简略，同时，与对未成年人的法定监护人范围的规定基于同样的考虑，也特别明确了"按顺序担任"监护人，并进一步扩大了监护人的范围。需要注意的是，相对于未成年人，成年障碍者极有可能没有近亲属，其法定监护人更有可能是"愿意担任监护人的组织"，实践中多是养老院、精神病院等，但这些组织体可能与被监护的成年障碍者存在利益冲突。为切实保护成年障碍者，避免产生道德风险，有必

---

　　[1]《民法通则》第17条规定："无民事行为能力或者限制民事行为能力的精神病人，由下列人员担任监护人：①配偶；②父母；③成年子女；④其他近亲属；⑤关系密切的其他亲属、朋友愿意承担监护责任，经精神病人的所在单位或者住所地的居民委员会、村民委员会同意的。对担任监护人有争议的，由精神病人的所在单位或者住所地的居民委员会、村民委员会在近亲属中指定。对指定不服提起诉讼的，由人民法院裁决。没有第一款规定的监护人的，由精神病人的所在单位或者住所地的居民委员会、村民委员会或者民政部门担任监护人。"

要从立法上对这类组织作为监护人进行一定的限制。[1]

成年人意定监护，是指自然人在自己具有完全民事行为能力时，预先选定自己的监护人，就有关监护的设立、监护的内容等均由该自然人自己决定的制度。《民法总则》第33条规定："具有完全民事行为能力的成年人，可以与其近亲属、其他愿意担任监护人的个人或者组织事先协商，以书面形式确定自己的监护人。协商确定的监护人在该成年人丧失或者部分丧失民事行为能力时，履行监护职责。"该规定被认为是我国《民法总则》对于成年人意定监护的规定。

毋庸置疑，在原有《民法通则》的基础上，《民法总则》针对成年监护提出的成年意定监护模式，贯彻了"协助决策"的理念，注重被监护人"意思能力"的实现，旨在充分实现"意思自治"原则的基础上，完成"替代决策模式"向"协助决策模式"的转变，保障被监护人的合法权益。这是值得肯定的。但是，作为一项制度，其实施有赖于完善的制度设计，这一规定目前仍然较为概括和简单，无论是对于成年意定监护制度的实施方式，还是对于监护监督等环节的设计上，均有缺失。而且，成年意定监护制度并非可以自成体系地实施，必须考虑目前既有规则与相关制度，如与民事行为能力判定制度等的有机协调，但目前的成年意定监护规则明显缺乏这方面的考量，难免在适用过程中产生一定程度的不协调。诸如简单类型化的民事行为能力认定模式无法贯彻"协助决策理念"的执行；无民事行为能力与限制民事行为能力的判定标准阻碍成年意定监护制度下适格被监护人范围的确定；民事行为能力认定程序还不足以灵活应对人口老龄化背景下的社会监护需求；难以确定意定监护人何时可以开始履行监护职责；等等。这些问题均有待于理论和实践的进一步明确。

---

[1] 如《德国民法典》第1897条第3项就规定："与成年人被安置或者居住于其中的疗养机构、休养所或其他机构有隶属关系或其他密切关系的人，不得被选任为照管人。"

📖 经典案例

案例：无名氏诉房某等生命健康权纠纷案[1]

2-3　无名氏诉房某等生命健康权案二审判决书

一、基本案情

2015 年 5 月 10 日凌晨 1 时许，房某驾驶比亚迪牌小型轿车沿西安市自强东路逆向由东向西行驶至自强东路与向荣巷交叉口附近时，适逢原告无名氏在该处人行横道由北向南爬行，该车将无名氏碾压致伤，造成交通事故。事发后，房某将原告无名氏送往陕西省第二人民医院救治，其被诊断为脑震荡、头皮血肿、胸部损伤、多发性肋骨骨折、肺挫伤等。原告无名氏住院 86 天，房某、某锋共垫付医疗费 78 196.37 元，其中包括渤海财保公司在交强险限额内垫付的医疗费 10 000 元。因不知无名氏住处，房某将其放在交警莲湖大队门口，后经媒体曝光，西安市救助管理站将其收留。原告无名氏经西安交通大学医学院司法鉴定中心鉴定构成十级伤残，后续治疗费 8000 元，护理期限、营养期限均为 90 日。原告无名氏住院期间护理费由房某、某锋支付。

2015 年 6 月 16 日，西安市公安局交通警察支队莲湖大队作出的道路交通事故认定书认定：房某驾驶机动车违反了《中华人民共和国道路交通安全法》第 21 条 "驾驶人驾驶机动车上道路行驶前，应当对机动车的安全技术性能进行认真检查；不得驾驶安全设施不全或者机件不符合技术标准等具有安全隐患的机动车"，第 38 条 "车辆、行人应当按照交通信号通行；遇有交通警察现场指挥时，应当按照交通警察的指挥通行；在没有交通信号的道路上，应当在确保安全、畅通的原则下通行"，及第 47 条 "机动车行经人行横道时，应当减速行驶；遇行人正在通过人行横道，应当停车让行" 之规定，房某应

---

〔1〕　可参阅陕西省西安市新城区人民法院民事判决书，（2016）陕 0102 民初 668 号。

承担此次事故全部责任，无名氏无责任。

另查明，比亚迪牌小型轿车登记在亚辉公司名下，由某锋承包经营，房某为某锋雇佣的司机。该车在渤海财保公司投保了机动车第二者责任强制保险和商业第三者责任险，事故发生在保险期限内。

为维护原告无名氏的合法权益，西安市救助管理站作为监护人诉至法院，请求判令房某、某锋、亚辉公司赔偿原告后续治疗费、住院伙食补助费、营养费、护理费、残疾赔偿金、精神损害抚慰金等。

被告房某和某锋均辩称：因事故车辆投保有交强险和商业第三者责任险，原告损失应由保险公司先行赔付，不足部分按事故责任比例承担，请求依法裁判。

被告亚辉公司辩称：事故车辆虽登记在其名下，但按承包合同约定，发生交通事故责任应由承包人承担，其不承担因交通事故产生的赔偿责任，且事故车辆投保有交强险及商业第二者责任险，应先由保险公司赔付，不足部分才由车主赔偿。

被告渤海财保公司愿在交强险限额和保险理赔范围内先行赔付，不足部分在商业第三者责任险限额内承担，但认为西安市救助管理站不应作为原告的法定监护人起诉，其主体不适格，请求依法裁判。

二、法律问题

1. 民法如何保护不完全行为能力的身份不明流浪人员的生命健康权？

2. 本案中，西安市救助管理站作为原告的法定监护人起诉，其主体是否适格？

三、法理分析

法律设立监护制度的主要目的有二：一是通过监护人代为或协助被监护人进行民事活动或其他活动，可以有效保护不完全行为能力人的合法权益，对其行为能力予以弥补；二是通过监护人对被监护人进行监督和约束，防止其实施违法行为，对他人和社会造成损害。

本案中，原告无名氏作为存在一定认知障碍的流浪人员，本身心智上的缺失再加上本次事故造成的十级伤残，使得其几乎没有主张和保护自身合法权益的可能性。民政部门的救助站承担着救助流浪人员以及对流浪人员进行监管的职能，而这种救助当然不应仅停留在经济救助层面，也应包含法律维权层面。具体到本案中，西安市救助管理站作为由西安市人民政府设立、民政部门主管，专门对城市生活无着的流浪乞讨人员实施救助的财政全额拨付经费事业单位，承担着对流浪人员进行救助及维护流浪人员合法权益的职责，由其作为原告无名氏的监护人进行维权，对原告合法权益的维护可以起到积极作用。正如陕西省西安市新城区人民法院审理时所认为的，原告无名氏虽系流浪人员、身份不明，但一则根据《中华人民共和国残疾人保障法》（以下简称《残疾人保障法》）第3条"残疾人在政治、经济、文化、社会和家庭生活等方面享有同其他公民平等的权利。残疾人的公民权利和人格尊严受法律保护"之规定，其作为自然人的生命健康权应依法保护；二则国家鼓励、支持各种社会组织和个人救助流浪乞讨人员，根据《残疾人保障法》第60条"残疾人的合法权益受到侵害的，有权要求有关部门依法处理，或者依法向仲裁机构申请仲裁，或者依法向人民法院提起诉讼"之规定，为保护原告作为自然人的合法权益，由民政部门的救助管理站担任其监护人进行维权无疑具有合理性和正当性。也正是基于此，《民法总则》第32条作了明确规定：没有依法具有监护资格的人的，监护人由民政部门担任，也可以由具备履行监护职责条件的被监护人住所地的居民委员会、村民委员会担任。只不过，本案发生当时《民法总则》还没有实施，还不能直接适用该规定，但法院的这一认定无疑是符合监护制度的确立价值的。

至于本案中关涉的交通事故造成人身伤亡的责任认定问题，以及原告身份不能确定时残疾赔偿金的计算标准问题，法院的认定也可资赞同。

四、参考意见

本案的裁判要旨为：流浪人员虽身份不明，但作为自然人，其生命健康权应受保护；救助管理站作为社会救助组织，具有流浪乞讨人员监护人的资格；机动车与非机动车、行人发生交通事故造成人身伤亡，若非机动车、行人有过错，在保险公司清偿后的不足部分，可以适当减轻机动车一方的赔偿责任；雇员因故意或者重大过失致人损害，应与雇主承担连带赔偿责任；原告身份不能确定时，残疾赔偿金应按农村居民标准计算。[1]

拓展案例

案例一：郭某某与谢某某、马某某监护权纠纷案[2]

2-4　郭某某与谢某某、马某某案二审判决书全文

一、基本案情

谢某某患有精神类疾病多年，生活不能自理。从 2006 年起，与马某某一起生活。2015 年 7 月，马某某与郭某某登记结婚，婚后两人一起照顾谢某某。马某某与谢某某的工资交由郭某某管理，用于家庭生活。2016 年 12 月～2017 年 4 月，谢某某所有的位于鹤立镇团结村的一处平房拆迁，拆迁置换的房屋出售现金 62 000 元、拆迁面积补差款 24 000 元、拆迁安置费 12 000 元，合计 98 000 元，均存在郭某某的银行卡里，由其进行保管。2018 年 3 月，因马某某患有严重心脏病，郭某某与马某某闹矛盾外出不在家，谢某某无人照顾，谢某某四位子女马某某、马某华、马某某 1、马某丽在一起协商，一致同意谢某某的监护人由马某某变更为马某某 1，并由马某某 1 照顾母亲谢某某，将谢某某房屋拆迁款 98 000 元交由马某某 1 进行管理。

谢某某向一审法院起诉请求为：要求被告马某某、郭某某返还房屋拆迁款。一审法院支持了其诉讼请求，被告马某某、郭某某不服提起上诉。二审法院维持原判。

二、法律问题

1. 本案中，马某某 1 是否具有监护人资格？

---

〔1〕　可参阅《人民司法·案例》2017 年第 5 期。

〔2〕　可参阅黑龙江省鹤立林区基层法院民事判决书，（2018）黑 7520 民初 36 号；黑龙江省林区中级人民法院民事判决书，（2018）黑 75 民终 144 号。

2. 本案中，郭某某是否为适格被告？

3. 本案中，马某某与郭某某是否应共同返还谢某某因房屋拆迁所得拆迁款？

三、重点提示

1. 对于马某某1是否具有监护人资格的问题，可以根据《民法总则》第30条关于协议监护的规定进行判断。依据该规定，依法具有监护资格的人之间可以协议确定监护人。本案中，马某某因健康状况和家庭情况已不适宜继续监护谢某某，并且有监护资格的四个子女已协商一致确认马某某1作为谢某某的监护人行使监护权保护被监护人的合法权益。故应认定马某某1具有监护人的资格。

2. 关于郭某某是否为本案适格被告的问题，可以根据《民法总则》第34条的规定进行判断。依据该规定，监护人的职责是代理被监护人实施民事法律行为，保护被监护人的人身权利、财产权利以及其他合法权益等；监护人依法履行监护职责产生的权利，受法律保护；监护人不履行监护职责或者侵害被监护人合法权益的，应当承担法律责任。本案中，郭某某与马某某系夫妻关系，且与谢某某共同生活，谢某某的工资收入和因房屋拆迁所得的款项事实上均由郭某某实际管理。郭某某虽不是原告的法定监护人，但客观上与马某某共同行使了对谢某某的监护，故郭某某有义务保障谢某某财产安全。因此，郭某某作为本案共同被告主体适格。

3. 关于马某某与郭某某是否应共同返还谢某某因房屋拆迁所得拆迁款的问题，可以根据《民法总则》第35条规定的"监护人应当按照最有利于被监护人的原则履行监护职责。监护人除为维护被监护人利益外，不得处分被监护人的财产"进行判断。本案中，马某某和郭某某二人作为谢某某财产的代管人，应尽到谨慎管理的注意义务。但马某某和郭某某非为谢某某的利益，擅自处分谢某某财产，损害谢某某合法权益，应承担赔偿责任。马某某与郭某某系合法夫妻关系，双方在婚姻关系存续期间为共同生活所负的债务，应当共同偿还。

案例二：林某耕、张某华与张某仁返还原物纠纷案[1]

2-5 林某耕、张某华与张某仁案二审判决书全文

一、基本案情

原告林某耕、张某华及被告张某仁系严某妹的子女。2014 年 1 月，因福州市仓山区房屋拆迁，严某妹获得拆迁补偿款 1 809 292.6 元。拆迁补偿款 1 809 292.6 元于 2014 年 1 月 10 日汇入严某妹的中信银行账户，其中 1 809 291 元于 2014 年 1 月 13 日转入被告张某仁的中信银行账户。庭审中，被告张某仁自认系其带着母亲严某妹到银行办理转账业务，将拆迁补偿款从严某妹的账户转至被告张某仁的账户，该款项用于以张某仁名义购买二手房、日常照顾母亲的花费，款项已用完。2014 年 8 月 21 日，福建省精神卫生中心司法鉴定所作出省精司鉴所（2014）法医精鉴字第 127 号《司法鉴定意见书》，评定被鉴定人严某妹在将其房屋拆迁补偿款转移给儿子张某仁时精神状态符合"脑器质性痴呆"（轻度）的诊断标准，其行为辨认能力已丧失，故评定为无民事行为能力。福州市仓山区人民法院于 2014 年 9 月 3 日作出（2014）仓民特字第 7 号民事判决书，宣告严某妹为无民事行为能力人。2014 年 9 月 5 日，原告林某耕到仓山区信访局，要求社区在原告林某耕与张某华中指定一人作为严某妹的监护人。2014 年 9 月 17 日，福州市仓山区人民政府仓前街道办事处作出仓前信函字第（2014）33 号《关于林某耕信访事项答复意见书》，答复：因严某妹的三个子女林某耕、张某仁、张某华均健在，林某耕提出的其与张某华均符合成年子女这一顺序，属于法定监护人，街道与社区均无权指定。又因监护人可以是一人，也可以是同一顺序中的数人，而严某妹子女中无人提出拒绝承担监护人，在成年子女这一顺序存在时，社区无法从后一顺序其他近亲属中为严某妹指定监护人。

---

[1] 可参阅福建省福州市仓山区人民法院民事判决书，（2015）仓民初字第 2077 号。

原告诉称，被告利用自己与母亲严某妹共同生活的便利，在母亲无行为辨认能力时，将母亲的拆迁补偿款转移，通过支付宝转出并据为己有，已严重损害了母亲严某妹的合法利益，故诉请法院判令被告将严某妹福州市仓山区拆迁补偿款返还至严某妹的银行卡上，并按银行同期同类贷款利率支付占用利息。

被告辩称，原告没有诉讼资格，因为诉请为归还严某妹的拆迁补偿款，但该款项属于严某妹所有，原告无权请求归还。

法院最终判令原告具有诉讼主体资格，责令被告张某仁将拆迁补偿款返还至严某妹的中信银行账户内，并支付占用利息（按中国人民银行同期同类贷款利率的标准。

二、法律问题

1. 本案原告是否具有诉讼主体资格？

2. 本案中，被告张某仁将拆迁补偿款用于以张某仁名义购买二手房等，行为效力如何？

三、重点提示

1. 本案发生在《民法总则》实施之前，故应适用当时的《民法通则》裁判。

2. 关于本案原告是否具有诉讼主体资格的问题，可以根据《民法通则》第17条的规定判断。根据该规定，无民事行为能力或者限制民事行为能力的精神病人，由下列人员担任监护人：①配偶；②父母；③成年子女；④其他近亲属……本案中，根据福建省精神卫生中心司法鉴定所的《司法鉴定意见书》，严某妹在将其房屋拆迁补偿款转移给儿子张某仁时精神状态符合"脑器质性痴呆（轻度）"的诊断标准，其行为辨认能力已丧失，即严某妹为不完全行为能力人。原告林书耕、张青华及被告张某仁作为严某妹的成年子女，系严某妹的共同监护人，而监护人就有保护被监护人的人身、财产及其他合法权益的职责，由此可以看出本案原告具有诉讼主体资格。

3. 对于本案中被告张某仁将拆迁补偿款用于以张某仁名义购买二手房等行为的效力问题，可以根据《民法通则》第18条的规定判断。根据该规定，监护人应当履行监护职责，保护被监护人的人身、财产及其他合法权益，除为被监护人的利益外，不得处理被监护人的财产。本案中，原告林某耕、张某华及被告张某仁作为严某妹的成年子女，系严某妹的共同监护人，应当履行监护职责，保护被监护人的人身、财产及其他合法权益。被告张某仁将拆迁补偿款用于以张某仁名义购买二手房等，系擅自处理被监护人的财产的行为，应赔偿被监护人的损失。也正是基于此，法院判决被告张某仁将严某妹福州市仓山区拆迁补偿款返还至严某妹的银行卡上，并按银行同期同类贷款利率支付占用利息。

案例三：计某1与计某2监护权纠纷案[1]

2-6　计某1与计某2监护权案二审判决书

一、基本案情

刘某香于2012年2月16日被法院以（2012）丰民特字第02915号民事判决书宣告为无民事行为能力人。2012年3月20日，北京市丰台区玉林里社区居委会指定计某1、计某3、计某4、计某2为刘某香的监护人。

计某1、计某4曾于2012年起诉请求撤销计某2的监护人资格，法院于2012年9月20日判决驳回二申请人之申请。2013年，计某1、计某4以与上一案相同的理由向法院申请撤销计某2监护人资格，法院于2013年11月18日再次判决驳回二申请人之申请。2014年，计某1、计某4再次起诉请求撤销计某2的监护人资格，法院以"计某4、计某1对其关于计某2严重损害了被监护人的合法权益，严重危害了被监护人的日常生活和病情治疗，也妨害了其他监护人监护、赡养被监护人的主张，未提供有效证据证明，法院不予采纳"为由，于2014年5月14日再次判决驳回二申请人之申请。

---

[1]　可参阅北京市丰台区人民法院民事判决，（2015）丰民初字第21571号；北京市第二中级人民法院民事判决书，（2018）京02民终3635号。

2012 年，在计某 1、计某 4 与计某 2 申请撤销监护人资格一案审理过程中，承办人曾与北京市公安局丰台分局右安门派出所（以下简称右安门派出所）姚某军警官联系了解情况，姚警官称：计家的纠纷大概有五年了，这两年矛盾激化了，主要是计某 1、计某 2 两兄弟之间因为赡养母亲与房屋引发的纠纷……为化解计家的矛盾、解决刘某香的赡养问题，右安门派出所曾多次开展调解工作。为了解决大家互不信任的问题，2012 年 3 月~2012 年年底，刘某香的养老金存折由姚某军警官暂为保管。2012 年年底，姚某军警官将刘某香的养老金存折交予计某 4。

刘某香养老金存折的账号为×××××××××××××××，开户行为中国工商银行。2014 年 7 月 10 日，刘某香的养老金存折被挂失，后银行要求刘某香的四个监护人同时到场，才能办理存折的解除挂失手续。因四人无法协商一致，故自挂失后刘某香的养老金收入一直未予支取。

2014 年 11 月 3 日，经北京市丰台区右安门街道人民调解委员会调解，计某 1、计某 3、计某 4、计某 2 签订《人民调解协议书》一份，约定：①2014 年 11 月 3 日四人共同去有关部门开通母亲工资卡。②工资解冻后，由姚警官和右安门调解室监督下，负责分管，每人四分之一。③从 2015 年 1 月份开始，平均每人照料三个月母亲（轮到每个人时，老母亲生活费和一切开支由负责照料母亲子女全权负责）。④从 2015 年 1 月 1 日起分别由以下子女负责照顾母亲，明细表如下：计某 1：2015 年 1 月、2 月、3 月；计某 3：2015 年 4 月、5 月、6 月；计某 4：2015 年 7 月、8 月、9 月；计某 2：2015 年 10 月、11 月、12 月。⑤每位子女在照料母亲生活期间，老人工资由此子女负责支取。⑥对于以上 5 条协议，每个子女必须履行此协议，如不按此协议履行，就剥夺和取消对老母亲监护人权利和财产继承权。⑦截止到 2014 年 12 月 31 日之前的暖气费，由老母亲的工资总存款中扣除后，余下存款再进行分配。⑧老母亲（刘某香）在生病或特殊病急病情况下，需要资金时，由四个子女平均出资，如不出资或不执行，按此协议第 6 条执行。后该协议未予履行。

庭审中，计某 1、计某 3、计某 4、计某 2 均同意解除母亲养老金存折的挂失手续并按照上述协议履行，且均主张前提是将各自垫付的费用在母亲的养老金中予以"报销"，但对于可"报销"的金额意见不一：计某 1 主张自 2013 年 1 月至今，按照每月 1700 元计算其为母亲垫付的生活费和水、电、煤气费，另外扣除房屋 5 年供暖费，剩余款项不再分割，留下作为母亲的医疗费。计某 4 同意按照每月 1700 元计算计某 1 为母亲垫付的费用；计某 3 和计某 2 均不同意按照每月 1700 元计算计某 1 为母亲垫付的费用，二人另主张计某 1 曾用母亲的养老金支付 5 个月房屋租金共计 7000 元，租房用于自用，计某 3 曾交予计某 1 保管母亲养老金剩余款项 4500 元现金，这两笔款项应自计某 1 垫付费用中扣除；计某 1 不同意扣除上述两笔款项。

另查明，刘某香目前与计某 1 一起居住生活；刘某香养老金账户存折（账号为：××××××××××××）于 2014 年 7 月 10 日在中国工商银行股份有限公司北京玉泉路支行办理挂失手续。

计某 1 认为，计某 2 不仅不履行自己的责任，反而挂失养老金账户，使得刘某香没有生活费，其行为严重违背了监护人的职责，侵害了被监护人刘某香的合法权益，刘某香的另外三个监护人多次要求计某 2 协助办理刘某香养老金账户的解除挂失手续，以保证刘某香的生活费用，但其拒不协助。故计某 1 诉请法院责令计某 2 协助办理母亲刘某香名下账号为×××××××××××的中国工商银行账户解除挂失手续。

一审法院以本案各方在照顾、赡养刘某香问题上存在争议、不能达成协议为由，认定解除挂失不具有必要性、可行性，对计某 1 要求解除刘某香涉案养老金账户挂失手续的诉讼请求不予支持；二审法院认为如此认定欠妥，故从有利于解决刘某香的生活、医疗等所需费用的实际需要，判决计某 2、计某 4、计某 3 协助计某 1 至中国工商银行股份有限公司北京玉泉路支行办理涉案刘某香养老金账户存折（账号为：××××××××××××）挂失后续处理（含解除挂失）手续，使该账户恢复正常存储、支取等使用功能。同时，法院也做了进一步的说明：涉案刘某香养老金账户解除挂失恢复使用后，为了尽最大可能保障刘某香的合法权益，有利于其生活、医疗等的合理需要，其涉案养老金账户存折应由与其共同生活并对其进行照料的监护人掌管并依法合理支取使用。鉴于刘某香目前与计某 1 一起居住生活，故目前刘某香养老金账户在解除挂失恢复使用后，该养老金账户存折应暂由计某 1 掌管并依法合理支取使用。如日后与刘某香共同生活并对其进行照料的监护人发生变更，则涉案刘某香养老金账户存折改由变更后与刘某香共同生活并对其进行照料的监护人掌管并依法合理支取使用。

二、法律问题

1. 本案中，法院是否应当支持原告方诉请计某 2 协助办理母亲刘某香名下账号为××××××××××××××的中国工商银行账户解除挂失手续？

2. 本案中，各方就照顾、赡养刘某香问题上存在的其他争议，是否均属于本案审理范围？

三、重点提示

1. 涉案刘某香养老金账户现因挂失不能使用，使刘某香丧失了其生活、医疗等费用的主要来源，给刘某香的合法权益造成了损害。从有利于解决刘某香的生活、医疗等所需费用的实际需要看，其涉案养老金账户应解除挂失，恢复正常使用。

2. 二审法院认为，各方就照顾、赡养刘某香问题上存在的其他争议，不属于本案审理范围。

拓展资料

2 - 7

第三章

民事权利

　　《民法总则》第五章"民事权利"沿用了《民法通则》的立法思路，将各类民事权利以专章规定，这也是我国民事基本法的主要特点之一，在《中华人民共和国民法典》（以下简称《民法典》）中，民事权利专章也得以保留。以专章规定民事权利，立法者认为"保护民事权利是民事立法的重要任务"，[1]并且从法典功能上，与后面各分编针对具体民事权利的详细立法形成呼应，以保证民法典总分结构的逻辑体系。相比于《民法通则》的民事权利章，《民法总则》的第五章无论是在体例编排还是在内容方面均有较大的进步，一方面完善了传统权利体系中的人身权与财产权，凸显人格权保护的时代特点；另一方面增加了一些重要的民事权益，例如个人信息权利与虚拟财产权利，并将禁止权利滥用的民法原则规定在本章。除此之外，《民法总则》第 123 条专门规定了知识产权的相关内容，为《民法典》调整知识产权法律关系预留了路径。

第一专题　人格权保护

知识概要

　　人格是自然人作为民事权利主体的当然资格，伦理上的"人格"概念

---

　　〔1〕　参见全国人民代表大会常务委员会副委员长李建国在第十二届全国人民代表大会第五次会议上所作的《关于〈中华人民共和国民法总则（草案）〉的说明》。

在私法上所表达的是，任何自然人的主体资格皆不得被经验性的实证法剥夺或被经验性的行为抛弃[1]，因为具有人格属性的人是"自在目的"。[2] 当伦理上的"人格"概念被引入法律，以伦理概念为基础的人格，具有十分丰富的内涵，其所蕴含的平等、自由、安全与人的尊严等基本价值，是近现代人权观念的核心内容。人格是人称之为人的那些属性，是人的尊严。作为"自然人主体资格"的人格与作为"人的尊严"的人格互为表里，不可割裂。[3]

人格权是民事主体人身权利体系中一项重要的内容，直接关系到人的尊严，因此其不得抛弃、不得转让，与财产权利（债权、物权）大不相同。人的尊严，可以通过各项人格要素加以体现，比如生命、健康、身体、名誉、姓名、隐私等。这些具体人格要素之上的人格利益，就是具体人格权。《民法总则》第 110 条规定："自然人享有生命权、身体权、健康权、姓名权、肖像权、名誉权、荣誉权、隐私权、婚姻自主权等权利。"与具体人格权相对应的是一般人格权。每一项具体人格权都是建立在具体的人格要素基础之上的，但是随着时代的发展，新的人格要素不断产生，立法者不可能列举全部的人格要素，一般人格权就在具体人格权的基础上发展出来。《民法总则》第 109 条"自然人的人身自由、人格尊严受法律保护"的规定，是我国一般人格权在民事基本法上的表述。

1－1　人格权立法模式争议

---

〔1〕 朱庆育:《民法总论》，北京大学出版社 2016 年版，第 401 页。

〔2〕 参见［德］康德:《道德形而上学原理》，苗力田译，上海人民出版社 2002 年版，第 46 页。

〔3〕 参见朱庆育:《民法总论》，北京大学出版社 2016 年版，第 401～402 页。

经典案例

案例：周某娟与潘某儿一般人格权纠纷案[1]

1-2 判决书全文

一、基本案情

周某娟与潘某儿住房相邻。被告潘某儿夫妻的住房在前，原告周某娟夫妻的住房在后。原、被告夫妻双方因相邻关系素有纠纷。2011年8月6日7时许，原告周某娟夫妻在自家门前离被告潘某儿夫妻住房后墙很近的地方修建围墙。被告潘某儿夫妻认为原告周某娟夫妻所修建围墙会影响其住房通风和采光，故出面阻止原告周某娟夫妻修建围墙。为此，原、被告夫妻双方及相关亲戚发生冲突。在冲突过程中，被告潘某儿在自家二楼先后向原告周某娟身上倒尿和炉灰，对原告周某娟进行了侮辱。后原、被告所在的乡、村两级干部和桐庐县公安局凤川派出所民警赶到现场处置，原、被告夫妻双方及相关亲戚间的冲突一时仍未平息。2012年12月17日，桐庐县公安局凤川派出所作出桐公凤行决字（2012）第15号公安行政处罚决定书，对被告潘某儿往原告周某娟身上倒尿和炉灰，公然对原告周某娟进行侮辱的行为，决定给予被告潘某儿罚款500元的处罚。原告周某娟不服桐庐县公安局凤川派出所作出的该桐公凤行决字（2012）第15号公安行政处罚决定，于2013年4月提起行政诉讼，后于同年9月27日向本院提出撤诉申请，要求撤回该行政诉讼。本院于2013年9月27日作出（2013）杭桐行初字第5号行政裁定书，准许原告周某娟撤回起诉。后原告周某娟提起本案诉讼，并请求被告潘某儿向其书面道歉，恢复名誉，赔偿精神损害抚慰金100 000元。

---

[1] 一审判决书：桐庐县人民法院（2014）杭桐江民初字第7号。二审判决书：杭州市中级人民法院（2014）浙杭民终字第1901号。再审裁定书：浙江省高级人民法院（2015）浙民申字第1331号。

原告周某娟为支持其诉讼主张，在庭审中出示并陈述了下列证据材料：

证据1：桐庐县公安局凤川派出所民警拍摄的照片复印件二张，证明被告向原告身上倒尿和炉灰；

证据2：公安机关对被告作的询问笔录复印件，证明被告自认向原告身上倒尿和炉灰；

证据3：桐庐县公安局行政处罚决定书复印件，证明被告向原告身上倒尿和炉灰，被桐庐县公安局处以行政拘留的事实。

一审法院认为：公民享有名誉权，公民的人格尊严受法律保护，禁止用侮辱、诽谤等方式损害公民的名誉权。被告在多人发生冲突中通过向原告身上倒尿和炉灰的方式对原告进行了侮辱，构成了对原告名誉权的侵害，且情节严重，被告应承担相应的民事责任。但原告明知原、被告间多年的相邻关系纠纷至今未解决，却在未经相关部门审批的情况下，擅自在自家门前建围墙，且该围墙如建得过高确会妨害被告住房的通风和采光，原告不听被告劝阻，仍要建围墙，导致冲突和该事件的发生，原告有过错，可以减轻被告的民事责任。一审宣判后，周某娟不服，向杭州市中级人民法院提出上诉。双方当事人未在二审举证期限内提交新证据。二审法院认为：潘某儿向周某娟故意倾倒尿液的行为严重侵犯了周某娟的人格尊严，对其精神造成一定损害，应承担相应的赔偿责任。周某娟以名誉权纠纷为由提起诉讼，本院认为名誉权纠纷是指侵害公民或法人的品德、才能及其他素质的社会综合评价的纠纷，与本案侵权事实不符，应定一般人格权纠纷更宜。上诉人周某娟不服二审判决，向浙江省高级人民法院申请再审。周某娟认为，二审在没有明确告知周某娟的情况下，直接改变案由，剥夺了周某娟的诉讼权利，违反《最高人民法院关于民事诉讼证据的若干规定》第35条的规定。浙江省高级人民法院经审查认为，本案不属于侵犯名誉权的行为，二审将案由调整为一般人格权纠纷，应属正确。虽然二审法院调整了案由，但是该案由的调整并不影响本案侵权法律关系的性质与侵权责任的承担，且原判对周某娟主张的赔礼道歉、消除影响、赔偿精神损害抚慰金等诉请均予以了支持，不存在剥夺周某娟诉讼权利的情形，裁定驳回周某娟的再审申请。

二、法律问题

本案属于侵犯一般人格权纠纷还是侵犯名誉权纠纷？

三、法理分析

一般人格权与名誉权是人格权分类中一般与特别的关系，是概括性的人格权与投射在具体人格利益上的具体人格权。人格权的内涵与外延都没有明确的边界，很难从定义的角度对其进行概念上的认定。同时，人格权始终处于动态发展中，是一个不断被"发现"的权利，人类社会越发展，法治国家越成熟，人们对于人格权的理解就越充分、丰富，因此人格权是一个永远开放、不能穷尽的观念与价值范畴。[1]就私法层面而言，一般人格权是一个统一的权利类型，其权利客体包括全部的、完整的人格利益，现行法也不可能通过具体人格权实现对全部人格利益的有效保护。受现实发生的案件推动，我国《民法通则》中规定的具体人格权无法满足审判实践的需要，最高人民法院 2001 年发布的《最高人民法院关于确定民事侵权精神损害赔偿责任若干问题的解释》（以下简称《侵权精神损害赔偿解释》）明确了一般人格权在人格权利体系中的地位。《侵权精神损害赔偿解释》第 1 条规定："自然人因下列人格权利遭受非法侵害，向人民法院起诉请求赔偿精神损害的，人民法院应当依法予以受理：①生命权、健康权、身体权；②姓名权、肖像权、名誉权、荣誉权；③人格尊严权、人身自由权。违反社会公共利益、社会公德侵害他人隐私或者其他人格利益，受害人以侵权为由向人民法院起诉请求赔偿精神损害的，人民法院应当依法予以受理。"其中第 1 款第 3 项被认为是一般人格权受到侵害的，可以主张精神损害赔偿。基于此，一般人格权在实证法上的表述为"人格尊严与人身自由"。[2]

实际上对自然人人格尊严的保护，早在《民法通则》中就有所体现。《民法通则》第 101 条"公民、法人享有名誉权，公民的人格尊严受法律保护，禁止用侮辱、诽谤等方式损害公民、法人的名誉"的规定就是通过名誉权的保护来实现人格尊严的保护。但是这里存在的问题是，人格尊严的内涵要比名誉权的权利内涵大得多，仅将人格尊严作为名誉权的内容之一加以保护，

---

〔1〕 参见邹海林："再论人格权的民法表达"，载《比较法研究》2016 年第 4 期。

〔2〕 也有不同观点认为，该司法解释是创设了人格尊严权、人身自由权两种具体人格权类型，参见程啸：《侵权责任法》，法律出版社 2015 年版，第 174～175 页；朱晓峰："作为一般人格权的人格尊严权——以德国侵权法中的一般人格权为参照"，载《清华法学》2014 年第 1 期。

实际上限制了人格尊严作为人格权基本内容与价值的功能发挥。2001 年最高人民法院的《侵权精神损害赔偿解释》将人格尊严与人身自由单列，其目的就是通过一般人格权规则实现人格利益的完整保护。2017 年《民法总则》在其第 109 条规定"自然人的人身自由、人格尊严受法律保护"，并且将此规范置于民事权利章第 1 条的位置。《民法总则》第 109 条的一般人格权，将权利主体限制在"自然人"，从而排除了法人以及非法人组织享有一般人格权的可能。第 110 条第 2 款明确规定法人和非法人组织享有一些具体的人格权，例如名称权、名誉权和荣誉权，而一般人格权中的"人格尊严"属于自然人专有。由于人格权内涵的开放性与概念边界的不清，在其基础之上的一般人格权也没有准确的权利范围。尽管在《民法总则》立法过程中，就如何表达一般人格权的内容有所争议，但在最后通过的法律中选择"人身自由与人格尊严"表达一般人格权。

"人身自由"不仅包括行动自由，还包括一般行为自由。行动自由是指身体行动的自由，不受非法逮捕、拘禁等对身体自由的限制或者剥夺，是离开某一特定地点的自由。一般行为自由，不仅涉及为了发展精神人格必须的领域，只要是特定人格权利或者说具体人格权利不规范的行为和生活领域都应受一般行为自由保护，包括精神活动的自由。"人格尊严"没有特别的定义，道德上是指人的自尊心与自爱心，每一个正直、品质端正的人都有其自尊心和自爱心，不允许别人侮辱和诽谤。[1]一般人格权因内容上的不确定，保护的范围也处于不确定与不断变化的状态之中。在《民法总则》第 109 条的适用方面，司法实践中通常优先适用具体人格权规范，在人格权包含的诸多权利的基础上，如果尚无其他法律可以援引，在发生侵害人身自由和人格尊严的情形时，可以考虑援引第 109 条，保护自然人的基本权利免受侵害。因此，在相关侵权行为没有具体条文可以适用时，为了发挥一般人格权条文的补充功能，可以直接适用第 109 条确定侵权责任。[2]

一般人格权的要件不确定，在司法实践中如何对其加以认定与保护就成为凸出的问题。有学者效仿德国司法裁判和理论，通过归纳总结判例，将一

---

〔1〕 参见林来梵"人的尊严与人格尊严"，载《浙江社会科学》2008 年第 3 期。

〔2〕 参见沈德咏主编：《〈中华人民共和国民法总则〉条文理解与适用》，人民法院出版社 2017 年版，第 746～750 页。

般人格权的利益范围予以类型化，对具体的人格利益提供法律保护。例如李岩将一般人格权分为：对"生命周期仪式"破坏的行为、欺诈性抚养行为、严重侮辱他人行为、非法剥夺人身自由的行为与侵犯他人信用的行为。[1]当然，分类标准的差异会对一般人格权的类型化得出不同的分类结果。还有将一般人格权类型化为：侵犯私人空间、侵犯个人的公共表达、侵犯身份一致、侵犯人格的经济利益以及死者人格利益的保护。[2]一般人格权受到侵害的，权利主体可以主张停止侵害、消除影响、恢复名誉、损害赔偿等请求权保护自己的人格利益。

在本案中还有另一个可能涉及的具体人格权，即名誉权。名誉是自然人在社会交往中所受到的有关其品行、道德状况、才智等方面的公开评价。[3]名誉因是社会整体对某一主体的总体评价，所以与主体的人格尊严密切相关，或者说承载了主体的人格尊严。《民法通则》第101条列举了两类最为典型的侵害名誉权的行为——侮辱与诽谤，无论是口头还是书面，抑或通过广播、网络、电视等途径侮辱、诽谤他人，损害他人名誉的，均是侵害名誉权的行为。侵害名誉权的损害后果是造成受害人的社会评价降低，这里的社会评价不是受害人的自我评价，而是不特定多数人对受害人的评价。只有社会评价因加害行为而降低，才构成侵害名誉权。如何证明受害人的社会评价降低呢？司法实践中，往往是推定受害人的社会评价降低，即受害人提供证据证明侵害自己名誉权的言辞、文字等内容已经被第三人所知，就可以推定受害人的名誉权因此遭到损害。在最高人民法院的《侵权精神损害赔偿解释》发布之前，根据《民法通则》第101条，人格尊严受到侵害，是放在名誉权保护的范畴里面实现的。但是人格尊严的概念显然要超出名誉概念的范畴，且人格尊严受到侵害也不仅仅表现为名誉权受到侵害，立法者将人格尊严作为一般人格权的内容而剥离出名誉权的范畴仍是正确的立法思路，这样才能发挥人格尊严所表现的整体、统一人格利益的功能。

本案中，法院认定的事实是2011年8月6日7时许，原告周某娟夫妻在自家门前离被告潘某儿夫妻住房后墙很近的地方修建围墙。被告潘某儿夫妻

---

[1] 参见李岩："一般人格权的类型化分析"，载《法学》2014年第4期。

[2] 参见陈甦主编：《民法总则评注》，法律出版社2017年版，第756~757页。

[3] 朱庆育：《民法总论》，北京大学出版社2016年版，第408页。

认为原告周某娟夫妻所修建围墙会影响其住房通风和采光，故出面阻止原告周某娟夫妻修建围墙。为此，原、被告夫妻双方及相关亲戚发生冲突。在冲突过程中，被告潘某儿在自家二楼先后向原告周某娟身上倒尿和炉灰，对原告周某娟进行了侮辱。当时有村、乡二级干部以及众多村民在场。尽管被告潘某儿的行为确实对原告周某娟的人格尊严进行了侮辱，但是并没有侮辱、诽谤等贬损原告周某娟名誉的行为。现场除当事人外，还有他人在场，但侵害行为本身并不会导致受害人品行、道德状况、才智等整体社会评价的降低，最多仅是原告周某娟受到他人的嘲笑。因此本案属于侵害一般人格权的纠纷，而不是侵害名誉权的纠纷。

四、参考意见

1. 判断本案中原告周某娟受侵害的是一般人格权还是名誉权，需要对一般人格权与名誉权之间的区别加以分析。一般人格权规定在《民法总则》第109条，被概括地表述为"人身自由与人格尊严"，在具体人格权利规范无法适用或者均不属于具体人格权受到侵犯的情形下，才适用一般人格权规范保护自然人的人格利益。名誉权是自然人对其在社会交往中所受到的有关其品行、道德状况、才智等方面的公开评价享有的权利，任何人不得侮辱、诽谤他人，造成他人社会评价的降低。本案中，双方当事人发生冲突在先，被告潘某儿在自家二楼先后向原告周某娟身上倒尿和炉灰，对原告周某娟进行了侮辱，且当时有村、乡二级干部以及众多村民在场。但是被告的行为本身并没有降低原告的社会评价，不属于侵犯原告名誉权的行为。因被告的行为，原告确实受到了侮辱，原告的人格尊严受到了侵犯，二审法院将本案认定为一般人格权纠纷更合适。

2. 在《民法总则》第109条的适用方面，司法实践中通常优先适用具体人格权规范，在人格权包含的诸多权利的基础上，如果尚无其他法律可以援引，在发生侵害人身自由和人格尊严的情形时，可以考虑援引第109条，保护自然人的基本权利免受侵害。因此，一般人格权规范属于最后适用的顺位，发挥补充功能。尽管表达为"人身自由和人格尊严"的一般人格权在民事权利体系中十分重要，关乎人权的实现，但并非不受限制，也并非所有触犯他人人格的行为都会引发私法上的权利保护。

拓展案例

案例一：周某芳诉中国银行股份有限公司上海市分行名誉权纠纷案[1]

1-3 公报全文

一、基本案情

2009 年 5 月 31 日，被告中国银行上海分行收到一份申请人署名为原告周某芳的信用卡开卡申请表，同年 6 月 18 日，中国银行上海分行审核批准开通了以周某芳为用户的涉案信用卡，申请资料中的中银信用卡标准审批表上记载"电话与地址匹配""已对本人电话核实"，信用卡受理登记表上记载"柜面进件""亲见申请人递交并签名""亲见申请材料原件并当场复印"。2009 年 9 月周某芳收到涉案信用卡催款通知，获悉该卡已透支，且逾期未还款，周某芳因未办理过涉案信用卡，疑为他人盗用其信息所办，故向公安机关报案，同时将报案情况电话通知了被告。后中国银行上海分行多次向周某芳电话催收涉案信用卡欠款。因涉案信用卡欠款逾期未还，该卡在周某芳的个人信用报告中记载为冻结。2010 年 7 月，为涉案信用卡欠款一事，中国银行上海分行与周某芳发生纠纷至上海市浦东新区人民法院寻求救济，次月该院组织双方进行诉前调解。同年 11 月，中国银行上海分行向该院提起（2010）浦民六（商）初字第 7068 号一案，要求周某芳偿还信用卡欠款，后于同年 12 月撤回起诉，同时向中国人民银行征信系统中心申请消除原告的不良还款记录。2011 年 3 月周某芳的个人信用报告中，关于涉案信用卡的不良信用记录已经消除。以上事实，由原告周某芳提供的信用卡开卡申请表、中银信用卡标准审批表、中国银行上海分行信用卡受理登记表、上海市公安局案（事）件接报回执单、还款提醒服务情况反馈表、个人信用报告、诉前调解通知、

---

[1] 本案来源：《中华人民共和国最高人民法院公报》2012 年第 9 期（总第 191 期）。

（2010）浦民六（商）初字第7068号案件传票、司法鉴定书，被告中国银行上海分行提供的个人信用报告等证据及当事人的当庭陈述予以证明。

原告认为，信用卡受理登记表显示原告本人亲自到柜面申请并递交申请材料，但原告根本就没有至被告柜面申请并递交申请材料，信用卡标准审批表显示已经向本人电话核实，电话和地址匹配，但被告从未向原告核实过任何信息。银行征信系统中的不良信用记录对原告从事商业活动及其他社会、经济活动造成重大不良影响，特别是原告在国外工作生活期间，同事和朋友得知原告因信用卡纠纷被银行告上法庭，对原告名誉造成了严重的不良影响。被告的行为已严重侵犯了原告的名誉权。被告中国银行上海分行辩称：涉案信用卡是否系他人冒用原告周某芳名义办理，现正由公安部门立案调查，目前尚无结论。涉案信用卡系柜面收件办理，被告核实了办卡人的身份，并核对了身份证件，已经尽到了审查义务，不存在过错，也不存在违法行为。被告向中国人民银行征信系统中心报送的信息都是源于原告名下信用卡的真实欠款记录，并非捏造，故不存在任何虚构事实或侮辱原告的情节。而且被告提供征信信息的范围仅限于中国人民银行的个人数据库，征信系统中的信息对外处于完全保密状态，不会对原告的名誉产生影响，被告的行为并没有导致原告名誉权受损。

一审法院判决驳回原告周某芳的诉讼请求。周某芳不服一审判决，向上海市第一中级人民法院提起上诉。二审法院认为，被上诉人中国银行上海分行在审核信用卡申请资料中确实存在一定的过错导致上诉人周某芳的信用报告在2009年~2011年期间存在不真实的记载。中国银行上海分行按照国家的相关法律法规及监管要求报送相关信息，其报送的信息也都是源于周某芳名下信用卡的真实欠款记录，并非捏造，不存在虚构事实或侮辱的行为，故不构成侵害周某芳名誉权的行为。其次，对于损害后果的认定。名誉权受损害的损害后果应当是周某芳的社会评价降低，但是，中国人民银行的征信系统是一个相对封闭的系统，只有本人或者相关政府部门、金融机构因法定事由才能对该系统内的记录进行查询，这些记录并未在不特定的人群中进行传播，并且造成周某芳的社会评价降低，故不能认定存在周某芳名誉受损的后果。二审判决驳回上诉，维持原判。

二、法律问题

本案中原告的名誉权是否受到侵害？

三、重点提示

名誉是自然人在社会交往中所受到的有关其品行、道德状况、才智等方面的公开评价，是对特定主体的品德、才干、信誉、商誉、资历、声望、形象等方面的综合性社会评价。名誉因是社会整体对某一主体的总体评价，所以与主体的人格尊严密切相关，或者说承载了主体的人格尊严。损害名誉实际上就是破坏了受害人在社会关系网络中原有的社会地位，因此自然人或者法人的名誉权受到侵害的，均需要法律加以救济。《民法通则》第101条规定"公民、法人享有名誉权，公民的人格尊严受法律保护，禁止用侮辱、诽谤等方式损害公民、法人的名誉"，由此自然人或者法人名誉权受损的，可以请求公权力的救济，行使停止侵害、消除影响、恢复名誉、赔礼道歉、损害赔偿等请求权。加害人侵害名誉权的行为需要造成受害人社会评价降低的损害后果，才需要承担名誉权的侵权责任。如果加害人确实有侮辱、诽谤受害人的行为，但并没有造成受害人社会评价的降低，并不属于侵害名誉权，而有可能是侵害隐私权或者一般人格尊严。那么如何认定受害人的社会评价因加害行为而降低呢？只要受害人能够证明加害人发布的消息、评论、图片、文章等内容是虚假事实，具有侮辱性、诽谤性，且这些消息、评论等已经公开被公众所知，就可以推定受害人的名誉受到侵犯，社会评价有所降低。

本案中，中国银行上海分行在审核信用卡申请资料中确实存在一定的过错，上诉人周某芳并未申请信用卡，也未提交申请材料，而银行的信用卡受理登记表上却记载"亲见申请人递交并签名""亲见申请材料原件并当场复印"等，导致上诉人周某芳的信用报告在2009年~2011年期间存在不真实的记载。但是银行向中国人民银行征信系统中心报送的信息都是源于原告名下信用卡的真实欠款记录，并非捏造，信用卡欠款未还也是真实发生的事实，才导致上诉人周某芳的信用报告存在不真实记载。一、二审法院均认定中国人民银行的征信系统是一个相对封闭的系统。只有本人或者相关政府部门、金融机构因法定事由才能对该系统内的记录进行查询，这些记录并未在不特定的人群中进行传播，并且造成周某芳的社会评价降低，所以中国银行上海分行并未导致周某芳的社会评价降低，不构成名誉权侵权，此观点也被最高人民法院采纳，并作为公报案例发布。

实际上，本案涉及周某芳人格利益中的信用，案中周某芳主张的也是其信用报告在 2009 年～2011 年期间存在不真实的记载。信用，是能够履行诺言而取得的信任，是长时间积累的信任和诚信。现代社会交往中，信用对市场主体的重要性不言自明。对于民事主体而言，信用不仅有经济价值，还有重要的精神价值，是人格利益的一种，应当受到法律的保护。我国现行法上将信用纳入名誉权的保护范围，受害人在信用被侵害后，提起的均是名誉权诉讼。但是现有的名誉权侵权认定，如同本案一样，需要造成受害人社会评价的降低。但是现代社会的信用评价，往往不是普通公众作出的，而是由专门的信用评价机构作出，且向特定的主体开放查询。例如本案中，所有中国人民银行征信系统中心接入的银行、金融机构都可以查询周某芳的信用报告，并作出信用评价，进而影响周某芳的金融活动。因此，将信用纳入名誉权的保护范围，实际上不足以保护民事主体的信用权益。[1]在他人冒用、盗用受害人姓名申办信用卡并透支消费，导致受害人在银行征信系统存有不良信用记录的类似案件中，最高人民法院的另一则公报案例则是按照侵犯姓名权的思路进行处理，并认定银行与冒用人共同承担侵权责任。[2]

案例二：洪某快与葛某生名誉权纠纷案[3]

1－4　判决书全文

---

〔1〕 参见李新天、朱琼娟："论'个人信用权'——兼谈我国个人信用法制的构建"，载《中国法学》2003 年第 5 期。

〔2〕 案例来源：《中华人民共和国最高人民法院公报》2008 年第 10 期（总第 144 期）。

〔3〕 一审判决书：北京市西城区人民法院（2015）西民初字第 27841 号；二审判决书：北京市第二中级人民法院（2016）京 02 民终 6272 号。本案为最高人民法院公布的四起保护英雄人物人格权益典型案例之一。

一、基本案情

2013 年 8 月 27 日，新浪微博网民张某红发布信息称："狼牙山五壮士实际上是几个土八路，当年逃到狼牙山一带后，用手中的枪欺压当地村民，致当地村民不满。后来村民将这 5 个人的行踪告诉日军，又引导这 5 个人向绝路方向逃跑……"网民张某红被抓获后，承认自己虚构信息、散布谣言的违法事实，被警方依法行政拘留 7 日。2013 年 9 月 9 日，时任《炎黄春秋》杂志社执行主编的洪某快在财经网发表《小学课本〈狼牙山五壮士〉有多处不实》一文。文中写道：据《南方都市报》2013 年 8 月 31 日报道，广州越秀警方于 8 月 29 日晚间将一位在新浪微博上"污蔑狼牙山五壮士"的网民抓获，以虚构信息、散布谣言的罪名予以行政拘留 7 日。所谓"污蔑狼牙山五壮士"的"谣言"其来有自。据媒体报道，该网友实际上是传播了 2011 年 12 月 14 日百度贴吧里一篇名为《狼牙山五壮士真相原来是这样!》的帖子的内容，该帖子说五壮士"5 个人中有 3 个是当场被打死的，后来清理战场把尸体丢下悬崖。另两个当场被活捉，只是后来不知道什么原因又从日本人手上逃了出来"。2013 年 11 月 8 日，洪某快在《炎黄春秋》杂志发表了其本人撰写的《"狼牙山五壮士"的细节分歧》一文。该文分为几个部分，分别为"在何处跳崖""跳崖是怎么跳的""敌我双方战斗伤亡""'五壮士'是否拔了群众的萝卜"。文章通过援引不同来源、不同内容、不同时期的报刊资料等，对狼牙山五壮士事迹中的细节提出质疑。文中写道："当我们深入'狼牙山五壮士'有关叙述的细节时，就发现上述人员在不同时间、不同场合下的陈述存在诸多相互矛盾之处。而对于同一件事，相互矛盾的描述可能都不符合事实，也可能有一个符合事实，但不可能同时都符合事实。"关于跳崖地点，洪某快在文中写道："训令和《'神兵'》给人造成的印象，是五壮士在棋盘陀顶峰跳下了'万丈'或'二十丈'的悬崖，三人在沟底成了'三堆血肉'，'壮烈殉国'，而两人'给树枝挂在半空'，'光荣负伤'，这也正是壮烈的狼牙山五壮士故事的核心所在。……可是按照 1957 年 7 月 15 日出版的《红旗飘飘》第 2 集刊出了葛振林的口述，最后跳崖的地方并不是在棋盘陀顶峰。"关于"跳崖是怎么跳的"，洪某快在文中写道："'狼牙山五壮士'的核心情节是跳崖，训令和《'神兵'》对跳崖的细节都不明确，……文革中红卫兵对此表示怀疑，……实际上，从 1957 年刊出的葛振林自己的口述中，也是可以印证'溜'的说法。……后来，葛振林又有新的说法。根据在葛振林《狼牙山跳崖那悲壮的一幕》回忆，似乎跳下去后也不是'溜'，而是在树间'窜'。"关于"'五壮士'是否拔了群众的萝卜"，洪某快在文中写道："葛振林说：'刚才忙着打仗倒不觉得，这会歇下来，才觉得又饿又渴……正巧山地里有些散种的萝卜，我们顾不得了，每人拔个吃着……'"

2015 年 8 月，葛振林之子葛某生起诉至一审法院称：洪某快在《炎黄春秋》2013 年第 11 期杂志上发表了《"狼牙山五壮士"的细节分歧》一文。该文不顾狼牙山五壮士英勇抗击日寇，为掩护老百姓和主力部队转移，主动将日寇引上与主力部队撤退方向相反的山峰绝路，且战且退，直至退至狼牙山绝顶，最后弹尽毁枪，高呼口号，英勇跳崖，慷慨就义的事实，而是用隐晦阴暗的手法，通过所谓考据历史名义或者假借网民、红卫兵之口等手段，引用不同信息来源细节表述上的微小差异，以断章取义、主观推断和故意误导等方式，污蔑、抹黑狼牙山五壮士。其言：狼牙山五壮士不是五个人，是六人，其中一人中途当了汉奸；五壮士不是掩护老百姓和主力部队，只是追赶主力部队；五壮士不是跳崖，其中二人是溜下山坡；五壮士战斗期间拔地里萝卜，违反三大纪律等。洪某快的微博和文章言论，肆意抹黑狼牙山五壮士，在社会上产生了恶劣的负面影响。葛某生请求判令洪某快立即停止侮辱、诽谤、侵犯葛振林等狼牙山五壮士的民族英雄名誉，并在新浪微博上公开道歉，在《人民日报》、《解放军报》、《中国日报》、人民网、新浪网、搜狐网、财经网公开向葛某生赔礼道歉，消除影响，并向葛振林等狼牙山五壮士在天英灵登报谢罪。

洪某快辩称：其所发表的文章是学术文章，没有侮辱性的言辞，且这些文章每一个事实的表述都有相应的根据，而不是自己凭空捏造或者歪曲了史实，不构成侮辱和诽谤。进行历史研究的目的是探求历史真相，行使的是宪法赋予公民的思想自由、学术自由、言论自由权利，任何人无权剥夺。洪某快发表的文章不存在侮辱和诽谤，葛某生要求洪某快向五壮士在天英灵登报谢罪的诉讼请求，没有任何法律根据。葛某生起诉书中所述事实和理由，是一种意识形态领域观点的表达，更多的是对洪某快写作目的、写作动机的一厢情愿的推断和主观臆测，没有事实依据。

一审法院认为：1941 年 10 月 18 日，时任晋察冀军区司令员兼政治委员的聂荣臻签发训令，对宁死不屈、光荣殉国的马宝玉、胡德林、胡福才三位烈士及跳崖负伤的葛振林、宋学义两位同志予以表彰，并号召全体指战员学习。之后，几十年中，"狼牙山五壮士"这一称号在全军、全国人民中广泛传播，获得了普遍的公众认同，成为全军、全国人民学习的榜样和楷模。从这些英雄人物的角度看，他们的英雄事迹反映了他们不怕牺牲、宁死不屈、英勇抗敌的精神。"狼牙山五壮士"的英雄称号，既是国家及公众对他们作为中华民族的优秀儿女在反抗侵略、保家卫国作出巨大牺牲的褒奖，也是他们应当获得的个人名誉和个人荣誉。这些英雄人物及其精神，无论是从我国的历史看，还是从现行法上看，都已经是社会公共利益的一部分。具体到本案，洪某快发表的《小学课本〈狼牙山五壮士〉有多处不实》《"狼牙山五壮士"的细节分歧》两篇文章，其所描述的主要内容是对我国抗日战争史中的狼牙山五壮士英雄事迹的解构。案涉文章具有如下特征：对狼牙山五壮士在狼牙山战斗中所表现的英勇抗敌的事迹和舍生取义的精神这一基本事实，案涉文章自始至终未作出正面评价。相反，其是以考证"在何处跳崖""跳崖是怎么跳的""敌我双方战斗伤亡"以及"'五壮士'是否拔了群众的萝卜"等细节为主要线索，通过援引不同时期的材料、相关当事者不同时期的言论，甚至"文革"时期红卫兵迫害宋学义的言论为主要证据，全然不考虑历史的变迁、各个材料所形成的时代背景以及各个材料的语境。在无充分证据的情况下，案涉文章多处作出似是而非的推测、质疑乃至评价。法院认为，尽管案涉文章无明显侮辱性的语言，但洪某快采取的行为方式却是，通过强调与基本事实无关或者关联不大的细节，引导读者对"狼牙山五壮士"这一英雄人物群体英勇抗敌事迹和舍生取义精神产生质疑，从而否定基本事实的真实性，进而降低他们的英勇形象和精神价值。洪某快的行为方式符合以贬损、丑化的方式损害他人名誉和荣誉权益的特征。在损害后果上，案涉文章经由互联网传播，已经在全国范围内产生了较大的影响。这一点，从案涉文章所引发的后果即可明知，它们不仅损害了葛某生之父葛振林的名誉及荣誉，而且伤害了葛某生的个人感情，在一定范围和程度上伤害了社会公众的民族和历史情感。由于洪某快的行为侵害了葛某生之父葛振林的名誉和荣誉，其应当承担相应的侵权责任。现葛某生要求洪某快立即停止侵犯葛振林等狼牙山五壮士的民族英雄名誉，及要求洪某快在网站、媒体公开向葛某生赔礼道歉、消除影响等诉讼请求于法有据，应予支持。

二、法律问题

英雄烈士的人格权益如何保护？

三、重点提示

本案涉及我国抗日战争史中的"狼牙山五壮士"英雄人物，因"狼牙山五壮士"这一称号在全国人民中广泛传播，获得了普遍的公众认同，成为了全国人民学习的榜样和楷模。因此，"狼牙山五壮士"的英雄称号，既是国家及公众对他们作为中华民族的优秀儿女在反抗侵略、保家卫国作出巨大牺牲的褒奖，也是他们应当获得的个人名誉和个人荣誉。英雄烈士的人格权益，不同于一般普通人的人格权益，英雄烈士的姓名、肖像、荣誉、名誉等人格利益不仅仅是个人的私益，还涉及公共利益。英雄人物的个人名誉、荣誉往往与一定的英雄事件、历史背景、社会共识以及主流价值观相关，侵害英雄烈士的人格利益，在一定范围和程度上也伤害了社会公众的民族和历史情感，因此需要对英雄烈士的人格利益保护加以特别关注。《民法总则》第 185 条新增了英雄烈士人格利益保护的条款，规定："侵害英雄烈士等的姓名、肖像、名誉、荣誉，损害社会公共利益的，应当承担民事责任。"本条的立法背景是，在十二届全国人大五次会议各个代表团审议民法总则草案时，"有的代表提出，现实生活中，一些人利用歪曲事实、诽谤抹黑等方式恶意诋毁侮辱英烈的名誉、荣誉等，损害了社会公共利益，社会影响很恶劣，应对此予以规范。法律委员会经研究认为，英雄和烈士是一个国家和民族精神的体现，是引领社会风尚的标杆，加强对英烈姓名、名誉、荣誉等的法律保护，对于促进社会尊崇英烈，扬善抑恶，弘扬社会主义核心价值观意义重大。据此，建议增加一条规定：侵害英雄烈士的姓名、肖像、名誉、荣誉等，损害社会公共利益的，应当承担民事责任"。[1]

英雄本身并不要求牺牲，而烈士是指那些在革命斗争、保卫祖国、社会

---

〔1〕　第十二届全国人民代表大会法律委员会关于《中华人民共和国民法总则（草案）》审议结果的报告（2017 年 3 月 12 日第十二届全国人民代表大会第五次会议主席团第二次会议通过）。

主义现代化建设事业中及为争取大多数人的合法正当利益而壮烈牺牲的人员。英雄的范围要大于烈士，本条中所指的英雄、烈士不仅是已故的英雄人物，也包括尚在世的英雄人物。侵害英雄烈士的人格权益，是指侵害了英雄烈士的姓名、肖像、名誉与荣誉，并且损害了社会公共利益。但是损害社会公共利益并不是承担侵害英雄烈士人格权益侵权责任的必要构成要件。对于侵害普通人的人格权益以及一般死者生前人格利益，只要加害人对受害人或者死者近亲属的人格权益进行侵犯，符合侵权行为构成要件的，依法就需要承担侵权责任。在这里，损害社会公共利益的表述，扩大了请求权人的范围。不仅受害人或者其近亲属可以主张侵权，损害社会公共利益的，近亲属以外的机构或者个人出于维护公益也可以行使请求权，提出公益诉讼。

本案中被告辩称其所发表的文章是学术文章，没有侮辱性的言辞，且这些文章每一个事实的表述都有相应的根据，而不是自己凭空捏造或者歪曲了史实，不构成侮辱和诽谤。进行历史研究的目的是探求历史真相，行使的是宪法赋予公民的思想自由、学术自由、言论自由权利，任何人无权剥夺。现代社会是多元社会，每个人都可以有自己的价值观与世界观，任何强权也无法要求人类统一思想，因此为了维护多元价值，需要对言论自由进行保护，允许意见表达的自由。但是言论自由也有边界，不能侵犯他人合法权利和社会公共利益。只要言论或者意见表达的内容没有侮辱他人人格，损害他人名誉的，尽管是批评性言论也不属于侵害他人名誉权。所以，单纯的历史考证、学术研究对英雄人物作出不同的历史评价是允许的，但恶意抹黑、贬损、丑化英雄人物就是对英雄烈士人格权益的侵犯，是对公众的民族情感的践踏。司法实践也认识到了此类案件涉及的利益更为复杂，言论自由、学术自由与个人权益之间的界限更难加以判定，这就需要在个案审查中既要保护英雄烈士的人格权益，也不能过多限制、干预言论自由，要在多个利益之间进行合理衡量。

关于死者生前人格权益保护的问题，《民法通则》并没有相关规定。随后，司法解释对保护死者生前人格利益作出了细致的规定，最早是1989年最高人民法院对"荷花女案"作出《关于死亡人的名誉权应受法律保护的函》（已失效），首次明确了死者人格利益应受法律保护。随后，2001年的《侵权精神损害赔偿解释》第3条详细地说明了死者生前人格利益受保护的范围以及通过对近亲属权益的保护实现对死者人格利益的保护。对已故的英雄烈士人格权益的保护，可以借由此侵权法上的制度安排来实现，以保护英雄烈士的姓名、肖像、名誉和荣誉等人格利益。特别是侵犯已故英雄烈士的人格利益，但尚未构成侵害公共利益的，近亲属有权利通过上述规范实现死者生前人格利益的保护。

案例三：庞某鹏与北京趣拿信息技术有限公司等隐私权纠纷[1]

1-5 判决书全文

一、基本案情

2014 年 10 月 11 日，原告庞某鹏委托鲁某通过去哪儿网平台（www.qunar.com）订购了 2014 年 10 月 14 日 MU5492 泸州至北京的东航机票 1 张，所选机票代理商为长沙星旅票务代理公司（以下简称星旅公司）。去哪儿网订单详情页面显示该订单登记的乘机人信息包括原告姓名及身份证号，联系人信息、报销信息均为鲁某及其尾号 1858 的手机号，并载有如下提示："为保障资金安全，请务必使用在线支付，切勿通过搜索引擎或拨打来路不明的 400 电话进行银行 ATM 机转账。"同日，趣拿公司发件人为 106903330762（25）号向鲁某尾号 1850 发送短信："2014-10-14，泸州蓝天机场到北京首都机场 T2 的 MU5492 航班（16∶10 起飞/19∶10 到达）已出票。……星旅航空优选，唯一客服电话：010-89930736。订单查询/退票改签请点击 http://d.qunar.com/klxZha。"趣拿公司同时向鲁某发送了提醒短信："尊敬的用户，温馨提醒您：警惕以飞机故障、航班取消为诱饵的诈骗短信，请勿拨打短信中的电话。……"

2014 年 10 月 13 日，庞某鹏尾号 9949 手机号收到号码为 0085255160529 的发件人发来短信："……您预订 2014 年 10 月 14 日 16∶10 起飞 19∶10 抵达的 MU5492 次航班（泸州-北京首都）由于机械故障已取消，请收到短信后

---

[1] 一审判决书：北京市海淀区人民法院法院（2015）海民初字第 10634 号。二审判决书：北京市第一中级人民法院（2017）京 01 民终 509 号。

及时联系客服办理改签业务，以免耽误您的行程，服务热线 4008 - 129 - 218 [注：改签乘客需要先支付 20 元改签手续费，改签成功后每位乘客额外得到补偿 200 元]……"上述号码来源不明，未向鲁某发送类似短信。鲁某知晓上述短信后拨打东航客服电话 95530 予以核实，客服人员确认该次航班正常，并提示庞某鹏收到的短信应属诈骗短信。关于诈骗短信为何发至庞某鹏本人，客服人员解释称通过该机票信息可查看到开头 136、尾号 949 手机号码及开头 189、尾号 280 手机号码，可能由订票点泄露了庞某鹏手机号码。鲁某在通话中向客服人员确认了尾号 9949 系庞某鹏本人号码。2014 年 10 月 14 日，东航客服 95530 向庞某鹏号码发送通知短信："……由于飞机故障，您原定 10 月 14 日泸州蓝田机场飞往北京首都机场的 MU5492，时刻调整至 19：50 泸州蓝田机场起飞，预计 22：30 到达北京首都机场。……"鲁某遂拨打 95530 予以确认，得到答复为该次航班确因故障延误。此后庞某鹏又两次收到 95530 发来的航班时刻调整短信通知。当日晚 19：43，鲁某再次拨打 95530 确认航班时刻，被告知该航班已取消。

庞某鹏以趣拿公司和东航泄露其隐私信息包括姓名、尾号 9949 手机号、行程安排（包括起落时间、地点、航班信息），侵害其隐私权为由向北京市海淀区人民法院提起诉讼，并要求趣拿公司和东航承担连带责任。同时，庞某鹏主张诈骗短信对其行程安排造成困扰，进而影响其工作，故要求精神损害抚慰金。趣拿公司主张涉案机票从星旅公司购买，去哪儿网仅为网络交易平台，趣拿公司在本次机票订单中未接触庞某鹏手机号码，且趣拿公司已向鲁某发送谨防诈骗短信，尽到了提示义务。东航主张该公司通过中航信提供订票系统服务，订票信息不存储于东航系统中，星旅公司向东航购买涉案机票时仅留存尾号 1280 手机号。

一审法院认为：本案中，庞某鹏委托鲁某通过去哪儿网购买机票时未留存庞某鹏本人尾号 9949 手机号，本案机票的代理商星旅公司未获得庞某鹏手机号，星旅公司向东航购买机票时亦未留存庞某鹏号码，故法院无法确认趣拿公司及东航在本案机票购买过程中接触到庞某鹏手机号。趣拿公司和东航在本案机票订购时未获取庞某鹏号码，现无证据证明趣拿公司和东航将庞某鹏过往留存的手机号与本案机票信息匹配予以泄露，且趣拿公司和东航并非掌握庞某鹏个人信息的唯一介体，法院无法确认趣拿公司和东航存在泄露庞某鹏隐私信息的侵权行为，故庞某鹏的诉讼请求缺乏事实依据，法院不予支持。

庞某鹏不服一审法院的判决，向北京市第一中级人民法院提出上诉。东航在本案二审中提出，姓名、电话号码及行程安排等事项是运输合同中的内容，不构成隐私信息，因而其并没有侵犯隐私权的行为。东航和趣拿公司提出中航信更有可能泄露庞某鹏信息的抗辩事由。二审法院审理认为：本案中，庞某鹏被泄露的信息包括姓名、尾号 9949 手机号、行程安排（包括起落时间、地点、航班信息）等，其行程安排无疑属于私人活动信息，从而应该属于隐私信息，可以通过本案的隐私权纠纷主张救济。从收集证据的资金、技术等成本上看，作为普通人的庞某鹏根本不具备对东航、趣拿公司内部数据信息管理是否存在漏洞等情况进行举证证明的能力。因此，客观上，法律不能也不应要求庞某鹏确凿地证明必定是东航或趣拿公司泄露了其隐私信息。在本案所涉事件发生前后的一段时间，东航、趣拿公司和中航信被多家媒体质疑存在泄露乘客信息的情况。这一特殊背景因素在很大程度上强化了东航、趣拿公司和中航信泄露庞某鹏隐私信息的可能。综上，本院认定东航、趣拿公司存在泄露庞某鹏隐私信息的高度可能，应当承担侵犯隐私权的相应侵权责任。[1]

二、法律问题

自然人的姓名、手机号码以及行程信息是否属于隐私？

三、重点提示

隐私（Privacy）尚无一个统一的定义，但是作为民法规范保护的隐私权，至少包括个人住宅安宁不受侵犯、私人秘密、私人生活状况不受侵犯、私人信息未经许可不得公布等内容。自然人的隐私关系到个人的人格尊严与人格自由发展，保护私人的生活领域免受他人干扰、自己控制私人信息，是实现人性尊严与人格自由的必要手段。我国民法上对隐私权的保护，经历了三个主要阶段：第一阶段是通过名誉权保护隐私；《最高人民法院关于贯彻执行〈中华人民共和国民法通则〉若干问题的意见（试行）》第 140 条第 1 款规

---

〔1〕　本案二审判决因逻辑清晰、论证严密、说理透彻，被评为 2018 年北京法院优秀裁判文书一等奖。

定："以书面、口头等形式宣扬他人的隐私，或者捏造事实公然丑化他人人格，以及用侮辱、诽谤等方式损害他人名誉，造成一定影响的，应当认定为侵害公民名誉权的行为。"1993 年《最高人民法院关于审理名誉权案件若干问题的解答》、1998 年《最高人民法院关于审理名誉权案件若干问题的解释》均延续了该意见的名誉权保护思路，隐私不具有独立的保护价值。第二阶段是 2001 年最高人民法院《侵权精神损害赔偿解释》对隐私的保护出现转向，其第 1 条第 2 款规定："违反社会公共利益、社会公德侵害他人隐私或者其他人格利益，受害人以侵权为由向人民法院起诉请求精神损害赔偿的，人民法院应当依法予以受理。"隐私成为独立的一项人格利益，在司法解释中通过违反"公序良俗"而受到保护。第三阶段就是立法上承认隐私是一项独立的人格权。2009 年的《侵权责任法》第 2 条第 2 款列举了受保护的民事权益，其中明确了隐私权，并与其他人格权利并列。隐私权自此获得法定地位。

隐私权的核心内容之一，即是私人信息未经许可不得公开。随着现代社会的发展，个人信息，特别是能够形成人格形象的信息都是隐私的重要组成内容。所谓个人信息，是指与特定个人相关联，以电子方式或者其他方式记录的能够单独或者与其他信息结合识别自然人个人身份的各种符号系统，包括但不限于自然人的姓名、出生日期、身份证号码、个人生物识别信息、住址、电话号码、工作履历、家庭状况、财产状况、健康信息以及私人活动信息等。《民法总则》第 111 条规定："自然人的个人信息受法律保护。任何组织和个人需要获取他人个人信息的，应当依法取得并确保信息安全，不得非法收集、使用、加工、传输他人个人信息，不得非法买卖、提供或者公开他人个人信息。"也就是在通过隐私权保护个人信息之外，专门规定了个人信息的保护。个人信息的范围要比隐私信息的范围大得多，不仅包括属于隐私的个人信息，还包括一些高度公开的、不属于隐私的信息。例如姓名、电话号码、工作单位信息等，出于交流和社会交往的需要，这些信息在一定范围内是公开的，很难受到隐私权的保护，但是作为个人信息仍有特定的财产价值，需要法律加以保护。[1]

---

〔1〕 关于隐私与个人信息之间的区别与联系，参见王利明："论个人信息权的法律保护"，载《现在法学》2013 年第 4 期。

本案中，庞某鹏被泄露的信息包括姓名、尾号 9949 手机号、行程安排（包括起落时间、地点、航班信息）等，其行程安排无疑属于私人活动信息，但是姓名、电话、行程安排是否属于隐私信息，决定了当事人在诉讼中的请求权基础以及后续的权利救济。相比于个人信息，隐私信息与个人的人格尊严显然更具有紧密联系，因部分信息具有敏感性（病例信息、财产账户），更接近个人隐私的范围。实际上，姓名、电话号码是典型的个人信息，并且属于公开程度很高的个人信息，不能作为隐私的内容加以保护。但是个人的行程安排，或者说私人活动信息则属于个人的私人生活、私人秘密范畴。根据《最高人民法院关于审理利用信息网络侵害人身权益民事纠纷案件适用法律若干问题的规定》第 12 条的规定，自然人的基因信息、病历资料、健康检查资料、犯罪记录、家庭住址、私人活动等属于个人隐私。本案中的行程信息是私人活动的范畴，不与姓名、手机号码相匹配也无法识别特定的个人，不属于对个人隐私的侵犯。但与姓名、手机号码（特别是实名制下的手机号码）联系在一起可以进行准确的个人识别，获取私人活动信息。在本案中将姓名、手机号和行程信息相结合，一并归入个人隐私进行一体保护具有合理性且便于操作。

◆ 拓展资料

1-6

第二专题　网络虚拟财产保护

◆ 知识概要

科学技术日新月异的今天，互联网的产生与兴起带动了网络经济、网络服务产业的高速发展，同时也创造了新事物——网络虚拟财产。网络虚拟财产是以一定的数据、信息、符号存储在网络中的虚拟物，[1]例如网络游戏中的道具、金币等，因其可以购买、交易并具有特定的经济价值，属于民事主体的财产内容之一，需要法律对其提供保护。司法实践中关于网络虚拟财产纠纷的出现，可以追溯到 2004 年的李某宏诉北极冰科技公司服务合同纠纷案。[2]也正是此案件的判决开创了我国网络虚拟财产司法保护的先河，并在民事司法实践中确立了网络虚拟财产的财产地位。我国一直缺乏针对网络虚拟财产的权利界定与法律构造的相关规范，学理上对此问题的研究也尚未形成统一意见，但是并不妨碍《民法总则》在民事权利章节中概括地表达对网络虚拟财产的保护。《民法总则》第 127 条规定，"法律对数据、网络虚拟财产的保护有规定的，依照其规定"，拉开了法律规范保护网络虚拟财产的序幕。该条款是网络虚拟财产权利在民事权利体系中的一般性规定，并且连接了有关网络虚拟财产的一般规定与特别规定。

2-1　网络虚拟财产的定义

经典案例

案例：何某家与广州网易计算机系统有限公司财产损害赔偿纠纷案[3]

2-2　判决书原文

---

[1]　参见陈旭琴、戈壁泉："论网络虚拟财产的法律属性"，载《浙江学刊》2004 年第 5 期。

[2]　北京市第二中级人民法院（2004）二中民终字第 02877 号民事判决书。

[3]　一审判决书：厦门市思明区人民法院（2014）思民初字第 354 号。二审判决书：厦门市中级人民法院（2014）厦民终字第 3611 号。

一、基本案情

网易公司是涉案游戏"梦幻西游"的运营商。根据目前"梦幻西游"游戏系统设置，用户需要点击同意《网易通行证服务条款》注册网易通行证账户；待登录游戏完成后，需点击"我接受"同意《梦幻西游服务条款》和《梦幻西游玩家守则》，才能成功参与游戏；下载安装游戏客户端软件时也需要点击接受《梦幻西游最终用户使用许可协议》后才能解压安装游戏程序；玩家登录进入"藏宝阁"进行虚拟物品交易时，需点击同意《"藏宝阁"网上交易平台服务条款》。

何某家系网易公司所属的网络游戏"梦幻西游"的游戏玩家，于 2007 年 11 月始陆续向网易公司申请注册了包括 hjj2234、hejianjia2003、hjj198299 等 72 个网易通行证账号。2013 年 1 月 1 日～2013 年 5 月 16 日，何某家通过其名下 hjj2234、hjj9919、hjj601、hjj9915、hjj2235、hjj700、hjj6685、hjj960、hjj9912、hjj198299、hjj910、hjj2236、hjj12341234、hjj6689、hjj6687、hjj958、hjj6682、hjj9917、hejianjia2003、hjj966、hjj689、hjj800、hjj965、xy6mp、hjjxmxmxm、hjj19822008、hjj656、hjj786、hjj900、hjjxmxm、hjj856、hjj955、hjj2237、hjj5932861、hjj901、hjj926、hjj927、hjj933、hjj935、hjj956、hjj6683、hjj6lg、hjj9916 共 43 个账号下的 1072 个游戏角色，转移服务器 2685 次，并通过上述账号在网易公司的"藏宝阁交易平台"购买游戏币消费 854 909.22 元，出售游戏币获得 1 104 586.16 元。具体过程为：何某家在游戏币价值比较低的服务器购买游戏币，然后用游戏币购买游戏道具后通过游戏角色携带游戏道具转至游戏币价值比较高的服务器，出售游戏道具获得游戏币后再在"藏宝阁交易平台"出售游戏币以赚取差价。何某家需因在线游戏及转移服务器而消费点卡（一种用于网络游戏的虚拟货币），其中因转服务器消费点卡 55 4850 点，折合 55 485 元。何某家在"藏宝阁交易平台"成功出售游戏币后，亦需向网易公司缴纳一定比例的居间费（信息费）。

2013 年 5 月 16 日，网易公司向何某家发出《账号处罚通知》，以何某家"利用游戏内容牟取不正当利益"为由对何某家名下上述 43 个账号作出"角色隔离和扣除该角色内游戏币"的处罚处理。通知书中载明："经过调查，您的游戏角色因涉及牟取不正当利益行为，违反梦幻西游《服务条款》'用户的义务'中关于用户不得牟取不正当利益之约定，已对该角色作出'暂时隔离'和'回收游戏币'的处理。请您留意：'回收游戏币'属于'回收游戏道具'的一种……"网易公司共扣除何某家上述账号内游戏币 3 649 183 905 两（系游戏币价值单位），并扣除账号 hjj900 人民币 8215.18 元、扣除账号 hjj198299 人民币 12 534.23 元、扣除账号 hjj19822008 人民币 6968.51 元，共计扣除人民币 27 717.92 元。

何某家向一审法院起诉，请求判令网易公司归还何某家账户内人民币 64 210.81 元，即 27 717.92 元现金（指法定货币）及折合 36 492.89 元的游戏币；网易公司解除对何某家所有的网易账号下封号 ID 的查封并归还何某家账号下被没收的全部游戏道具（包括游戏道具及其他虚拟财产），并由网易公司赔偿何某家冻结账号所造成的损失共计 6632 元。网易公司辩称：原告何某家点击"我接受"同意《梦幻西游服务条款》和《梦幻西游玩家守则》，《梦幻西游服务条款》"注意"部分写明："请用户仔细阅读以下全部内容。如用户不同意本服务条款任意内容，请不要点击'接受'键。当用户在线点击'接受'键时，则应视为用户已经详细阅读并同意本条款的内容，且同意遵守本协议的规定。此后，用户不得以未阅读本服务条款内容作任何形式的抗辩。"该服务条款第 3 条约定，"游戏道具包括但不限于游戏币、道具等，其所有权归网易公司所有，用户只能在合乎法律规定和游戏规则的情况下使用"；第 7 条第 10 款约定，"为避免破坏游戏的公平性或平衡性，用户同意并理解其只能通过《梦幻西游》的产品和服务进行正常的娱乐互动，以及基于该娱乐互动的需要而于网易公司提供或认可的交易平台上交易游戏道具。除上述情形之外的游戏道具交易或其他任何牟利情形将被视为牟取不正当利益，包括但不限于用户利用多个游戏角色以营利为目的交易游戏道具、充当游戏道具交易中介收取中介费等。网易公司有权对牟取不正当利益的用户同时采取以下措施：对所有参与牟取不正当利益的相关通行证账号（包括但不限于获得、转移、出售游戏道具的账号）进行倒扣数值、回收游戏道具、暂时隔离、永久隔离、强制离线、封停账号、删除档案及采取其他技术措施防止用户从事该行为；情节严重的，网易公司保留追究用户法律责任的权利"。

原审法院认为，按照网易公司所设置的游戏程序，何某家多次在各服务器上进行角色转换以及在"藏宝阁交易平台"出售、购买游戏币以及游戏道具获取利益，是在网易公司知情且同意之下进行。网易公司作为格式条款的提供者，未事先约定"正常娱乐互动"的客观判断标准，在发生争议时作出有利于自己的解释将损害用户的利益，显失公平。因此，网易公司对何某家案涉43个账号的处罚行为不具有正当性，侵犯了何某家的合法权益，依法应承担侵权责任。网易公司不服一审判决，向二审法院提起上诉，主张根据服务条款约定，游戏道具包括但不限于游戏币、道具等，其所有权归网易公司所有。因此，网易公司没收涉案账号中的游戏币，并未侵犯何某家的权益。二审法院经审理，判决驳回上诉人广州网易计算机系统有限公司的上诉请求，维持原判。

二、法律问题

本案中网易公司对游戏用户的管理行为是否属于侵权行为？

三、法理分析

本案中的涉案标的物是典型的网络虚拟财产，尽管网络虚拟财产并没有学界统一接受的定义，但是账号ID、游戏道具、虚拟货币等属于网络虚拟财产的范畴却被普遍认同。本案的案情并不复杂，是网易公司作为涉案游戏"梦幻西游"的运营商，发现其注册用户何某家"利用游戏内容牟取不正当利益"，并对何某家名下的43个账号作出"角色隔离和扣除该角色内游戏币"的处罚处理。网易公司共扣除何某家账号内游戏币3 649 183 905两（系游戏币价值单位），并扣除账号hjj900人民币8215.18元、扣除账号hjj198299人民币12 534.23元、扣除账号hjj19822008人民币6968.51元，共计扣除人民币27 717.92元。本案的核心争议问题是网易公司对游戏用户的处罚行为是否正当，或者说是否构成了侵权。要判断网易公司对其注册用户的管理行为是否正当，就要回到双方当事人签订的网络服务合同，在本案中，也就是网易公司主张其行为正当的依据——《梦幻西游服务条款》。《梦幻西游服务条款》是网络游戏运营商网易公司提供的格式条款，游戏用户在登录使用游戏前需要点击"我愿意"同意《梦幻西游服务条款》和《梦幻西游玩家守则》，才能成功参与游戏。注册用户何某家点击"我愿意"同意上述格式条款，双方当事人意思表示真实，不违反法律的规定，该服务条款作为网络游戏服务合同的内容对双方当事人均具有约束力。

网易公司主张，根据该服务条款的第 7 条第 10 款 "为避免破坏游戏的公平性或平衡性，用户同意并理解其只能通过《梦幻西游》的产品和服务进行正常的娱乐互动，以及基于该娱乐互动的需要而于网易公司提供或认可的交易平台上交易游戏道具。除上述情形之外的游戏道具交易或其他任何牟利情形将被视为牟取不正当利益，包括但不限于用户利用多个游戏角色以营利为目的交易游戏道具、充当游戏道具交易中介收取中介费等。网易公司有权对牟取不正当利益的用户同时采取以下措施：对所有参与牟取不正当利益的相关通行证账号（包括但不限于获得、转移、出售游戏道具的账号）进行倒扣数值、回收游戏道具、暂时隔离、永久隔离、强制离线、封停账号、删除档案及采取其他技术措施防止用户从事该行为；情节严重的，网易公司保留追究用户法律责任的权利"，其有权管理并处罚原告何某家 "利用游戏内容牟取不正当利益" 的行为。而原告何某家接受网易公司处罚的前提是其游戏行为已经超出了 "正常的娱乐互动"，构成 "牟取不正当利益"。何谓 "正常的娱乐互动" 就成为判断网易公司处罚行为正当与否的关键。

实际上，按照网易公司设定的游戏规则，当然存在玩家通过网易公司所提供的 "藏宝阁交易平台" 交易游戏道具并获利的可能，且这种交易本身也是网易公司设定的娱乐形式之一。网易公司在其格式条款中使用 "正常的娱乐互动" 这一表述限制用户的游戏交易行为，却并没有对其加以解释，也没有提出 "正常的娱乐互动" 行为的判断标准，或者告知游戏玩家客观标准。因网易公司是格式条款的提供者，依据《合同法》第 41 条 "对格式条款的理解发生争议的，应当按照通常理解予以解释。对格式条款有两种以上解释的，应当作出不利于提供格式条款一方的解释。格式条款和非格式条款不一致的，应当采用非格式条款"，网易公司对 "正常的娱乐互动" 的解释不应得到支持。原告何某家通过游戏变更服务器、进行道具交易等行为并没有违反法律规定，也没有违反合同约定，因此，网易公司的处罚行为当然不存在正当性。

论证网易公司 "角色隔离和扣除该角色内游戏币" 的行为不具有正当性之后，就需要判断网易公司的行为是否构成侵权。原告何某家通过游戏变更服务器、进行道具交易等行为并没有违反法律规定，也没有违反合同的约定，网易公司直接采取 "角色隔离和扣除该角色内游戏币" 的处罚行为，限制何某家继续游戏活动，显然违反了网络游戏服务合同的约定，其行为存在过错。网易公司在上诉中主张，根据服务条款第 3 条的约定，游戏道具包括但不限于游戏币、道具等，其所有权归网易公司所有，何某家的权益并未因网易公司的处罚受到事实上的损害，即不存在损害。二审判决中，法院在回应网易公司的主张时，仅仅提到"网易公司对何某家所做的角色隔离和扣除游戏币的处罚，导致何某家在相应角色和游戏道具的使用上受到限制或存在障碍，网易公司主张何某家未因处罚受到实际损害，与事实不符，本院不予采纳"，并没有展开论述游戏用户受到何种损害以及何种权利受到侵害。想要确定本案中的游戏玩家是否存在损害，就需要回到网络虚拟财产的法律性质问题。实际上，学界对网络虚拟财产的研究也主要集中在对其法律性质的探讨，因为一旦能够确定网络虚拟财产权利的性质，就可以在现行民事法律体系中为其提供一整套现成的法律规范。遗憾的是，到目前为止还没有压倒性的或者被普遍接受的学说出现，而争议主要集中在物权说与债权说。物权说的观点认为，网络虚拟财产是一种特殊的物，权利人可以对网络虚拟财产进行支配和处分，也因此网络虚拟财产权具有对世性与排他性；[1]债权说的观点认为，应从网络服务提供者与权利人之间的服务合同关系出发，将网络虚拟财产的取得、转让、灭失等视为一种债的关系。[2]

尽管对于网络虚拟财产的法律性质并没有统一的结论，但是并不妨碍对网络虚拟财产权利进行救济。在本案中，双方当事人通过服务条款约定游戏道具包括但不限于游戏币、道具等，其所有权归网易公司所有，游戏玩家通过合约取得这些网络虚拟财产的使用权，因此游戏玩家也当然享有网络虚拟财产权利。在网络游戏中，玩家未接受网络游戏服务之前，游戏运营商对游戏中道具等虚拟财产享有所有权，玩家同意接受服务后，运营商会按照服务合同将道具、装备等虚拟财产许可给玩家使用，玩家当然也享有网络虚拟财产权利，此种权利就是建立在合同之债上的请求权。另一方面，网络游戏运营商向游戏玩家提供服务，且是完整的、相互关联的一整套服务，例如信息传输、储存、搜索等，并不仅仅是数据形成的代码或者账号密码等权利外观

---

〔1〕 参见杨立新、王中合："论网络虚拟财产的物权属性及其基本规则"，载《国家检察官学院学报》2004 年第 6 期；林旭霞："虚拟财产权性质论"，载《中国法学》2009 年第 1 期。

〔2〕 参见陈旭琴、戈壁泉："论网络虚拟财产的法律属性"，载《浙江学刊》2004 年第 5 期。

表征。在这一整套的网络服务中,游戏玩家或者注册用户当然享有网络虚拟财产权利,并且贯穿网络服务合同始终。本案中,网易公司对何某家所做的角色隔离和扣除游戏币的处罚,导致何某家在相应角色和游戏道具的使用上受到限制或存在障碍,其对游戏道具、游戏币等网络虚拟财产的使用权受到侵害,且游戏玩家的损害与网易公司的处罚行为具有因果关系,网易公司侵犯了何某家的合法权益,依法应承担侵权责任。

四、参考意见

1. 目前网络游戏、网络支付、网络平台以及手机 APP 服务等合同均是运营商提供的格式条款。依据我国《合同法》以及相关司法解释的规定,格式条款有多种解释或者合同约定不明的,应当作出不利于提供格式条款一方的解释。格式条款和非格式条款不一致的,应当采用非格式条款。因格式条款是一方当事人预先提供,在同类的契约关系中被反复使用,且提供格式条款的一方当事人往往是大企业并具有明显的优势地位,对合同条款作出不利于提供方的解释,也是民法实质公平的体现。本案中,网易公司在其格式条款中使用"正常的娱乐互动"这一表述限制用户的游戏交易行为,却并没有对其加以解释,也没有提出"正常的娱乐互动"行为的判断标准,或者告知游戏玩家客观标准。游戏玩家通过交易平台交易游戏道具的行为不应认定为牟取不正当利益,对其的处罚行为也不具有正当性。

2. 网络虚拟财产是随着互联网兴起而产生的新事物,因其可以购买、交易并具有特定的经济价值,属于民事主体的财产内容之一,且需要法律提供保护。对于网络虚拟财产的性质,目前还没有形成统一的认识,但是并不妨碍对网络虚拟财产权利进行救济。本案中,网易公司对何某家所做的角色隔离和扣除游戏币的处罚,导致何某家在相应角色和游戏道具的使用上受到限制或存在障碍,其对游戏道具、游戏币等网络虚拟财产的使用权受到侵害。网易公司的处罚行为不具有正当性,对其造成游戏玩家权利受损存在过错,且具有因果关系,侵犯了何某家的合法权益,依法应承担侵权责任。基于双方当事人之间签订的网络游戏服务合同真实有效且对双方具有约束力,游戏玩家也可以通过合同条款追究游戏运营商的法律责任。

拓展案例

案例一：孔某兴与广州网易计算机系统
有限公司网络服务合同纠纷案[1]

2-3　判决书全文

一、基本案情

网易公司是涉案游戏"梦幻西游"的运营商。根据目前"梦幻西游"游戏系统设置，用户需要点击同意《网易通行证服务条款》注册网易通行证账户；待登录游戏完成后，需点击"我接受"同意《梦幻西游服务条款》和《梦幻西游玩家守则》，才能成功参与游戏；下载安装游戏客户端软件时也需要点击接受《梦幻西游最终用户使用许可协议》后才能解压安装游戏程序；玩家登录进入"藏宝阁"进行虚拟物品交易时，需点击同意《"藏宝阁"网上交易平台服务条款》。孔某兴向网易公司申请注册包括 ni＊＊＊2wo@163. com 在内共计 59 个游戏账号。孔某兴出售的游戏币单位数量占其获取游戏币单位数量的 80% 以上，使用 15 个游戏账号需花费大量时间才能完成游戏中的任务。网易公司提供孔某兴名下 ni＊＊＊2wo、wo9s＊＊＊wo、wo9s＊＊＊jia 游戏账号出售游戏币清单，显示自 2012 年 7 月 31 日～2013 年 5 月 31 日期间出售的游戏币交易金额为 38 797. 8 元。

网易公司经过技术判断，认为自 2012 年 7 月 27 日～2013 年 8 月 1 日的共 370 天里，孔某兴的 15 个账号每天不停作任务，平均每天要完成捉鬼任务 111 次、运镖任务 246 次、师门任务 10 次、副本任务 6 次，根据一个熟练玩家每个任务所需的最少时间来预估，每天至少需花费 34. 6 个小时才能完成这些任务。所以，推断这 15 个账号至少有 3 个人控制 3 台电脑同时运行，每天

[1]　一审判决书：广东省广州市天河区人民法院（2013）穗天法民二初字第 4742 号。

玩游戏近 12 个小时才能完成每日的任务量。孔某兴背后应该有一个 3 人专门打金的团队，该团队通过不断赚取游戏内的游戏币出售牟利。孔某兴共获得近 40 亿两游戏币（又称梦幻币、mhb），其中 80% 多用于出售牟利（高达 35 亿两），仅 20% 不到重新投入到游戏当中。孔某兴的目的并非体验游戏乐趣，属于利用游戏牟取商业利益。根据《网易通行证服务条款》第 8 条："用户承诺，非经网易公司同意，用户不能利用网易各项服务进行销售或其他商业用途。如用户需要将服务用于商业用途，应书面通知网易并获得网易的明确授权"，《梦幻西游服务条款》第 3 条："游戏道具包括但不限于游戏币、道具等，其所有权归网易公司所有，用户只能在合乎法律规定和游戏规则的情况下使用"，第 7 条第 10 款："为避免破坏游戏的公平性或平衡性，用户同意并理解其只能通过《梦幻西游 2》的产品和服务进行正常的娱乐活动，以及基于该娱乐互动的需要而于网易公司提供或认可的交易平台上交易游戏道具。除上述情形之外的游戏道具交易或其他任何牟利情形将被视为牟取不正当利益，包括但不限于用户利用多个游戏角色以营利为目的的交易游戏道具、充当游戏道具交易中介收取中介费等。网易公司有权对牟取不正当利益的用户同时采取以下措施：对所有参与牟取不正当利益的相关通行证账号（包括但不限于获得、转移、出售游戏道具的账号）进行倒扣数值、回收游戏道具、暂时隔离、永久隔离、强制离线、封停账号、删除档案及采取其他技术措施防止用户从事该等行为；情节严重的，网易公司保留追究用户法律责任的权利"，以及《〈网易梦幻西游 online〉"藏宝阁"网上交易平台服务条款》第 1 条第 5 项："考察期，为了保障交易安全，在'藏宝阁交易平台'交易的部分'交易标的'及'卖方应收取的交易款项'在出售后，将经过一定考察期间。考察期内，若任何第三方或买卖双方任何一方对该笔交易提出异议，或网易公司发现交易异常，网易公司都将进行查证，经查证交易确属违反法律法规规定或《梦幻西游 2》服务条款及玩家守则约定的，网易公司有权终止该笔交易或者直接扣除卖方应收取的交易款项，网易公司有权决定对何种'交易标的'及'卖方应收取的交易款项'设置考察期，以及考察期的时长，并在'藏宝阁交易平台'公示"，网易公司采取"暂时隔离""回收游戏币"和"直接扣除卖方应收取的交易款项"措施，扣除孔某兴名下 3 个游戏账号藏宝阁交易款合计 836.45 元，扣除其游戏币 1.9 亿两（价值 2161 元）。

孔某兴起诉至法院，认为网易公司擅自作出扣除其藏宝阁交易款项、隔离游戏账号内角色及没收虚拟财产的行为属于违法行为，已侵犯了原告的合法权益，应承担相应的法律责任。法院经审理认为，孔某兴合法设立游戏账号 ni * * * 2wo、wo9s * * * wo、wo9s * * * jia 参与"梦幻西游2"游戏，表明孔某兴同意遵守网易公司制定的《网易通行证服务条款》《服务条款》和《玩家守则》的规定，因此，上述条款和守则对孔某兴、网易公司具有约束力。原告自 2012 年 7 月 31 日~2013 年 5 月 31 日期间出售的游戏币交易金额为 38 797.8 元，明显是以营利为目的，孔某兴牟取商业利益的行为违反《网易通行证服务条款》《服务条款》和《玩家守则》的规定，属于违约行为。网易公司据此有权依约扣除孔某兴出售游戏币所得款项、隔离孔某兴名下相关账号。

二、法律问题

本案中网易公司对游戏用户的管理行为是否属于侵权行为？

三、重点提示

实际上，本案与上文的经典案例在事实方面十分相似，均是网易公司同一款游戏的玩家通过交易游戏道具或者游戏币等网络虚拟财产营利。但是本案的判决却与上一案例的判决截然相反。在上一案例中，一、二审法院均认为网易公司提供的《服务条款》等格式条款中使用"正常的娱乐互动""牟取不正当利益"这类表述限制用户的游戏交易行为，却并没有对其加以解释，也没有提出明确的判断标准，或者告知游戏玩家客观标准。因此，应当对该格式条款作出不利于格式条款提供者的解释，而不应对游戏玩家进行处罚。但是在本案中，法院认为双方当事人签订的服务合同是双方当事人真实意思表示，对双方当事人具有约束力。网易公司依据合同条款，对玩家的网络虚拟财产交易行为有权利进行管理和处罚，且直接认定原告出售游戏币的行为，明显是以营利为目的，牟取商业利益，违反了《网易通行证服务条款》《服务条款》和《玩家守则》的规定，属于违约行为，网易公司可以直接进行处罚。同一类型的案件，甚至被告为同一当事人，司法实践中的结论却截然相反。上述两个案件并不是特例，笔者还发现以网易公司为被告的类似案件为数不少，这也反映出我国在网络虚拟财产方面规则的缺失，以致同案不同判的现象频频发生。

关于本案中网易公司的处罚行为是否构成侵害网络游戏玩家的虚拟财产权利，其分析思路应与上一案例相同。首先需要确定网易公司处罚游戏玩家的行为是否具有正当性，这就需要在双方当事人之间签订的网络服务合同框架内进行确认。而确定网易公司的行为是否正当，需要以游戏玩家的行为是否超出"正常的娱乐互动"，构成"牟取不正当利益"为前提，使得问题又回到了格式条款的解释范畴。不仅仅是网络游戏领域的格式条款，随着互联网行业的深度发展，电子合同的使用愈加频繁，智能手机上的APP、支付宝、京东白条等应用程序在下载、安装时都需要用户同意运营商提供的服务合同，而这些服务合同主要由格式条款构成。实际上，大多数用户在选择"同意"格式条款之前，并不会认真阅读甚至根本不会阅读格式条款的具体内容。一旦双方当事人之间发生纠纷，按照合同约定的内容，通常情况下消费者都很难实现维权。传统民法典的合同编是以单独协商缔约作为债权债务法律关系发生的基本样态，并在此基础上供给法律规范，实现对合同当事人的权利义务配置。现代社会发展，使得格式合同成为缔约的主要方式，传统法典在面对新问题时需要提供更多的解决方案，这恰恰是我国民法典编纂过程中需要关注的问题。

案例二：刘某诉上海盛大网络发展有限公司服务合同纠纷案[1]

2-4　案例选原文

一、基本案情

被告盛大公司是网络游戏热血传奇的运营商，原告刘某是该款游戏的玩家，其账号为1386852825，在游戏中的角色名为水≈统一天下。案外人陈某静也系热血传奇的玩家，其账号为771105，角色名为≡风生水起≡。

---

〔1〕　一审判决书：上海市浦东新区人民法院（2007）浦民一（民）初字第12468号。本案载《人民司法·案例》2009年第8期，本案评论：徐飞："虚拟财产被盗后游戏运营商的责任界定"。

2007 年 4 月 29 日晚上 11 点 49 分前后，陈某静的游戏账号中包括编码为 1139546893 的复活戒指、编码为 3068 的麻痹戒指在内的共 11 个游戏装备被几乎同时转出。30 日，原告刘某从案外人于某处购买了上述编号的复活戒指和麻痹戒指，共花费人民币 2 万元，由原告刘某的游戏角色水≈统一天下持有并使用。陈某静发现装备丢失后，即向被告盛大公司电话求助。被告盛大公司建议陈某静报案。陈某静遂于 2007 年 5 月 8 日向温州市公安局鹿城区分局报案失窃，鹿城区公安局网监大队接到报案后即于当日向被告盛大公司发出协查函，该协查函列明了陈某静的游戏账号、角色名、失窃装备的清单，要求被告核对账号并将有关游戏装备交易资料传真至公安局。被告盛大公司接到协查函后，确认陈某静报案丢失的复活戒指、麻痹戒指在原告刘某的账户内，遂于 2007 年 5 月 10 日冻结了该两样装备。2007 年 5 月 31 日，被告盛大公司将陈某静报案丢失的所有装备自 2007 年 4 月 29 日以后的流转详情记录传真给了鹿城区公安局网监大队。案件审理中，涉案的两个游戏装备均处在被冻结的状态，被告盛大公司并未将之发还给陈某静。

原告认为其作为被告盛大公司所运营热血传奇游戏的合法注册玩家，多年来一直诚实信用地使用被告提供的网络游戏娱乐服务。系争装备是原告在正常游戏程序中通过合法交易取得的。原告无法判别游戏装备的来源，被告也没有提供相应的鉴别程序，被告盛大公司对原告游戏装备单方面的冻结是一种违约行为。故起诉至法院，请求被告恢复对原告游戏装备的正常使用，解除对麻痹戒指及复活戒指的冻结。

被告盛大公司认为热血传奇最终用户使用许可协议是双方的真实意思表示，合法有效。根据双方的协议，原告对其线上游戏和交易自负责任，被告的义务是提供线上游戏环境并确保游戏的公平性。被告在接到公安机关的协查函后，按照协议的约定对原告账号内的游戏装备采取冻结措施，既有合同依据，又是积极配合国家机关工作之举，故被告并未违约。

法院经审理认为，热血传奇最终用户使用许可协议、关于维护在线游戏运行环境和公平性的补充条款、用户服务条款、用户须知、玩家守则等是被告与原告间关于服务合同权利义务的约定，同时也是被告与其他玩家关于服务合同的约定。被告负有根据诚实信用原则努力维护游戏的公平环境和平等保护不同玩家利益的义务。案外人陈某静游戏账户中的包括本案所涉复活戒指、麻痹戒指在内的 11 个游戏装备几乎在同一时间被转出属于异常情况。在陈某静向温州市公安局鹿城区分局网监大队报案游戏装备失窃、公安部门也向被告发出了协查函的情况下，为了避免系争游戏装备再行流转造成玩家不必要的损失，也为了公安部门顺利调查，被告在涉案麻痹戒指、复活戒指权属尚不明朗的情况下，对之采取暂时冻结措施属于合理的措施，并不违反诚实信用原则。原告在目前的情况下诉请被告解除对涉案装备的冻结，难以支持。因此，对原告的诉讼请求不予支持。

二、法律问题

游戏虚拟财产被盗，游戏运营商是否承担赔偿责任？

三、重点提示

本案与上面两个案例稍有不同，本案并不是因为游戏玩家交易游戏道具、游戏币等虚拟财产获利，游戏运营商对用户进行处罚，而是游戏玩家购买的游戏道具属于被盗的虚拟财产，游戏运营商对购买者的虚拟财产采取了冻结措施。依据双方当事人签订的网络游戏服务合同，游戏运营商有权利管理游戏道具、游戏币等虚拟财产，以维护游戏的公平环境和平等保护不同玩家利益，因此在游戏道具盗窃案没有完结的情况下，协助侦查机关冻结本案原告用户的游戏道具，以避免损失扩大，其行为具有正当性，因此并不构成对原告的虚拟财产权益的侵害。

案中值得关注的另一个问题，就是网络运营商对游戏用户的网络虚拟财产负有何种义务，特别是游戏道具、游戏币等被盗的情况下，网络运营商是否应当承担责任？网络虚拟财产的属性究竟是物权还是债权，在学界尚无定论，但是民事主体的网络虚拟财产具有经济价值，需要法律规范加以保护是学界与实务界的共识。司法实践中，通过判例也确认了民事主体对其网络虚拟财产有处分的权利。[1]笔者认为，类似网络游戏道具、游戏币这样的网络虚拟财产需要依附于特定的网络空间，任何游戏用户都不可能把这些虚拟财

---

[1] 于静诉孙江泰虚拟财产买卖合同纠纷案，一审判决书：北京市丰台区人民法院（2009）丰民初字第14223号。二审判决书：北京市第二中级人民法院（2009）二中民终字第18570号。

产抽离特定的网络空间而在另一空间中使用、处分，并且这些虚拟财产的使用是通过玩家个人计算机与服务器之间的信号转换实现的，虚拟财产也不能脱离服务器而单独存在，因此这些虚拟财产的使用是通过游戏玩家与网络游戏运营商之间的服务合同实现的。在网络游戏中，用户是通过 ID 账号、密码等实现对游戏道具等网络虚拟财产的占有，[1]网络游戏的运营商拥有技术手段，也有义务保证游戏的秩序与玩家游戏道具的安全，这是网络游戏服务合同的当然内容。在网络虚拟财产被盗的情形下，如果是因为网络游戏运营商的原因导致技术上有漏洞，而被黑客攻击或者误操作，例如运营商的服务器缺乏必要的安全措施与程序而使游戏道具等虚拟财产被盗的，运营商需要承担损害赔偿责任。当然，运营商的安全保障义务也不是无限的，只要能够证明其安全措施是现有技术水平下的通行措施或者已经达到平均水平即可。需要考虑到现有计算机技术的发展水平，不能将所有游戏道具被盗的责任都加由运营商承担，这也不利于网络服务行业的发展。

💠 拓展资料

2 - 5

第三专题　禁止权利滥用

💠 知识概要

罗马法上就有"不得不当行使权利""不得过分或者恶意行使权利"等

---

[1] 关于游戏用户对网络虚拟财产是占有还有准占有也是有争议的，有学者认为我国现行的占有制度是以有体物（动产与不动产）作为客体，网络虚拟财产因其无形与虚拟性，用户对其仅是准占有。参见徐飞："虚拟财产被盗后游戏运营商的责任界定"，载《人民司法·案例》2009 年第 8 期。

法谚，但是"权利滥用"一般概念是萨莱耶向《法国民法典》改革委员会提出的，主张法律授权给个人时，很少正式表达权利的内部限制，因此必须从一般原则乃至法律精神中寻找正当化基础，即禁止权利滥用。[1]禁止权利滥用是在尊重民事主体行使自己权利自由的基础上，法律要对权利的自由行使进行必要的限制，以避免损害国家利益、社会公共利益或者其他主体的合法利益。禁止权利滥用实质上是诚实信用原则的具体化，我国《民法总则》第132条规定："民事主体不得滥用民事权利损害国家利益、社会公共利益或者他人合法权益。"在判断民事主体的权利是否被滥用时，应围绕权利人行使权利的行为是否诚实信用来进行衡量，实践中法官需要根据具体案情进行判断。禁止权利滥用在实践中也发展出一些类型，比如民事主体自己行使权利并没有获得利益，但是造成他人不利益，或者自己获得利益远远小于给他人造成的不利益；民事主体自己取得或者行使权利是以损害他人为主要目的；民事主体行使权利过程中有"反言"行为；等等。权利滥用并不能产生权利行使的效果，也不能排除他人的侵犯行为，民事主体因他人行使权利过程中滥用权利，造成损害的，可以通过侵权责任主张对自身的权益进行救济。

📚 经典案例

案例：重庆奥格斯酒店管理有限公司与重庆市涪陵腾源开发建设投资集团有限公司租赁合同纠纷案[2]

3-1 判决书全文

---

〔1〕 〔法〕雅克·盖思旦、吉勒·古博、缪黑埃·法布赫—马南：《法国民法总论》，陈鹏等译，法律出版社 2004 年版，第 704～705 页。
〔2〕 一审判决书：重庆市第三中级人民法院（2015）渝三中法民初字第 00049 号。二审判决书：重庆市高级人民法院（2017）渝民终 328 号。

一、基本案情

2013 年 9 月 11 日，重庆市涪陵腾源开发建设投资集团有限公司（以下简称腾源公司）与重庆奥格斯酒店管理有限公司（以下简称奥格斯公司）签订《涪陵新区培训中心整体经营权租赁合同》，约定腾源公司将涪陵新区培训中心整体经营权租赁给奥格斯公司使用，租赁期限为 8 年，自 2013 年 12 月 26日起至 2021 年 12 月 26 日止。自签订合同日起至 2013 年 12 月 26 日之前为合同免租金期限。腾源公司应在 2013 年 12 月 26 日前完成消防验收合格手续，如逾期未完成，则免租金期限顺延，并承担违约责任。奥格斯公司开业前须自行投入不低于 300 万元费用，用于添置正常经营所需的其他设备、低值易耗品以及局部装修、装饰等，并将自行投入的设备清单报腾源公司备案。租赁期满或合同中止后，奥格斯公司在租赁期间投入的设备以及装修、装饰不得带走，不得因以上投入等问题向腾源公司提出任何索赔。第一年租金为承租报价人民币 240 万元，即签订合同后 7 日内支付 120 万元租金，余款在 10月 30 日以前支付。从第二年起，在上一年度租金的基础上逐年按 5% 递增，直至租赁期满。签订租赁合同前，奥格斯公司须向腾源公司一次性缴纳履约保证金人民币 50 万元。租赁期满或合同解除后 7 日内，腾源公司全额返还奥格斯公司履约保证金（不计息）。腾源公司有下列情形的，奥格斯公司有权单方面解除合同，腾源公司赔偿奥格斯公司的所有损失：① 腾源公司未按约定时间完成消防验收合格手续，并逾期达 7 日的；② 腾源公司交付的租赁物危及人身安全的。奥格斯公司有下列情形的，腾源公司有权单方面解除合同，无条件收回租赁物：①未按约定时间支付租金逾期达 7 日的；②擅自改变该租赁物用途的；③装修、装饰、拆改变动租赁物使其主体结构发生改变的；④擅自转租、分租、出借该租赁物；⑤利用该租赁物存放有毒、有害和易燃易爆物等危险物品；⑥逾期未支付本合同约定应当由其承担的费用。合同签订后，奥格斯公司接受租赁物后用于经营涪陵新区酒店。2014 年 10 月 8 日，腾源公司就本案所涉租赁物的消防工程向重庆市涪陵区公安消防支队提交了消防验收申请。重庆市涪陵区公安消防支队于 2014 年 10 月 23 日作出该消防工程仍需整改的验收意见书。2015 年 1 月 8 日，腾源公司就本案所涉租赁物的消防工程再次向重庆市涪陵区公安消防支队提交了消防验收申请。重庆市涪陵区公安消防支队于同日受理了该申请，并出具受理凭证一份。2015 年 1 月 22 日，本案所涉租赁物的消防工程经重庆市涪陵区公安消防支队验收合格。

2013 年、2014 年奥格斯公司多次要求腾源公司尽快限期落实完善涪陵新区培训中心（涪陵新区酒店）目前存在的工程问题。2014 年 7 月 14 日，奥格斯公司因 2014 年 1 月~7 月期间消防验收未完成而未办理餐饮经营许可证，被重庆市食品药品监督管理局涪陵区分局没收餐饮经营所得 66 254 元，并处以罚款 66 254 元。2015 年 1 月 13 日，奥格斯公司向腾源公司提出解除合同并要求赔偿损失。腾源公司于 2015 年 2 月 9 日复函奥格斯公司，告知奥格斯公司消防验收已于 2015 年 1 月综合评定验收合格，明确表示不同意解除合同，并要求奥格斯公司缴纳 2015 年度租金和赔偿擅自装修给腾源公司造成的损失等。一审法院认为，奥格斯公司与腾源公司在租赁合同中虽然对合同解除权的行使期限未作约定，但奥格斯公司通过其于 2015 年 1 月 20 日送达给腾源公司的《关于解除合同赔偿损失的函》，以腾源公司未在规定期限内完成消防验收合格手续为由行使合同解除权时，已超过了合理期限，该合同解除权消灭。腾源公司未按合同约定期限完成消防验收手续，已构成违约，依法应承担相应的违约责任。双方租赁合同约定的免租金期限应为自签订合同之日起至腾源公司完成租赁物的消防验收合格手续之日止，即自 2013 年 9 月 11 日至 2015 年 1 月 22 日。而奥格斯公司已于 2013 年 9 月 16 日、2014 年 1 月 21 日分两次向腾源公司缴纳了第一年租金 240 万元，该租金应自然顺延为 2015 年 1 月 23 日~2016 年 1 月 22 日期间的租金，即奥格斯公司不存在逾期未交纳 2015 年度租金的行为。

一审判决作出后，奥格斯公司向重庆市高级人民法院提出上诉。二审法院经审理认定：奥格斯公司自 2014 年 1 月 3 日起依据双方合同约定享有解除权后，直至 2015 年 1 月 13 日才行使该权利，在长达 1 年多的时间内不积极主动行使，反而继续使用涉案租赁物进行酒店经营，而且还就租金的缴纳、租赁物急需解决的问题（包括无消防验收合格证等）与腾源公司多次进行函件沟通。腾源公司也就上述反映问题积极进行整改，并最终取得了消防验收合格手续。这表明虽然合同约定的解除权事由已经发生，但合同双方当事人均在以实际行动继续积极履行合同。而奥格斯公司在此情况下行使合同解除权，显然与这 1 年多以来合同双方积极履行合同的行为相悖，也与双方的合同预期不符。因此，一审判决认定《关于解除合同赔偿损失的函》不应当发生解除《涪陵新区培训中心整体经营权租赁合同》的效力并无不当。奥格斯公司的上诉理由不能成立，依法不予支持。腾源公司实际于 2015 年 1 月 22 日取得涉案租赁物的消防验收合格手续，相比双方合同约定的期限（即 2013 年 12 月 26 日后逾期 7 日）迟延了 385 天，该违约行为将必然导致奥格斯公司实际经营损失的产生，而双方合同关于违约金的约定则具有填补这一损失的功能。在没有证据证明经营损失具体金额的情况下，奥格斯公司主张适用违约金条款计算经营损失，符合法律规定，应予支持。故腾源公司应当支付奥格斯公司违约金 385 万元。

二、法律问题

奥格斯公司向腾源公司发出的《关于解除合同赔偿损失的函》是否已解除租赁合同？奥格斯公司是否构成权利滥用？

三、法理分析

本案争议的焦点是奥格斯公司向腾源公司发出的《关于解除合同赔偿损失的函》是否已经解除租赁合同。奥格斯公司要求的赔偿等是在合同解除基础上的请求，均需以合同是否解除作为判断依据。

合同的解除，是指合同成立后，当解除条件具备时，因一方或双方当事人的意思表示使合同关系消灭的行为，包括约定解除和法定解除。合同当事人可以在合同中约定解除合同的条件，只要条件具备，一方或者双方当事人取得合同解除权，它的行使能发生合同解除的法律后果。我国《合同法》第 93 条规定"当事人协商一致，可以解除合同。当事人可以约定一方解除合同的条件。解除合同的条件成就时，解除权人可以解除合同"。除了约定解除，还有合同法定解除，是由法律规定了合同解除的事由，一旦发生法定事由，一方或者双方当事人取得合同解除权，可以行使权利解除合同。《合同法》第 94 条规定了法定解除的事由，包括"①因不可抗力致使不能实现合同目的；②在履行期限届满之前，当事人一方明确表示或者以自己的行为表明不履行主要债务；③当事人一方迟延履行主要债务，经催告后在合理期限内仍未履行；④当事人一方迟延履行债务或者有其他违约行为致使不能实现合同目的；

⑤法律规定的其他情形"。无论是合同约定解除还是合同法定解除，合同解除的前提是当事人之间是有效的合同权利义务关系。本案中，腾源公司与奥格斯公司于 2013 年 9 月 11 日签订的《涪陵新区培训中心整体经营权租赁合同》，系双方的真实意思表示，没有违反法律、行政法规的禁止性规定，应为合法有效。双方均应按合同的约定履行各自的义务。

合同中约定，腾源公司有下列情形的，奥格斯公司有权单方面解除合同，腾源公司赔偿奥格斯公司的所有损失：①腾源公司未按约定时间完成消防验收合格手续，并逾期达 7 日的；②腾源公司交付的租赁物危及人身安全的。经法院审理认定，腾源公司实际于 2015 年 1 月 22 日取得涉案租赁物的消防验收合格手续，相比双方合同约定的期限（即 2013 年 12 月 26 日后逾期 7 日）迟延了 385 天，符合双方当事人约定的合同解除条件。奥格斯公司于 2015 年 1 月 20 日送达给腾源公司《关于解除合同赔偿损失的函》，以腾源公司未在规定期限内完成消防验收合格手续为由行使合同解除权，能否产生解除合同的法律效力？首先，合同解除权同撤销权一样，属于形成权，即仅依照权利人单方意思表示就可以使已经成立的民事法律关系发生变化。根据《民法总则》第 137 条的规定以及意思表示的一般理论，权利人解除合同的意思表示到达相对方时生效，合同即告解除。尽管奥格斯公司于 2015 年 1 月 13 日出具《关于解除合同赔偿损失的函》，但是直到 2015 年 1 月 20 日才到达腾源公司。腾源公司认为，双方当事人之间的租赁合同并没有解除的主要理由是：腾源公司并没有在合同约定的期限内完成消防验收合格手续，并逾期达 7 日。根据合同约定，奥格斯公司最晚于 2014 年 1 月 3 日取得合同解除权。但是奥格斯公司并没有行使合同解除权，直至 2015 年 1 月 20 日，奥格斯公司在解除权产生之日起 1 年后才主张解除合同，其解除权已经消灭，因此合同并未解除。

关于合同当事人行使解除权的期限，我国《合同法》第 95 条规定"法律规定或者当事人约定解除权行使期限，期限届满当事人不行使的，该权利消灭。法律没有规定或者当事人没有约定解除权行使期限，经对方催告后在合理期限内不行使的，该权利消灭"。解除权行使的期限既可以由法律规定，也可以由当事人约定。但《合同法》第 95 条还遗漏了一种情况，即法律没有规定或者当事人没有约定解除权行使期限且对方没有催告的情况下解除权的行使期限，也就是本案中认定的事实。合同的解除权与合同的撤销权同属于形成权，在民法学理论上，形成权因当事人单方的意思表示就可以产生、变更或者消灭双方或者多方当事人之间的权利义务关系，为避免法律关系长期处于不确定状态，其行使期限要受到严格限制。当事人可以约定合同解除权的行使期限，如果没有约定的，需经对方催告后在合理期限内行使。尽管《合同法》第95条还表达了法律规定合同解除权行使期限的情形，但是并没有像撤销权那样明确规定除斥期间为1年，除斥期间经过，撤销权消灭。因此，法律没有规定，当事人也没有约定解除权行使期限，且对方没有催告的情况下，合同解除权的行使期限为何抑或有没有行使期限在司法实践中也产生了争论。

从利益衡量的角度，尽管对方没有催告，享有解除权的一方当事人也不能随时行使解除权。如果说为了保护守约方的合法权益，防止违约方利用违约获取"不当得利"，赋予守约方解除权，系公平正义要求的体现；那么，允许解除权人在过长的期限内解除合同，动辄废止既有的合同关系，且恢复原状，则破坏现存的法律秩序，走到了公平正义的反面。[1]尽管合同相对方存在违约的行为，但并不表示其合法的利益、稳定的权利义务关系不受法律保护。为了解决法律适用的问题，最高人民法院在2003年的司法解释《最高人民法院关于审理商品房买卖合同纠纷案件适用法律若干问题的解释》第15条规定"根据《合同法》第94条的规定，出卖人迟延交付房屋或者买受人迟延支付购房款，经催告后在3个月的合理期限内仍未履行，当事人一方请求解除合同的，应予支持，但当事人另有约定的除外。法律没有规定或者当事人没有约定，经对方当事人催告后，解除权行使的合理期限为3个月。对方当事人没有催告的，解除权应当在解除权发生之日起1年内行使；逾期不行使的，解除权消灭"。尽管，该司法解释仅是针对商品房买卖合同纠纷案件，但最高人民法院认为该司法解释对于其他类型合同的解除权行使期限也具有参照意义。[2]

本案中判断奥格斯公司的解除权是否已经经过行使期限，还需要关注另一个问题，即解除权行使期限或者说除斥期间的起算。如果双方当事人约定

---

〔1〕　参见崔建远："解除权问题的疑问与释答（上篇）"，载《政治与法律》2005年第3期。

〔2〕　王淳、沈明磊："相对人未进行催告，解除权人行使解除权是否有期限限制"，载最高人民法院民事审判第一庭编：《中国民事审判前沿》（第2集），法律出版社2005年版。

解除权期限起算点的，自双方当事人约定的起算点开始计算解除权的行使期限；如果当事人没有约定解除权期限的起算点，相对方催告解除权人行使权利的，自相对方催告到达解除权人开始计算行使期限，最高人民法院在上述司法解释中将经催告后的解除权行使的合理期限确定为 3 个月。相对方未催告行使解除权的，解除权的除斥期间应自解除权发生之日起开始计算。在本案中，即为 2013 年 12 月 26 日后逾期 7 日，故奥格斯公司的解除权自 2014 年 1 月 3 日发生，除斥期间为 1 年，至 2015 年 1 月 2 日为解除权的行使期间。奥格斯公司于 2015 年 1 月 13 日出具《关于解除合同赔偿损失的函》，2015 年 1 月 20 日才到达腾源公司，显然已经超出了合同解除权的行使期间，并不能发生合同解除的法律效果。

关于合同相对人未经催告，解除权人行使解除权的期限问题，最高人民法院针对商品房买卖合同纠纷案件有具体的司法解释，但对于其他类型的合同解除权行使期限，该司法解释仅具有参照意义。换句话说，目前并没有完整的法律规范能够统一解决合同解除权除斥期间的问题，因此在本案一、二审的判决书中，两级人民法院均委婉地表达奥格斯公司在长达一年多的时间内不积极主动行使，已致使双方合同关系长期处于不稳定状态，此有悖于诚实信用原则。为防止权利滥用，应当对该行为加以禁止，不能产生合同解除的法律效果，而不是直接认定除斥期间经过，解除权消灭。在我国民法典编纂过程中，合同编对合同解除权的行使期限问题也有所关注，在其各稿草案中均增加自合同解除权产生之日起 1 年内行使的期限限制，为解决此问题提供了法律依据。

本案涉及的另一个问题是，奥格斯公司在解除权产生后经过 1 年多的时间才行使权利，是否构成权利滥用？首先还要回到权利滥用的概念，即权利是否存在滥用的可能。普拉尼奥尔认为"权利滥用"就是文字游戏，因为被法律确认或者授予的权利是合法的，其行使行为不应受到任何指责；如果存在"滥用"，只能说明根本没有权利。[1]普拉尼奥尔的观点符合逻辑并且精准地表述了"权利滥用"概念的矛盾性。但是也有学者从权利外在限制与内在

---

〔1〕 〔法〕雅克·盖思旦、吉勒·古博、缪黑埃·法布赫—马南：《法国民法总论》，陈鹏等译，法律出版社 2004 年版，第 703 页。

限制为权利滥用概念寻找生存空间，特别是法律对权利行使方式的限制通常并不会明确地在法律规定中加以表达，如此禁止权利滥用原则就有了生存空间。我国禁止权利滥用原则规定在《民法总则》第 132 条，在立法过程中，草案的一审稿和二审稿均没有该规范，三审稿首次增设该规范。在经过两次审议后，有意见提出，应将民事权利的部分规定得更充实些，建议对权利人如何行使民事权利作出原则性规定[1]，因此有了本条规范。权利滥用的前提是权利人必须享有真实、有效的民事权利，其行为表现主要包括取得或者行使权利是以损害他人为主要目的以及行使权利违背诚实信用原则两种情形。权利人滥用权利的，并不能产生其行使权利应当产生的法律效果，对方当事人也可以直接提出抗辩；滥用权利侵害他人的，被害人可以直接主张权利救济。

在本案中，奥格斯公司自 2014 年 1 月 3 日开始享有解除权，经过 1 年多的时间不但继续使用涉案租赁物进行酒店经营，而且还就租金的缴纳、租赁物急需解决的问题（包括无消防验收合格证等）与腾源公司多次进行函件沟通。腾源公司也就上述反映问题积极进行整改，并最终取得了消防验收合格手续。这表明虽然合同约定的解除事由已经发生，但合同双方当事人均在以实际行动继续积极履行合同。奥格斯公司 1 年以后，在取得消防验收合格证几天之前行使合同解除权，并要求腾源公司赔偿损失，显然与这 1 年多以来合同双方积极履行合同的行为相悖，也与双方的合同预期不符。即便奥格斯公司的合同解除权没有经过除斥期间而消灭，因滥用权利也无法取得合同解除的法律效果。如参照适用最高人民法院的司法解释，奥格斯公司的合同解除权因除斥期间的经过而消灭，因此丧失了权利滥用的前提。

四、参考意见

1. 合同的解除权与合同的撤销权同属于形成权，在民法学理论上，形成权因当事人单方的意思表示就可以产生、变更或者消灭双方或者多方当事人之间的权利义务关系，为避免法律关系长期处于不确定状态，其行使期限要

---

〔1〕 "民法总则草案第三次提交审议'权利法'色彩愈发显著"，载全国人大网，http://www.npc.gov.cn/npc/cwhhy/12jcwh/2016-12/20/content_2004166.htm，访问时间：2018 年 8 月 20 日。

受到严格限制。当事人可以约定合同解除权的行使期限，如果没有约定的，需经对方催告后在合理期限内行使。最高人民法院在 2003 年的司法解释《最高人民法院关于审理商品房买卖合同纠纷案件适用法律若干问题的解释》第 15 条中规定"根据《合同法》第 94 条的规定，出卖人迟延交付房屋或者买受人迟延支付购房款，经催告后在 3 个月的合理期限内仍未履行，当事人一方请求解除合同的，应予支持，但当事人另有约定的除外。法律没有规定或者当事人没有约定，经对方当事人催告后，解除权行使的合理期限为 3 个月。对方当事人没有催告的，解除权应当在解除权发生之日起 1 年内行使；逾期不行使的，解除权消灭"。尽管，该司法解释仅是针对商品房买卖合同纠纷案件，但最高人民法院认为该司法解释对于其他类型合同的解除权行使期限也具有参照意义。在本案中，奥格斯公司的解除权自 2014 年 1 月 3 日发生，除斥期间为 1 年，至 2015 年 1 月 2 日为解除权的行使期间。奥格斯公司于 2015 年 1 月 13 日出具《关于解除合同赔偿损失的函》，2015 年 1 月 20 日才到达腾源公司，显然已经超出了合同解除权的行使期间，并不能发生合同解除的法律效果。

2. 我国《民法总则》第 132 条规定了禁止权利滥用原则，权利人滥用权利的，并不能产生其行使权利应当产生的法律效果，对方当事人也可以直接提出抗辩；滥用权利侵害他人的，被害人可以直接主张权利救济。在本案中，奥格斯公司自 2014 年 1 月 3 日开始享有解除权，就租金的缴纳、租赁物急需解决的问题（包括无消防验收合格证等）与腾源公司多次进行函件沟通。腾源公司也就上述反映问题积极进行整改，并最终取得了消防验收合格手续。这表明虽然合同约定的解除权事由已经发生，但合同双方当事人均在以实际行动继续积极履行合同。奥格斯公司 1 年以后，在取得消防验收合格证几天之前行使合同解除权，并要求腾源公司赔偿损失，显然与这 1 年多以来合同双方积极履行合同的行为相悖，也与双方的合同预期不符。况且，依照学理与最高人民法院的司法解释，相对人没有催告的合同解除权，自产生之日起除斥期间为 1 年，奥格斯行使合同解除权时明显已经超过上述期限，解除权因而消灭，并不存在滥用权利的基础。

拓展案例

案例一：王某永诉深圳歌力思服饰股份有限公司、杭州银泰世纪百货有限公司侵害商标权纠纷案[1]

3－2　指导性案例全文

一、基本案情

深圳歌力思服装实业有限公司成立于 1999 年 6 月 8 日，深圳市歌力思服饰设计有限公司、歌力思国际发展有限公司为其四个股东中的两个。深圳市歌力思服饰设计有限公司成立于 1996 年 11 月 18 日，第 1348583 号"歌力思"商标的注册人为深圳歌力思服饰设计有限公司，该商标核定使用商品（第 25 类）：衬衣；服装；皮衣（服装）；裤子；裙子；内衣；童装；大衣；睡衣；外套。注册有效期限为 1999 年 12 月 28 日～2009 年 12 月 27 日。2008 年 12 月 18 日，该公司通过受让方式取得第 1348583 号"歌力思"商标，该商标核定使用于第 25 类的服装等商品之上。2009 年 11 月 19 日，该商标经核准续展注册，有效期为 2009 年 12 月 28 日～2019 年 12 月 27 日。深圳歌力思服装实业有限公司还是第 4225104 号"ELLASSAY"商标的注册人。该商标核定使用商品（第 18 类）：（动物）皮；钱包；旅行包；文件夹（皮革制）；皮制带子；裘皮；伞；手杖；手提包；购物袋。注册有效期为 2008 年 4 月 14 日～2018 年 4 月 13 日。2011 年 11 月 4 日，深圳歌力思服装实业有限公司更名为深圳歌力思服饰股份有限公司（以下简称歌力思公司）。2012 年 3 月 1 日，上述"歌力思"商标经核准变更后注册人变为歌力思公司。广东省服装服饰行业协会出具给国家工商行政管理总局商标评审委员会的证明载明：歌力思公司是中国服装协会

---

〔1〕　本案为最高人民法院指导性案例第 82 号。一审判决书：杭州市中级人民法院（2012）浙杭知初字第 362 号。二审判决书：浙江省高级人民法院（2013）浙知终字第 222 号。再审判决书：最高人民法院（2014）民提字第 24 号。

· 169 ·

副会长单位，是一家集设计、生产、营销为一体的大型企业。其品牌"ELLAS-SAY（歌力思）"在行业中具有较高知名度和影响力。

王某永于 2011 年 6 月申请注册了第 7925873 号"歌力思"商标，申请日为 2009 年 12 月 18 日，注册有效期为 2011 年 6 月 21 日~2021 年 6 月 20 日，该商标核定使用商品为第 18 类的钱包、手提包等。第 4157840 号注册商标（以下称第 4157840 号"歌力思 GLEAS 及图"商标）的注册人为何某锦，申请日为 2004 年 7 月 7 日，注册有效期为 2008 年 6 月 28 日~2018 年 6 月 27 日，核定使用商品（第 18 类）：手提袋；钱包；公文包；公文箱；皮帽盒；卡片盒；（动物）皮；乐谱盒；背包。2007 年 7 月 2 日，该商标经核准转让给王某永。歌力思公司对该商标的初审公告提出异议，2011 年 3 月 2 日，国家工商行政管理总局商标局作出（2011）商标异字第 03817 号"歌力思 GLEAS及图"商标异议裁定书，认为异议商标第 4157840 号"歌力思 GLEAS 及图"商标与歌力思公司的引证商标第 1348583 号"歌力思"商标核定使用的商品属于不同类别，不会导致消费者的混淆和误认，裁定予以核准注册。歌力思公司申请异议复审，国家工商行政管理总局商标评审委员会作出商评字〔2013〕第 34678 号异议复审裁定：维持原异议裁定。歌力思股份公司不服异议复审裁定，向北京市第一中级人民法院提起行政诉讼，请求撤销该裁定。北京市第一中级人民法院经审理认为，经过长期、广泛的宣传和使用，"歌力思"作为服装商品上的商标以及服装企业中的商号在服装等商品上具有了较高知名度，被异议商标第 4157840 号"歌力思 GLEAS 及图"商标指定使用在与服装密切关联的钱包、公文包等类似商品上，损害了歌力思公司针对"歌力思"所享有的在先商号权。据此作出（2013）一中知行初字第 3609 号判决：撤销异议复审裁定，责令商标评审委员会重新作出裁定。王某永不服该判决，向北京市高级人民法院提起上诉，北京市高级人民法院作出（2014）高行终字第 466 号终审行政判决：驳回上诉，维持原判。2009 年 2 月 25 日~2010 年 2月 25 日，王某永将前述商标授权给广州市花都狮岭东山皮具厂使用，并授权广州市白云区三元里休歌皮具商行批发、销售。

自 2011 年 9 月起，王某永先后在杭州、南京、上海、福州等地的"ELLASSAY"专柜，通过公证程序购买了带有"品牌中文名：歌力思，品牌英文名：ELLASSAY"字样吊牌的皮包。2012 年 3 月 7 日，王某永以歌力思公司及杭州银泰世纪百货有限公司（以下简称杭州银泰公司）生产、销售上述皮包的行为构成对王某永拥有的"歌力思"商标、"歌力思及图"商标权的侵害为由，提起诉讼。

一审法院杭州市中级人民法院于 2013 年 2 月 1 日作出（2012）浙杭知初字第 362 号民事判决，认为歌力思公司及杭州银泰公司生产、销售被诉侵权商品的行为侵害了王某永的注册商标专用权，判决歌力思公司、杭州银泰公司停止侵权行为、赔偿王某永经济损失及合理费用共计 10 万元及消除影响。歌力思公司不服，提起上诉。浙江省高级人民法院于 2013 年 6 月 7 日作出（2013）浙知终字第 222 号民事判决，驳回上诉、维持原判。歌力思公司及王某永均不服，向最高人民法院申请再审，最高人民法院裁定提审本案。最高人民法院认为：歌力思公司及其关联企业经长期使用和广泛宣传，作为企业字号和注册商标的"歌力思"已经具有了较高的市场知名度，歌力思公司对前述商业标识享有合法的在先权利。歌力思公司对被诉侵权商品的展示和销售行为均完成于杭州银泰公司的歌力思专柜，专柜通过标注歌力思公司的"ELLASSAY"商标等方式，明确表明了被诉侵权商品的提供者。由于"歌力思"本身就是歌力思公司的企业字号，且与其"ELLASSAY"商标具有互为指代关系，故歌力思公司在被诉侵权商品的吊牌上使用"歌力思"文字来指代商品生产者的做法并无明显不妥，不具有攀附王某永"歌力思"商标知名度的主观意图。"歌力思"商标由中文文字"歌力思"构成，与歌力思公司在先使用的企业字号及在先注册的"歌力思"商标的文字构成完全相同。"歌力思"本身为无固有含义的臆造词，具有较强的固有显著性，依常理判断，在完全没有接触或知悉的情况下，因巧合而出现雷同注册的可能性较低。作为地域接近、经营范围关联程度较高的商品经营者，王某永对"歌力思"字号及商标完全不了解的可能性较低。在上述情形之下，王某永仍在手提包、钱包等商品上申请注册"歌力思"商标，其行为难谓正当。王某永以非善意取得的商标权对歌力思公司的正当使用行为提起的侵权之诉，构成权利滥用。最高人民法院于 2014 年 8 月 14 日作出判决，撤销一审、二审判决，驳回王某永的全部诉讼请求。

二、法律问题

本案中王某永主张歌力思公司侵权，是否构成权利滥用？

三、重点提示

我国《民法总则》第 132 条 "民事主体不得滥用民事权利损害国家利益、社会公共利益或者他人合法权益"明确规定了禁止权利滥用原则。禁止权利滥用被视为诚实信用原则的具体体现，同时又与诚实信用原则对应性地发展。在知识产权领域，因其权利客体的特殊性，知识产权人对其所创造的智慧财产或者说知识产品有着绝对的权利，是民法上绝对权的类型之一。作为排他性和绝对性的权利，其他民事主体只要尊重权利人行使权利，不加以侵害或者干涉即可。而为了实现知识产品的价值，将权利许可他人使用，他人也可以占有和使用智慧产品，就会在权利人与其他产品使用人之间形成相对关系，也为权利滥用提供了温床。知识产权的滥用主要集中在专利领域，例如专利联营、滥用市场优势地位的搭售、延长保护期、采取过渡的技术措施等。[1]知识产权在本质上属于私权，是民事权利体系中的一部分，这在《民法总则》第五章 "民事权利"中已经得到印证。从规制知识产权权利人滥用权利的角度，民法上的诚实信用原则、禁止权利滥用原则当然也适用于民事主体之间的知识产权关系。

本案中，关于歌力思公司及杭州银泰公司生产、销售标有 "歌力思"商标的皮具是否侵害了王某永的注册商标专用权，最高人民法院从歌力思公司拥有合法的在先权利基础、销售场所专柜标明中英文商标，歌力思公司商标等商业标识已经具有较高的市场知名度，被诉侵权商品的外包装、商品内的显著部位均明确标注了 "ELLASSAY"商标而仅在商品吊牌之上使用了品牌中文名四个方面论证歌力思公司生产、销售标有 "歌力思"商标的皮具不会造成普通消费者的混淆。由于 "歌力思"本身就是歌力思公司的企业字号，因此歌力思公司在商品吊牌上使用 "歌力思"文字来指代商品生产者的做法并无明显不妥，并不构成侵害王某永的注册商标专用权。随后，最高人民法院继续指出王某永取得 "歌力思"的注册商标专用权并非善意。作为企业字号和注册商标的 "歌力思"，经长期使用和广泛宣传，已经具有了较高的市场知名度。尽管王某永的注册商标 "歌力思"核定的使用范围是第 18 类皮具商品，但是作为与歌力思服装

---

〔1〕 参见易继明："禁止权利滥用原则在知识产权领域中的适用"，载《中国法学》2013 年第 4 期。

实业有限公司地域相近、领域相近的时尚消费类产品，基于一般理性，很难认为王某永不知歌力思公司商号及其商品的存在。尽管王某永已经合法有效取得注册商标专用权，但其行使权利应当遵循诚实信用原则，特别是本案中要尊重歌力思公司的在先权利。王某永通过保全证据、民事诉讼主张歌力思公司侵害其商标专用权，不属于善意、审慎地行使自己的权利，而是以损害他人正当权益为目的，构成权利滥用。通过本案判决我们可以认识到：权利滥用并不仅仅是指单纯的实体权利的滥用，比如滥用所有权、公司权利等，还包括以程序性权利为基础而体现的权利滥用等情形。

案例二：庆阳市太一热力有限公司、李某军公司盈余分配纠纷案[1]

3-3 判决书全文

一、基本案情

太一热力公司由李某军和张某龙二人于 2006 年 3 月设立，公司注册资本 1000 万元，李某军以货币 212 万元、实物 438 万元总计出资 650 万元，占注册资本 65%；张某龙出资 350 万元，占注册资本 35%。2006 年 6 月，太一热力公司经庆阳市工商行政管理局登记注册成立，经营范围为热能供给、管道安装维修。2007 年 4 月，张某龙与居立门业公司签订股权转让协议，将其在太一热力公司的 350 万元股权转让给居立门业公司。2007 年 5 月，李某军与甘肃太一工贸有限公司（以下简称太一工贸公司）、居立门业公司签订股权转让协议，将其在太一热力公司的 600 万元股权转让给太一工贸公司，50 万元股权转让给居立门业公司。同年 5 月，太一热力公司修改公司章程，将公司股东变更为太一工贸公司和居立门业公司，太一工贸公司持股比例 60%，居立门业公司持股比例 40%，并在工商行政管理部门进行变更登记。李某军为

---

〔1〕 一审判决书：甘肃省高级人民法院（2013）甘民二初字第 8 号。二审判决书：最高人民法院（2016）最高法民终 528 号。

太一热力公司及其控股股东太一工贸公司法定代表人。

2009年9月29日，庆阳市人民政府召开市长办公会决定对太一热力公司进行整体收购。10月6日，庆阳市西峰区人民政府（甲方）与太一热力公司（乙方）签订《庆阳市西峰区新区集中供热站工程回购合同》，按照庆阳市人民政府市长办公会决议，回购太一热力公司资产。对太一热力公司现有的69.3亩热源厂建设用地（不含代征城市道路用地7.14亩），36.6亩用于热源厂的建设和发展，32.7亩留太一热力公司开发，市政府允许对留太一热力公司开发的土地性质依法依规转换。经甘肃华信会计师事务所评估，太一热力公司资产价款为9126.48万元，递减政府拨付的补助资金和已交付乙方的城市供热配套费，共计3234.72万元。甲方再支付乙方收购价款7000万元。

因太一热力公司一直未向股东分配公司盈余，居立门业公司以太一热力公司、李某军（太一热力公司执行董事）为被告向甘肃省高级人民法院提起诉讼，要求太一热力公司向股东分配公司盈余，并要求李某军承担连带责任。太一热力公司、李某军主张，因没有股东会决议故不应进行公司盈余分配。

太一热力公司被庆阳市人民政府收购后未开展经营活动、未进行财务清算，太一热力公司认可公司存在盈余，但不能提供具体盈余数额。本案诉讼中太一热力公司及其股东太一工贸公司、居立门业公司之间又因32.7亩土地分割、公司股东出资、公司解散发生诉讼，公司股东未能召开股东会，无法就公司盈余分配形成决议，太一热力公司的经营盈余数额成为需要专业机构鉴定的事项。经居立门业公司申请，一审法院委托的甘肃茂源会计师事务有限公司出具了甘茂会审字〔2015〕第52号《审计报告》，结论为：截至2014年10月31日，太一热力公司资产总额93 635 362.38元，其中货币资金2 984 981.97元、应收账款33 900 000元、其他应收款21 657 860.38元、固定资产646 278.82元、工程施工34 446 241.21元；负债总额4 856 924.26元；所有者权益88 778 438.12元，其中实收资本12 805 025.04元、未分配利润75 973 413.08元；清算收益112 067 641.39元，清算支出36 094 228.31元，清算净收益75 973 413.08元。该《审计报告》载明，太一热力公司应收账款33 900 000元，系2010年9月8日转入兴盛建安公司，于2013年7月30日收回1 000 000元，清算数33 900 000元；其他应收款21 694 383.08元中，兴盛建安公司12 988 795.65元。

一审法院认为：太一热力公司章程及工商登记资料记载，该公司注册资本 1000 万元。居立门业公司 2007 年受让张某龙持有 35%、李某军持有 5% 太一热力公司股份后，认缴公司出资额 400 万元，持有公司 40% 股份，成为太一热力公司股东。居立门业公司享有按照其在太一热力公司的出资比例分取红利的权利。太一热力公司应当依法向股东居立门业公司分配利润。李某军系太一热力公司执行董事、法定代表人，在庆阳市人民政府整体收购太一热力公司全部资产后，未经公司股东会决策同意，将资产转让所得款项中 5600 万余元转入兴盛建安公司，由该公司长期占用，形成太一热力公司账面巨额应收款项，严重损害公司股东利益，应当对太一热力公司支付居立门业公司的盈余分配款承担赔偿责任。一审判决后，太一热力公司、李某军不服，向最高人民法院提起上诉。二审法院判决太一热力公司给付居立门业有限公司盈余分配款 16 313 436.72 元；太一热力公司到期不能履行上述给付义务，由李某军承担赔偿责任。

二、法律问题

本案中李某军作为太一热力公司和太一工贸公司法定代表人，转移公司利润，不向另一股东居立门业公司分配利润是否构成权利滥用？

三、重点提示

本案涉及公司股东的盈余分配权，盈余分配便是公司向股东分红，指股东基于公司股东的资格和地位而享有的请求公司向自己分配股利的权利。股东设立或者投资公司的基本目的就是获取公司经营利润，实现资产增值，因此盈余分配权是股东的固有权利。《中华人民共和国公司法》（以下简称《公司法》）第 4 条规定："公司股东依法享有资产收益、参与重大决策和选择管理者的权利。"第 34 条规定："股东按照实缴的出资比例分取红利；公司新增资本时，股东有权优先按照实缴的出资比例认缴出资。但是，全体股东约定不按照出资比例分取红利或者不按照出资比例优先认缴出资的除外。"通常情形下，股东请求公司分配盈余须具备两个条件：一是实体上公司确有实际可供分配的利润；二是程序上公司的利润分配方案得到股东会或股东大会的通过。公司盈余的分配，本质上是公司自治的内容，公司是否分配利润以及分配多少利润属于公司股东会或者股东大会决策的范围，法律不宜强制干涉公司的自治事务。

学理上，盈余分配请求权分为抽象的分配请求权和具体的分配请求权。具体的分配请求权，是指当公司存有可分配利润时，股东根据股东会分红决议而享有的请求公司按照其持股比例向其支付特定股利的权利；抽象的分配请求权，是指股东基于其股东资格和地位而享有的一种权利，在股东会决议分配股利之前，抽象的分配请求权通常无法得到救济。[1]最高人民法院在过去的司法实践中一直认为，公司是否分配利润是股东会和股东大会的职权，在公司没有作出决议之前，不宜直接作出判决。但是实践中公司不召开股东会或者股东大会，不向中小股东分配股利的情形，又需要司法机关提供救济，按照有限责任公司与股份有限公司的分类，有两种处理方法：针对股份有限公司，依照《公司法》的规定每年要召开股东大会，没有股东大会的股利分配决议，股东起诉公司分配股利的，人民法院应当驳回股东的起诉；有限责任公司不召开股东会，公司章程上有具体分配方案的，人民法院可以征求其他股东的意见，并根据多数意见作出是否分红的判决。[2]

本案中，最高人民法院在其二审判决中写道："……是否进行公司盈余分配及分配多少，应当由股东会作出公司盈余分配的具体方案。但是，当部分股东变相分配利润、隐瞒或转移公司利润时，则会损害其他股东的实体利益，已非公司自治所能解决，此时若司法不加以适度干预则不能制止权利滥用，亦有违司法正义。"《最高人民法院关于适用〈中华人民共和国公司法〉若干问题的规定（四）》第15条规定，"股东未提交载明具体分配方案的股东会或者股东大会决议，请求公司分配利润的，人民法院应当驳回其诉讼请求，但违反法律规定滥用股东权利导致公司不分配利润，给其他股东造成损失的除外"。一审被告李某军同为太一热力公司及其控股股东太一工贸公司法定代表人，未经公司另一

---

[1] 最高人民法院此前的判决，例如河南思维自动化设备有限公司与胡克公司盈余分配纠纷案，最高人民法院（2006）民二终字第110号民事判决书；山东汉诺集团有限公司因与山西寿阳段王煤业集团公司、山西寿阳段王集团平安煤业有限公司股权转让合同纠纷案，最高人民法院（2014）民二终字第74号民事裁定书，均认为公司的董事会、股东会就公司利润分配方案进行决议之前，公司股东直接向人民法院起诉请求判令公司向股东分配利润缺乏法律依据，其诉讼请求不予支持。

[2] 参见宋晓明："加强调查研究，探索解决之道——就在全国民商事审判工作会议中提出的若干疑难问题答记者问"，载最高人民法院民事审判第二庭编：《民商事审判指导》（总第11辑），人民法院出版社2007年版，第73页。

股东居立门业公司同意，没有合理事由将5600万余元公司资产转让款转入兴盛建安公司账户，转移公司利润，给居立门业公司造成损失，是太一工贸公司滥用股东权利。因此居立门业公司要求太一热力公司分配公司利润的主张，即便没有公司股东会的分配决议，人民法院也应该予以支持。

案例三：宋某林与王某海上养殖损害赔偿纠纷案[1]

3-4 判决书全文

一、基本案情

2000年3月6日，青岛市人民政府颁发了青海临证（2000）017号《国家海域临时使用许可证》。该许可证上记载：临时使用单位为兴隆路街道办事处，海域面积1200亩，使用时间为2000年3月6日~2000年12月31日，临时使用海域范围为湖岛湾4号养殖海区，用途及作业方式为筏式贝藻养殖。3月8日，市海洋局与兴隆路街道办事处签订了《青岛市国家海域临时使用合同》，市海洋局同意兴隆路街道办事处临时使用与上述使用许可证记载的许可使用范围相同的海域。3月28日，王某与兴隆路街道办事处签订了《承包合同》，兴隆路街道办事处将湖岛湾4号养殖海区计1200亩承包给王某经营，合同期暂定为3年，自2000年4月1日至2003年3月31日。

2000年8月2日，王某带人到湖岛湾4号养殖海区割了宋某林的33行养殖筏架。9月2日，在市海洋局的组织下，原、被告等多方参加了对4号养殖区被割养殖筏架行数的现场清点落实，当时记录宋某林的养殖筏架被割33行，接4行。原告宋某林向青岛海事法院起诉称：2000年8月2日，王某非法割除其养殖架子33行，其中，海红（贻贝）损失1500绳，栉孔扇贝损失1500笼，共计经济损失83 580元人民币，请求法院依法判令王某赔偿其经济

---

〔1〕 一审判决书：青岛海事法院（2001）青海法海事初字第23号，刊登于《人民法院案例选》2003年第3辑（总第45辑）。

损失。被告王某辩称：2000 年 3 月 28 日与兴隆路街道办事处签订了海域使用《承包合同》，取得了对该 4 号养殖区的承包使用权。原告在没有合法使用权的海域从事养殖，反而要求具有合法使用权的被告对其进行赔偿，于法无据。被告自与兴隆路街道办事处签订《承包合同》取得 4 号养殖海区使用权后，就口头通知了 4 号养殖区的养殖户退出此海区，但效果不明显。兴隆路街道办事处便于同年 6 月 20 日给原养殖户下了书面通知，要求他们务必于 2000 年 7 月 1 日前自行清除其一切养殖设施，但他们根本不理。8 月初，被告又通知了一遍，还是没有动的，被告便割了一部分架子的一头，留下另一头没割，这其中包括原告的部分架子。此事发生后，根据市海洋局和青岛市城阳区流亭镇人民政府（以下简称流亭镇政府）以及兴隆路街道办事处多次协调达成的一致意见，按被告割的架子每行 50 元人民币计算，先由市海洋局在给兴隆路街道办事处的补偿费中，多拨 5550 元人民币，然后由兴隆路街道办事处再转给流亭镇政府，由流亭镇政府一并解决被割架子的补偿问题。其他被割架子的养殖户均已接受了以上意见并领取了相应的补偿，惟独原告不同意，至今未领取每行 50 元人民币的补偿费。

法院审理认为本案的关键问题有两个：一是被告对湖岛湾 4 号养殖海区是否有合法的使用权，原告在湖岛湾 4 号养殖海区进行养殖的合法性又如何；二是被告割除原告的养殖筏架，是被告行使自己权利的行为，还是对原告的侵权行为。法院审理认定：根据承包合同以及海域使用许可证（上面标注的使用期间不同），被告至少 2000 年 4 月 1 日~2000 年 12 月 31 日对湖岛湾 4 号养殖海区拥有合法的承包经营权，也即被告在此期间对该海域有合法使用的权利。虽然原告此前实际在湖岛湾 4 号海区从事养殖，但其从来未享有对湖岛湾 4 号养殖海区的合法使用权或者承包经营权。本案中，被告在一定期限内对湖岛湾 4 号海区拥有合法的承包经营权，而原告对该海域没有任何合法的使用权利，可原告却在该海域设置了养殖筏架，该行为已经妨害了被告对该海域行使其承包经营权，原告的该行为已构成对被告的合法权利的侵害。但是，被告自行割掉原告的养殖筏架以排除妨害的行为并不合适也不恰当。即便被告向原告发出了限期拆除的通知而原告拒不拆除，被告也并不因此就有权采取其所谓自我保护的方法。法律要求被告遇此情形应该通过法定程序向国家（法院）请求保护，而不是自行采取措施割除原告的养殖筏架。被告滥用权利的行为已对原告的合法财产造成一定损失，已构成对原告的侵权行为，其应当承担民事责任。一审法院判决被告王某赔偿原告宋某林损失6028.8元。

二、法律问题

本案中王某的行为是自力救济还是权利滥用？

三、重点提示

本案刊登于2003年第3辑的《人民法院案例选》，距今已有15年。但是本案作为适用禁止权利滥用原则的典型案件，具有代表意义。本案的案情十分简单，被告王某与兴隆路街道办事处签订了《承包合同》，兴隆路街道办事处将湖岛湾4号养殖海区计1200亩承包给王某经营，因此被告对湖岛湾4号养殖海区有合法使用的权利。在被告取得该海域的使用权之前，原告宋某林从1996年起一直实际在湖岛湾4号海区从事养殖，虽然其向流亭镇政府也交纳有关海域使用金，但是海域使用权作为一项用益物权，是要依据《中华人民共和国物权法》（以下简称《物权法》）、《中华人民共和国海域使用管理法》（以下简称《海域使用管理法》）以及相关行政法规的规定取得、行使。《海域使用管理法》第3条规定："海域属于国家所有，国务院代表国家行使海域所有权。任何单位或者个人不得侵占、买卖或者以其他形式非法转让海域。单位和个人使用海域，必须依法取得海域使用权。"尽管原告宋某林对该海域事实上进行使用，但是一直未取得该海域的使用权，因此其利益并不受法律保护。被告王某在取得湖岛湾4号养殖海区的使用权后，向原告发出了限期拆除的通知，而原告拒不拆除已经给被告的海域使用权行使造成了妨害。2000年8月2日，被告王某带人到湖岛湾4号养殖海区割了原告宋某林的33行养殖筏架。被告王某的这一行为是在私力救济、排除妨害、恢复自己的权利？抑或滥用权利，侵害原告宋某林的财产权益？这是本案争议的核心问题。

被告王某在其海域使用权受到妨害后，是否有权利进行私力救济？答案是肯定的，民法允许民事主体为了保证自己权利的实现，在情势紧急不能及时请求国家公权力予以救助的情况下，对加害人的自由加以拘束或者扣押加害人的财产，这属于自助行为。但是采取私力救济是有条件的，通常情况下需要满足：①为保护自己的合法权利；②情势紧迫来不及请求国家保护（公力救济）；③采取的手段适当并在必要的限度内。随着社会文明进步，私力救济的适用范围、条件被法律严格限制，只有情势紧急来不及请求公权力救济，不采取自助行为事后权利将无法实现的情形下，行为人才可以对加害人的自由加以拘束或者扣押加害人的财产，并且事后立即通知公权力机构。本案中，被告王某向原告发出了限期拆除的通知，而原告拒不拆除侵害了被告王某的合法权益，但是被告王某带人到湖岛湾4号养殖海区割了原告宋某林的33行养殖筏架的行为并不属于自助行为。首先，原告拒不拆除养殖筏架妨害被告行使权利并不属于情势紧急，不采取自助行为事后将无法实现权利的情形；其次，被告直接割了原告宋某林33行养殖筏架的行为已经超出了自助行为的必要限度。被告完全可以直接请求国家公权力（法院）对其权利行使受到妨害的情况进行救济，也完全可以先扣押原告的养殖筏架和养殖的渔产品，而不是直接割断，侵害原告的财产权益。因此，被告的行为并不构成自助行为，也不能免除民事责任。被告王某的行为已经侵害了原告的财产权益，需要承担侵权责任。一审法院的判决在这个争议问题点上的判断完全正确。

被告王某的行为是否构成权利滥用？答案是肯定的。被告王某对湖岛湾4号养殖海区有合法使用的权利，也有权请求事实上使用该海域，一直未取得该海域使用权的原告排除妨害，这是基于被告海域使用权受侵害而产生的物权请求权。但是权利不得滥用而损害国家利益、社会公共利益或者他人合法权益，尽管原告的行为妨害了被告行使海域使用权，但是原告的财产利益也应受到法律保护。被告割断原告养殖筏架的行为，造成他人损失远远大于自己的收益，且超出了行使权利的必要限度，构成权利滥用。依据禁止权利滥用的原则，被告的行为不能产生权利行使的效果，还需要对原告的损失承担赔偿责任。

🗇 拓展资料

3-5

| 第四章 |

法律行为

第一专题 意思表示之判断

🔖 知识概要

一、法律行为与意思表示的关系

（一）从法律行为理论萌芽到理论体系：罗马法与德国法学的贡献

"法律行为"是法典化国家即大陆法系国家民法学理论中最为重要的术语之一。关于法律行为概念的起源，国内外学界比较一致的看法是，法律行为源自个人意思自由和平等地位，而允许个人自由决定法律关系的理念和制度因素在罗马法中即已出现。在意思自由理念萌生的罗马社会中，法学家们深入研究了意思与表示问题，主要包括意思的正常形成、正确表达方法及其可能存在的缺陷问题、形式问题、无效问题、解释问题、附加因素问题、通过第三人行为的问题、各类契约、遗嘱等，并形成了有关意思问题的初步体系，为后世私法中法律行为理论与规则体系的形成与发展奠定了重要基础。[1]。

现代法中"法律行为"术语及其体系对社会公众的民法生活的全方位和自治思维理念的影响，被公认为是德国法学的贡献。德国著名法学家胡果

---

〔1〕 ［意］桑德罗·斯奇巴尼：《桑德罗·斯奇巴尼教授文集》，中国政法大学出版社2010年版，第348～349页；费安玲主编：《罗马私法学》，中国政法大学出版社2009年版，第95～129页。关于法律行为概念的起源问题，可参阅胡长清：《中国民法总论》，中国政法大学出版社1997年版，第184页；张俊浩主编：《民法学原理》（上），中国政法大学出版社2000年版，第225页。

（Gustav Hugo）、海瑟（Heise）等对此作出非凡贡献。而德国著名法学家萨维尼（Savigny）在其《当代罗马法体系》中，更是将法律行为概念进一步理论化和精致化。

源自罗马法和中世纪后德国的法律行为理论及其体系，在近现代社会法典化国家被立法者积极且有意识地采用。1900 年《德国民法典》集学理之大成，在其第一编第三章以专章 59 个条文规定了法律行为，具体包括：行为能力、意思表示、合同、条件和期限、代理和代理权、同意和追认六节内容。《德国民法典》首次在民法总则中系统地规定了法律行为制度，并将法律行为作为合同、遗嘱等以意思表示为核心要素的各种行为的上位阶概念。《德国民法典》的法律行为立法体系被不少法典化国家的民法典立法所仿效，例如《日本民法典》《巴西民法典》《秘鲁民法典》《俄罗斯民法典》《瑞士民法典》等。即使在民法典中没有直接纳入法律行为概念与规则的法典化国家例如法国、意大利、葡萄牙、智利、墨西哥等，在其学理和实务中，也深受德国法律行为理论的影响和启发。20 世纪 40、50 年代的法国民法典改革委员会，曾经考虑对"法律行为"予以专篇规定，但终因考虑维护法国民法典原有体系的稳定性而作罢[1]。

（二）以意思表示为基本要素的法律行为

"法律行为"是法典化国家达成共识的一种术语表达。在我国立法中，法律行为亦称为民事法律行为。根据我国《民法总则》第 133 条的立法性解释，法律行为是指民事主体通过意思表示设立、变更、终止民事法律关系的行为。但是，在法典化国家的民法学理论中，法律行为定义的核心在于强调意思表示及其与私法的关系。因此，从民法学理论而言，法律行为是指民事主体以意思表示为要素并因意思表示而发生私法效果的行为。

法律行为具有如下法律特征：

第一，法律行为是一种行为法律事实。法律事实是一种具有法律效果的客观状态。如果将法律事实与人的意志是否有关作为划分标准，则法律事实分为由人的意志导致的行为法律事实和与人的意志无关的事件法律事实。无疑，法律行为是人有意识的活动过程，伴随着该行为过程的结束而产生私法

---

〔1〕 ［德］茨威格特、克茨：《比较法总论》，潘汉典等译，贵州人民出版社 1992 年版，第 274 页。

上的效果。而事件法律事实则是与人的意志无关的自然事件如地震、台风、海啸等，或者人的意志无法控制的社会事件如骚乱、战争等。因此，法律行为即行为法律事实不同于事件法律事实。前者基于人的有意识的行为导致法律关系的产生、变更或者消灭；后者的发生不依赖于人的意志。

第二，法律行为以意思表示为基本要素。意思表示旨在强调行为人将其内心意图以某种形式表露于外部。法律行为就是以意思表示为其基本要素，无意思表示即无法律行为。在德国 18 世纪的法学作品中，将法律行为与意思表示作为同义词使用的情形并不少见[1]。

意思表示作为一个法律术语是 18 世纪沃尔夫（Wolff）在其《自然法论》一书中首次提出和阐明的[2]。但是，罗马法对意思表示理论的产生有着无法忽视的作用。虽然罗马社会的法学家们多秉持法学家雅沃伦所说的"在法律中，任何下定义的行为都是危险"的观念[3]，而且罗马社会的法学理论缺乏对意思表示理论的系统阐释，但是，"意思表示"这个法律范畴显然已经大量隐含在罗马法的具体规则中，例如强调意思表示是法律行为之"必备要素"的要求、有关"错误"的一系列规则、有关"要式"的规则、有关遗嘱表示的规则等[4]，均为后世法学将意思表示作为法律行为基本要素甚至两者系同一语的理论，奠定了坚实的理论与规则基础。

意思表示作为一种人的内心意图的外在表达，由意思和表示共同构成，具体而言，由行为人的内心意愿即效果意思与将该意愿加以外在表示所构成。例如，某人考虑乘坐出租车去上班，随后用手机上的叫车软件呼叫出租车。其中，该人考虑乘坐出租车去上班，这是效果意思；用手机上的叫车软件呼叫出租车，这是外在表示。因此，凡民事主体有设立、变更或者消灭民事法律关系的内在愿望，即为意思。凡民事主体将其内在愿望表达于外部，即为表示。

效果意思与外在表示的关系是：①外在表示必须以效果意思为基础，如

---

〔1〕　［德］维尔纳·弗卢梅：《法律行为论》，迟颖译，法律出版社 2013 年版，第 29～35 页。

〔2〕　沈达明、梁仁洁编著：《德意志法上的法律行为》，对外贸易教育出版社 1992 年版，第 49 页。

〔3〕　载于罗马法原始文献《学说汇纂》D. 50，17，202。拉丁文原文为：omnis definitio in iure civili periculosa est。

〔4〕　费安玲主编：《罗马私法学》，中国政法大学出版社 2009 年版，第 101 页。

果外在表示与效果意思不一致甚至无关，则构成不真实的意思表示；②效果意思必须通过外在表示而表现于外，否则不能产生与他人之间存在民事法律关系的发生、变更或消灭的法律效果。

意思表示与法律行为的关系是：①意思表示是法律行为的基本要素，是法律行为必不可少的条件，没有意思表示则定无法律行为；②意思表示本身不等于法律行为，意思表示仅是法律行为的基本要素而非全部要素（详见下文中有关法律行为的成立、生效的内容）。

效果意思与法律行为生效的关系是：效果意思是行为人的内心意图，是其实施行为的目的所在；但法律行为是否能够产生行为人追求的法律关系产生、变更或者消灭的法律效果，还取决于法律对法律行为生效的其他强制性规定，而非完全与行为人的行为目的相一致。换言之，如果存在不符合法律对法律行为生效条件要求的，则虽然有行为人的效果意思，但不会产生法律行为生效的结果（详见下文中有关法律行为生效要件的内容）。

第三，法律行为体现着民事主体对私法效果的追求。在社会生活中，绝大多数民事法律关系的产生、变更和消失都是通过民事主体实施的法律行为来实现的。民事主体在实施法律行为时，均带有产生私法上效果的目的追求。但是，民事主体对私法效果的追求，仅是其对行为结果的预期和渴望。根据意思自治原则，法律尊重民事主体的意愿选择。然而这并不意味着，民事主体的意愿选择与目的追求，必然能够获得法律的保护。民事主体预期的私法效果，有些能够实现，例如民事主体按照自己意愿缔结了买卖合同；有些则不仅不能实现而且法律效果正好相反，例如有人意图通过欺骗行为获得他人物品的所有权，结果不仅该目的没有实现，而且还要承担对因其欺骗行为给他人财产利益造成的损害进行赔偿的法律责任。

因此，虽然法律行为本身并不强调其合法性，但是在行为人通过法律行为要实现其私法效果的追求时，需要符合法律规则对法律行为成立、生效的条件要求。故而，法律尊重行为人的意志，尊崇行为人的选择。但是，行为人一旦确定了自己的选择，则应当受到"自己行为自己责任"的制约。民事主体通过法律行为实现了自己对私法效果的追求，这是最佳结果。但是，如果民事主体因其法律行为不符合成立或生效条件而无法实现其追求的私法效果甚至要承担相应法律责任时，这同样是民事主体不能回避的结果。故而，民事主体的法律行为能够根据其意思表示发生效力，是法律规定的结果。意思表示与法律相结合确定了法律行为的法律效果。

1 - 1　关于法律行为与民事行为　　　　1 - 2　关于法律行为的研习价值

二、意思表示的基本理解

（一）意思表示含义的要点

意思表示是指行为人将其内心意图以一定形式表露于外部。作出意思表示的人称为表意人，接收该意思表示的人称为相对人。意思表示是法律行为的基本要素，无意思表示即无法律行为。

对意思表示，需要注意如下要点：

1. 意思表示可以发生在不同主体之间，亦可仅发生在表意人处。前者如双方为缔结合同各自的意思表示，后者如立遗嘱的意思表示。但是，如果某个自然人以无人可能接收其意思表示的方式表达自己的意愿，例如鲁滨逊在空无一人的海岛上，面对广阔无垠的大海高声地说"我要与菲利普签合同"，这在法律上无任何意义和价值。

2. 意思表示的目的在于追求私法效果。意思表示是民事主体将自己内心意图表达于外部以追求私法效果的行为。因此，政府机关的公职行为（如政府作出行政决定的行为、法院的裁判行为），以及其他追求发生公法效果的私人行为（如公民依宪法规定投票选举人大代表的行为），均不属于民法上的意思表示。如何判断表意人是否追求发生一定的私法效果呢？这需要综合考察各项相关情事加以认定。例如，几位朋友相约共同观看演出或者一起聚餐等行为，虽然从表面上看似乎符合民事法律关系的诸项要件，但由于该诸民事主体通常并不希望发生私法上的效果，即没有要受约束的意图和必须要共同观看或一起聚餐的效果追求，因此这不属于意思表示。

（二）意思表示构成要素的理解

意思表示由两个要素所构成[1]：一是意思，即表意人的内心想法，这是意思表示的主观要素；二是表示，即可让他人感知的外部表示，这是意思表示的客观要素。

1. 意思。意思是指表意人追求特定民事法律效果的主观意愿，主要体现为效果意思。效果意思是指表意人欲使其目的意思发生法律效果的意思。法律效果就是使某一特定民事法律关系被设立、变更或终止。在实际生活中，民事主体可能未从法律意义上理解这种效果，但这并不妨碍其法律意义的存在。例如，甲向乙购买食物，乙接受钱款并将食物交给甲。他们双方可能没有意识到这是民法意义上的买卖合同，但双方肯定知道支付货款和交付食物构成了双方的交易内容。

值得注意的是，不具备效果意思的表示不能形成意思表示。例如，观念通知和情感表示均不属于意思表示。观念通知，是指关于某种事实或认识的通知，如债权让与通知。情感表示，是指某种内心情绪或感情的表示，因表示的是情感而非追求法律效果的目的，所以不属于意思表示。

此外，事实行为的法律效果无须当事人的效果意思，即只要事实上有行为就产生法律上的效果，不问有无效果意思。如遗失物的拾得、无主物的先占等，其法律效果均是法律直接规定的，与当事人的意思无关，均属于事实行为而不是法律行为。例如，6 岁的女童将他人抛弃的布娃娃捡回家供自己玩，即为事实行为。

2. 表示。表示是指行为人将内心意思以一定方式表现于外部，并足以为外界理解的客观表达，如在合同书上签字。没有表示行为，即使有了内心效果意思，也不能将其客观化，因此无法取得法律效果。表示包括三个要素：

（1）表示的意识。表示的意识，是指行为人要对行为的性质和意义有所认识，即表示行为与其目的之间具有同一性。如果一个行人无意乘出租车，也不知道"招手即停"的规则，那么，他站在马路边伸了一下手就不能被认为是要求乘坐出租车的表示。

---

[1] 关于内心意思的构成，有不同的学说。请阅读［德］维尔纳·弗卢梅：《法律行为论》，迟颖译，法律出版社 2013 年版，第 53～68 页。

（2）表示的愿望。表示的愿望，是指一个人在进行一个意思表示时，必须是自觉和自愿的。如果行为人并非出于自觉而实施某项行为，即属于缺乏行为意思。例如，某人在因醉酒而神志不清的情况下听从他人摆布而在借据上签字，就不能认为该人有表示的愿望。

（3）表示的行为。表示的行为，是指行为人将其内在的目的意思和效果意思以一定方式表现于外部，以便行为为相对人所了解。表示的行为可以采取明示或默示的方式。

（三）意思表示的形式

意思表示的形式亦称法律行为的形式，是指作为表意人作出表示的外在表现方式。《民法总则》第 135 条规定："民事法律行为可以采用书面形式、口头形式或者其他形式；法律、行政法规规定或者当事人约定采用特定形式的，应当采用特定形式。"第 140 条亦规定："行为人可以明示或者默示作出意思表示。沉默只有在有法律规定、当事人约定或者符合当事人之间的交易习惯时，才可以视为意思表示。"

从理论上，意思表示的形式分为明示、默示和沉默三种类型。

明示形式，是指直接显明地或者是明白确切地将其意思表示于外的形式。明示形式包括口头形式如当面交谈、电话交谈、托人带口信、当众宣布等；书面形式如合同、信件和数据电文（包括电报、电传、传真、电子数据交换和电子邮件）等，实践中还有公证、鉴证、审核批准、核准登记等特别书面形式；其他通过感官得以感知的表达方式如证券交易场所采用的特定手势。

默示形式，是指行为人虽未以明示形式作出意思表示，但通过实施某种有明确目的且有意义的积极行为来表达其意思，并使他人可依交易习惯、相互间的默契或生活常识推知行为人已作某种意思表示，从而使法律行为得以成立。例如将汽车停放在收费停车场、登上运营中的公共汽车，均属于以默示形式作出的意思表示。

我国法律认可以默示形式进行意思表示，如《合同法》第 22 条规定："承诺应当以通知的方式作出，但根据交易习惯或者要约表明可以通过行为作出承诺的除外。"《合同法》第 236 条亦规定："租赁期间届满，承租人继续使用租赁物，出租人没有提出异议的，原租赁合同继续有效，但租赁期限为不定期。"默示形式通常在有法律规定或交易习惯时才允许被使用。

沉默，是指行为人既无语言表示亦无行为表示的状态。根据《民法总则》第 140 条第 2 款的规定："沉默只有在有法律规定、当事人约定或者符合当事人之间的交易习惯时，才可以视为意思表示。"因此，沉默并非当然地属于意思表示形式，仅在法律有明确规定，或者当事人有明确约定，或者符合当事人交易习惯的情况下，可视为行为人作出意思表示并产生法律行为成立的法律效果。我国《继承法》第 25 条规定："继承开始后，继承人放弃继承的，应当在遗产处理前，作出放弃继承的表示。没有表示的，视为接受继承。受遗赠人应当在知道受遗赠后 2 个月内，作出接受或者放弃受遗赠的表示。到期没有表示的，视为放弃受遗赠。"显然，法律明确规定了接受继承和放弃受遗赠均可用沉默方式来作为意思表示的形式。

（四）意思表示的约束力

意思表示一经作出即对表意人产生法律上的约束力。掌握意思表示约束力的基本点在于：意思表示的主体、意思表示的形式、意思表示约束力产生时间及这三者之间的关系。为此，我们需要关注《民法总则》第 137 条、第 138 条、第 139 条的规定[1]。

就意思表示约束力而言，主要有意思表示的发出、意思表示的生效、意思表示的撤回和撤销等具体制度规则。

1. 意思表示的发出。意思表示的发出，是指表意人实施的将其内心意思表示于外部的行为。该行为的出现标志着表意人所作意思表示行为已经完成。意思表示发出的时间是判断表意人有无民事权利能力或民事行为能力的时间标准。在意思表示发出后，表意人死亡、丧失民事行为能力或者民事行为能力受到限制的，意思表示不因此而丧失效力。意思表示的生效以意思表示的发出为前提条件。

如果意思表示是发给特定相对人的，则表意人一旦完成其表示过程，意

---

〔1〕《民法总则》第 137 条规定："以对话方式作出的意思表示，相对人知道其内容时生效。以非对话方式作出的意思表示，到达相对人时生效。以非对话方式作出的采用数据电文形式的意思表示，相对人指定特定系统接收数据电文的，该数据电文进入该特定系统时生效；未指定特定系统的，相对人知道或者应当知道该数据电文进入其系统时生效。当事人对采用数据电文形式的意思表示的生效时间另有约定的，按照其约定。"第 138 条规定："无相对人的意思表示，表示完成时生效。法律另有规定的，依照其规定。"第 139 条规定："以公告方式作出的意思表示，公告发布时生效。"

思表示即为发出，无需特定相对人做出回应。需要注意的是：①如果表意人是以口头形式向特定相对人作出意思表示，在相对人客观上能够了解时为意思表示的发出。例如，甲欲以口头形式向乙发出购买乙房屋的要约，但甲仅是自言自语或者向第三人表露了自己的愿望，这不属于意思表示的发出。②如果表意人以书面形式向特定相对人作出意思表示，在该意思表示进入预期到达相对人的过程之时而非书面文件作成之时为意思表示的发出。例如，甲以书信形式向乙发出购买乙房屋的要约，意思表示发出的时间是甲将书信投入邮筒之时或交付第三人代为递交之时。

如果意思表示是发给不特定人的，在众人知晓该表示行为时即为意思表示的发出。

现代社会伴随着互联网的普及，人们用数据电文形式发出意思表示已是常态。当表意人以数据电文形式作出意思表示时，其意思表示一旦发到特定系统时，即为意思表示的发出。

2. 意思表示的生效。

（1）无相对人的意思表示。在法律没有特别规定的情况下，无相对人的意思表示在意思表示发出时生效，如抛弃动产所有权的意思表示在行为人完成抛弃行为时生效，产生该动产所有权消灭的法律效果。但是，法律对意思表示生效时间有特别规定的，从特别规定，例如遗嘱意思表示不是在完成遗嘱意思表示时生效，而是在遗嘱人死亡时生效。

如果意思表示是向不特定人发出的，则意思表示在表示发出时即生效，除非法律有特别规定。

（2）有特定相对人的意思表示。表意人向特定相对人发出意思表示的，该意思表示不仅要到达于相对人且要为其所了解时方生效。但不宜将"到达"与"了解"作为并列关系，该两者是递进关系。即当表意人的意思表示到达特定相对人处时，如果没有相反证据，则意味着相对人已经了解该意思表示。

有特定相对人的意思表示，存在对话式和非对话式两种情况，其中非对话式意思表示的生效，在法典化国家中多采到达主义规则，即意思表示在到达相对人时生效。到达相对人处是指到达相对人可以控制的领域如住宅、办公或者经营场所、特定电子邮箱等。因该领域处于相对人可控制状态下，故而可以推定相对人知道或应当知道意思表示的内容。在非对话式意思表示活动领域，到达主义的优势在于较为公平合理地分配了意思表示在途中遗失或迟到的风险。

此外，以数据电文形式向特定相对人发出的意思表示之生效，需要注意《民法总则》第 137 条的特别规定：其一，以非对话方式作出的意思表示，到达相对人时生效。其二，以数据电文形式作出非对话式意思表示的，根据相对人是否指定特定系统二分为两种情况：①相对人指定特定系统接收数据电文的，该数据电文进入该特定系统时生效；②相对人未指定特定系统的，自相对人知道或者应当知道该数据电文进入其系统时生效。其三，当事人对采用数据电文形式的意思表示的生效时间另有约定的，从其约定。

3. 意思表示的撤回与撤销。意思表示的撤回，是指在意思表示生效之前取消意思表示的行为。意思表示的撤回仅存在于非对话式意思表示的情况下。换言之，意思表示的撤回，应当先于意思表示到达相对人处或者与意思表示同时到达相对人处。为此，《民法总则》第 141 条规定："行为人可以撤回意思表示。撤回意思表示的通知应当在意思表示到达相对人前或者与意思表示同时到达相对人。"

下列情况不存在意思表示的撤回：①在无相对人或相对人为不特定人的意思表示中，不存在意思表示的撤回。②在相对人为特定人的对话式意思表示中，由于对话式意思表示在相对人了解之时即可生效，不可能存在意思表示的撤回。

意思表示的撤销，是指在意思表示生效后作出的取消意思表示的行为。意思表示可被撤销仅发生于法律不禁止撤销的情形。例如按照《合同法》第 19 条的规定："有下列情形之一的，要约不得撤销：①要约人确定了承诺期限或者以其他形式明示要约不可撤销；②受要约人有理由认为要约是不可撤销的，并已经为履行合同作了准备工作。"此外，《合同法》第 25 条规定："承诺生效时合同成立。"故承诺人不能撤销承诺。

1-3 关于意思表示的类型

（五）意思表示的解释

1. 意思表示的解释原则：表示主义为主，意思主义为辅。意思表示解释的目的在于探究表意人的真意，但是，在双方对意思表示的真意有争议时，出于各自利益所需，双方会各执己见。因此，如何通过意思表示的解释来判断表意人的真意，需要有一定的规则。我国通说认为，当表意人主张其内在意思与表示出来的意思不一致时，意思表示应当以表达出来的意愿为准。但是，如果确有证据表明表意人系因遭受相对人欺诈或胁迫，或者相对人存在乘人之危行为，或者表意人自己存在错误等而作出意思表示的，则应当采表意人的真实内心意愿。这就是理论上所说的"表示主义为主，意思主义为辅"原则。

2. 解释规则和解释方法。根据我国《民法总则》第142条的规定，意思表示解释的基本规则主要包括：①有相对人的意思表示的解释，应当按照所使用的词句，结合相关条款、行为的性质和目的、习惯以及诚信原则，确定意思表示的含义。②无相对人的意思表示的解释，不能完全拘泥于所使用的词句，而应当结合相关条款、行为的性质和目的、习惯以及诚信原则，确定行为人的真实意思。

意思表示的解释方法，主要包括：

（1）文义解释。意思表示是由语言文字构成的，欲确定意思表示的含义，必须首先确定其所用词句含义。因此，解释意思表示必须先由文义解释入手，而且其余的各种解释方法，最终都要落脚到文义解释。文义解释，是指通过解释意思表示所使用的言语文字的含义，探求当事人的真实意思。值得注意的是，言语文字大多具有多义性，而意思表示人运用语言的能力以及所具备的法律知识也各有不同，词不达意在所难免。所以，在进行文义解释时，不应拘泥于当事人所使用的言语文字。

（2）体系解释。体系解释，又称整体解释，是指把意思表示的全部条款和构成部分看作一个统一的整体，从各个条款以及构成部分的相互关联、所处地位的总体联系上阐明当事人有争议的用语的含义。

（3）习惯解释。习惯解释，是指意思表示所使用的言语文字有疑义时，应参照当事人的习惯进行解释。这里的习惯包括语言习惯、行为习惯、交易习惯等。

运用习惯解释时，应注意如下三点：①习惯应当是客观存在的，主张习惯存在的当事人负有举证责任；②习惯必须适法，如果习惯违反法律的强行性规定，则不能作为解释的依据；③习惯应当是当事人双方已经知道或者应当知道而又没有明确排斥的。

（4）目的解释。目的解释，是指如果意思表示所使用的文字或某个条款可能作两种解释时，应采取最适合于意思表示目的的解释。当事人为意思表示都有一定的目的，因此，对于意思表示的解释就应符合当事人所欲达成的目的。这里的当事人所欲达成的目的，是指双方当事人共同的目的或者至少是为对方当事人已知或应知的一方当事人的目的。目的解释的结果可以验证文义解释、体系解释、习惯解释的结果是否正确。

（5）诚信解释。诚信解释，是指对意思表示进行解释时，应遵循诚实信用原则。诚信解释的主要功能在于对于运用前述几种解释方法所得出的结论进行检验。违反诚实信用原则的解释，不应被采纳。

经典案例

案例一：葛甲与葛某等赠与合同纠纷案[1]

1-4 判决书全文

一、基本案情

葛甲系葛乙的叔叔。葛某系葛乙之子，葛丙系葛乙女儿，石某系葛乙的妻子，葛丁系葛乙的父亲（以下将葛某、葛丙、石某、葛丁合并简称为葛乙亲属）。2015年12月17日葛甲与葛乙签订了一份赠与合同。该合同约定：①赠与人葛甲自愿将下列财产权益赠与给受赠人葛乙所有，新沂市房屋征收与补偿办公室与葛甲于2015年12月7日签订的新沂市房屋征收补偿协议项下的房屋

---

〔1〕 二审民事判决书：江苏省徐州市中级人民法院（2017）苏03民终6447号民事判决书。

调换产权（星河湾金地住宅小区 5 幢 1102 室，面积 91.63 平方米；星河湾金地住宅小区 8 幢 1801 室，面积 126 平方米）的权益。上述财产权益为葛甲个人所有。②赠与人确保上述财产权益份额无债务，无抵押、担保，未有涉诉事项。③赠与人的赠与行为是真实自愿的意思表示。④受赠人自愿接受赠与人所赠与的上述财产权益份额。⑤此赠与合同系双方真实、自愿的意思表示，永不反悔。否则，自愿承担法律责任。

随后，双方将赠与合同进行了公证。公证处于 2015 年 12 月 17 日出具了公证书。

2016 年 1 月 7 日和 9 月 13 日，葛乙将从葛甲处收到的房屋拆迁补偿款 34 万元和 19.5 万元分别退给了葛甲，葛甲分别出具了收条。

2016 年 11 月 17 日葛乙去世。葛甲随后找到葛乙妻子石某，要求收回赠与合同及其公证书等原件。石某于 2017 年 2 月 10 日将上述原件交给了葛甲，葛甲收到后出具了收条，其中载明"2015 年 12 月 17 日葛甲与葛乙签订的公证书和拆迁协议已由我收回，今后无论发生任何经济等问题，由本人负责"。

其后，葛甲与葛乙亲属之间就赠与合同的效力发生纠纷。在庭审中，葛甲强调自己的情况符合《合同法》第 195 条的规定，即赠与人经济状况显著恶化，严重影响其生产经营或者家庭生活，要求法院撤销赠与合同的效力，但葛甲对其主张的事实未能提供证据加以证明。

1. 一审情况：

（1）诉请。葛甲向法院提起诉请，称：赠与合同虽然经过公证，但葛乙于相关财产权利移转前去世，葛甲经与葛乙亲属协商后，葛乙亲属同意撤销赠与并将合同原件交给葛甲。此外，葛甲现在经济状况严重恶化。故请求法院撤销赠与合同的效力。

（2）答辩。葛乙亲属认为，葛乙去世后，葛甲对其与葛乙签订的赠与合同反悔。葛乙亲属出于大度和同族关系，将合同、公证书、拆迁协议原件交还给葛甲。葛甲书面表示今后发生的任何经济问题全部由其本人负责，与葛乙亲属无关。但是，葛甲拿到上述原件后，在亲朋面前到处说葛乙亲属用他钱、占他房，造成极坏影响。故不同意撤销赠与合同的效力。

（3）法院判决及其理由。法院依《合同法》第 186 条、第 195 条的规定，驳回葛甲的诉讼请求。

法院认为：双方缔结的赠与合同系双方真实意思表示，公证处的公证进一步确认了其真实性，且该合同不违反法律、行政法规的强制性规定，合同应当合法有效。虽然葛乙在尚未取得赠与物及接收赠与物权利的情况下去世，但并不影响赠与合同的效力，也不影响葛乙的权利义务承受人主张权利。《合同法》第186条第1款虽然规定赠与人在赠与财产的权利转移之前可以撤销赠与，但该条第2款明确规定经过公证的合同不适用该条第1款规定。在庭审中，葛甲对其主张的经济状况显著恶化导致严重影响其生产经营或者家庭生活的事实未能提供任何证据加以证明，相反，根据葛乙亲属提供的证据却证明葛甲并不存在其主张的事实。

葛甲不服一审判决提出上诉。

2. 二审情况：

（1）诉请。葛甲提出的上诉请求是：其一，赠与合同中的房产至今未建成，更未上房。并且，葛甲赠与涉案房产是附带条件的，即葛乙应对葛甲生养死葬，且须保证葛甲在涉案房屋内居住至终老。因葛乙去世，其他人不能履行赠与附带的义务，不能满足赠与的前提条件，合同目的无法实现，故该合同应予撤销。其二，葛甲现在身体不便，无劳动能力，无收入来源，生活极其困难。其三，在葛甲与葛元成案件中，经生效裁判认定，赠与合同涉及的部分房产，即星河湾2期金帝小区5幢1102室应由葛元成居住使用，葛甲无权处分。综上，请求二审法院撤销一审判决，改判支持葛甲的一审诉讼请求。

（2）答辩。被上诉人答辩称：从赠与合同内容来看，葛甲赠与葛乙房产未附带任何义务。赠与合同第5条内容中"永不反悔"的表述，反映出该赠与属于不可撤销的赠与。为确保赠与合同的真实性和合法性，葛甲和葛乙在新沂市公证处对该赠与合同申请公证，新沂市公证处审查后依法出具公证书。赠与合同成立生效并经公证后，葛乙虽因病去世，但赠与合同的效力不受影响。并且，葛甲根本不存在经济状况显著恶化严重影响其生活的情形。因此，葛甲要求撤销赠与不应得到支持。一审判决认定事实清楚，适用法律正确，葛甲的上诉没有事实和法律依据，请求二审法院依法驳回其上诉，维持原判。

（3）法院的判决及其理由。二审法院确认了一审法院查明的事实。

法院判决：依照《民法总则》第146条、《合同法》第93条第1款、《最高人民法院关于贯彻执行〈中华人民共和国民法通则〉若干问题的意见（试行）》第 66 条之规定，判决驳回上诉，维持原判。

法院判决的理由：法院认为，《民法总则》第 146 条规定，行为人可以明示或者默示作出意思表示。《最高人民法院关于贯彻执行〈中华人民共和国民法通则〉若干问题的意见（试行）》第 66 条规定，一方当事人向对方当事人提出民事权利的要求，对方未用语言或者文字明确表示意见，但其行为表明已接受的，可以认定为默示。在本案中，葛甲与葛乙签订了赠与合同并经公证。在葛乙去世后，葛甲反悔并向葛乙亲属要求返还合同、公证书及拆迁协议原件，该行为视为葛甲要求解除与葛乙签订的赠与合同，实为协议解除合同的要约。葛甲亲属基于种种考虑将上述原件交还给葛甲，系葛乙亲属以行为表明接受葛甲解除合同的要约，该行为实为协议解除合同的承诺。葛甲的索要行为、出具收条行为及葛乙亲属交还行为说明双方就解除合同达成了一致，双方因案涉赠与合同产生的权利义务关系于 2017 年 2 月 10 日终结。因赠与合同系单务合同，且葛甲并未履行赠与合同的义务，故无论是撤销合同还是解除合同，均可以使其免受该赠与合同的约束。鉴于该合同已于 2017 年 2 月 10 日解除，葛甲提起本案诉讼要求撤销赠与合同已无必要。一审法院对赠与合同的履行状态认定错误，但处理结果并无不当，应予维持。

二、法律问题

1. 本案中是否存在默示的意思表示？
2. 本案所涉赠予合同是否被解除？
3. 本案合同效力是被撤销还是被解除？

三、法理分析

1. 本案中是否存在默示意思表示？合同的缔结、合同的履行、合同的撤销或者解除，均是合同当事人意思表示的法律效果。

在判断意思表示的真意时，关注意思表示的形式是重点之一。民法学理论强调意思表示形式就是法律行为的形式，是指作为表意人作出表示的外在表现方式。《民法总则》第 135 条规定："民事法律行为可以采用书面形式、口头形式或者其他形式；法律、行政法规规定或者当事人约定采用特定形式的，应当采用特定形式。"其第 140 条亦规定："行为人可以明示或者默示作出意思表示。沉默只有在有法律规定、当事人约定或者符合当事人之间的交易习惯时，才可以视为意思表示。"

意思表示的形式分为明示、默示和沉默三种类型。其中默示形式是指行为人虽未以明示形式作出意思表示，但通过实施某种有明确目的且有意义的积极行为来表达其意思，并使他人可依交易习惯、相互间的默契或生活常识推知行为人已作某种意思表示，从而使法律行为得以成立。

我国法律明确认可以默示形式进行意思表示，如《合同法》第 22 条规定："承诺应当以通知的方式作出，但根据交易习惯或者要约表明可以通过行为作出承诺的除外。"《合同法》第 236 条亦规定："租赁期间届满，承租人继续使用租赁物，出租人没有提出异议的，原租赁合同继续有效，但租赁期限为不定期。"默示形式通常在有法律规定或交易习惯时才被使用。值得注意的是，交易习惯应当包括地域性交易活动习惯和行业性商事交易习惯。前者例如在某个地区内被公众或者大多数人认可的交易习惯，后者例如在银行、保险、机器贸易等不同行业中存在的交易习惯。

就缔结本案所涉赠与合同的意思表示及其书面形式而言，合同双方当事人即葛甲和葛乙、本案争议的双方当事人即葛甲与葛乙亲属均无异议。尤其是本案所涉赠与合同的双方当事人，不仅强调该合同系双方真实意愿，而且通过进行公证获得公证书面形式的方式进一步强化了该意思表示的真实性。

就履行本案所涉赠与合同的意思表示而言，我们需要注意下面两点：

第一，本案所涉赠与合同的赠与标的是什么？根据缔约双方的合意，该赠与合同涉及的标的是葛甲与房屋征收者之间缔结的《房屋征收补偿协议》项下的房屋调换产权所产生的、归葛甲个人所有的财产权益。

第二，本案所涉赠与合同是否履行以及双方是否存在使该合同效力发生变化的行为？根据法院庭审查明的事实，在该合同履行期间，实际上双方并未履行该合同，相反，却存在过三次直接影响该合同效力状态的默示的合意意思表示。

第一次和第二次的合意的默示意思表示分别出现在 2016 年 1 月 7 日和 9 月 13 日。根据法院庭审查明的事实，葛乙于 2016 年 1 月 7 日和 9 月 13 日分别将自己从葛甲处收到的房屋拆迁补偿款 34 万元和 19.5 万元均退给了葛甲，葛甲则出具了收条。如前所述，本案所涉赠与标的是葛甲个人基于房屋征收协议产生的财产权益。拆迁款应当是该财产权益的重要内容之一。按照合同约定，葛甲将房屋拆迁款交给葛乙是正常的履约行为，但随后出现的葛乙将拆迁款退还给葛甲的行为和葛甲接受退还款项并出具收条的行为，则显然是与合同履行相悖的行为。虽然葛甲与葛乙之间没有就退款行为和接受退款行为用法律术语去表达，但是双方各自以退款行为和接受退款行为的默示形式表明双方将已经开始履行的合同还原到缔结合同后的未履行状态。此后，该赠与合同因葛乙的去世亦未再履行。这就是二审法院确认葛甲并未有履行该合同行为的事实依据。

第三次合意的默示意思表示出现在 2017 年 2 月 10 日。当 2016 年 11 月 17 日葛甲提出从葛乙亲属处收回赠与合同及其公证书等原件的要求后，葛乙亲属于 2017 年 2 月 10 日将上述原件交给了葛甲。同样，由于涉事当事人葛甲和葛乙亲属不大懂得法律，故而均未以法律术语明确表达出对本案合同的处理。但是，我们应当注意到，当出赠人葛甲以书面形式作出 "2015 年 12 月 17 日葛甲与葛乙签订的公证书和拆迁协议已由我收回，今后无论发生任何经济等问题，由本人负责" 表示时，其隐含的意思是葛甲不再受到赠与合同的制约。对此，葛乙亲属也在庭审中确认，他们对葛甲要求收回合同、公证书等原件的行为的理解是，葛甲在葛乙去世后，对其与葛乙签订的赠与合同反悔了，如果将这些原件交还即意味着该合同的约束力消失。尽管如此，葛乙亲属出于大度和同族关系的考虑，依然实施了将合同、公证书、拆迁协议原件交还给葛甲的行为。因此，葛甲和葛乙亲属双方虽然没有明确表达要解除合同，但在均知道交还上述原件后果的情况下，依然实施要求交还和同意交还的行为，则说明葛甲与葛乙亲属之间就该赠与合同的解除达成默示合意，其中包含受约束的意思表示。在庭审中葛乙亲属提出的抗辩理由更进一步确认了双方对本案所涉赠与合同效力消失的默示合意的存在，即葛乙亲属提出，葛甲拿到上述原件后，在亲朋面前到处说葛乙亲属用他钱、占他房，造成极坏影响，故不承认赠与合同的效力消失。显然，葛乙亲属确认了交还上述原件的行为是旨在使合同约束力消失，但基于对葛甲收到原件后的活动不满意而又拒绝承认赠与合同效力消失。

二审法院在本案审理中，首先确定当事人之间的意思表示的默示形式，而后根据当事人的社会生活习惯去判断当事人真意，其体系化的思维方法值得肯定。将葛甲要求收回合同、公证书等原件的意思表示定性为解除合同的要约，将葛乙亲属同意交还上述原件的意思表示定性为解除合同的承诺，有其理论和立法依据。

2. 本案所涉赠与合同是否被解除？合同效力的解除，存在约定解除和法定解除两种类型。根据上述对本案所涉事实的分析，葛甲与葛乙亲属之间存在着解除本案所涉赠与合同效力的默示形式的合意，且没有违背法律的禁止性规范或者强制性规范，故而，本案所涉赠与合同的效力被解除。

3. 本案合同效力是被撤销还是被解除？葛甲在一审和二审中均提出了撤销合同的请求，一审法院以《合同法》第 186 条第 1 款虽然规定赠与人在赠与财产的权利转移之前可以撤销赠与，但该条第 2 款明确规定经过公证的合同不适用该条第 1 款规定为理由驳回葛甲的诉请。而二审法院认为由于葛甲与葛乙亲属在诉讼请求提出前已经合意解除了合同，故而不存在撤销合同的事实依据，故而也驳回了葛甲的诉请。

但是，我们注意到，一审和二审法院驳回诉请的结果一致而事实与法律依据却不一致。其核心在于对合同撤销和合同解除的判断。

合同的撤销，亦称为合同的可撤销，是指因合同当事人意思表示不真实，法律允许有撤销权的一方当事人行使撤销权，变更其意思表示或者使已经生效的意思表示归于消灭。当事人请求撤销的权利称为撤销权。是否行使撤销权是当事人的权利，但是否能够撤销则必须经法院或仲裁机构的确认，当事人不得擅自撤销合同。一旦当事人行使撤销权获得确认，已生效的合同即归于无效。撤销合同的法律依据目前主要是《合同法》第 54 条，根据该条规定，存在重大误解、显失公平、受欺诈、受胁迫以及乘人之危情况的合同，当事人一方或者双方可以请求法院或者仲裁机构撤销（亦可以要求变更合同）。

合同的解除，是指合同生效后，当具备解除条件时，因一方或双方当事人的意思表示而使合同关系消灭的行为。合同的解除具有以下特点：①仅适用于有效成立的合同；②双方可以意定解除，亦可以按照法定事由由单方提出解除；③应当由享有法定或约定解除权的一方解除合同；④合同解除的效力是使合同终止，解除当事人的履行义务。

合同解除与合同撤销的共性在于：均发生对合同的溯及既往的效力，即合同自始不发生效力。

合同解除与合同撤销的区别在于：

第一，发生的原因不同。合同撤销的原因有重大误解、显失公平、欺诈、胁迫等导致意思表示不真实的行为，其原因是法定原因；合同解除的原因则可以法定的，也可以约定的。

第二，确认的程序不同。合同的撤销应当由有撤销权的当事人提出，且应当经法院或者仲裁机关确认；合同的解除，如果有当事人的合意即可以直接解除，但如果单方要求解除而对方持异议，则应当经法院或者仲裁机构确认。

第三，法律效力的溯及力不同。合同撤销，发生合同自始无效效力，即溯及既往的法律效力；合同解除，通常发生自始无效即溯及既往的效力，但当事人有特别约定或者依合同履行情况或合同性质不能溯及既往的，不发生溯及既往的效力。

在本案中，鉴于赠与合同的缔结不存在可被撤销的事由，亦鉴于缔约一方去世，缔结相对方不愿再受到合同的约束，且去世一方的权利义务继受者在当时是同意的，故该合同应当是被解除。

四、参考意见

综上所述，在本案中，二审法院通过判断当事人各方的意思表示的默示形式的特性，确认本案所涉赠与合同效力基于当事人默示的合意而解除，有事实和法律依据。

案例二：张某等诉卢某房屋买卖合同纠纷案[1]

1-5 判决书全文

---

〔1〕 二审判决书：北京市第一中级人民法院（2018）京 01 民终 1044 号民事判决书。

一、基本案情

2009 年 6 月 8 日张某与北京罗顿沙河建设发展有限公司（以下简称罗顿公司）签订《商品房预售合同》，购买了位于昌平区 1702 号的房屋。2012 年 5 月 13 日，通过涛顺公司的居间，张某之母郭某代张某与卢某签订《房屋买卖合同》及《关于张某与卢某房屋买卖的补充条款》（以下简称补充条款），约定卢某购买张某享有所有权的涉案房屋，交易价格为 100 万元，买受人在合同签订当日支付定金 2 万元，在 2012 年 6 月 20 日前支付首付款 58 万元，剩余 40 万元尾款待涉案房屋开发商通知出卖人办理完成该房屋产权证 5 日内，在双方办理转移登记手续时一次性由买受人给付出卖人。双方在合同中还约定了其他相关事项。合同签订后，郭某代张某收取了卢某给付的定金及首付款共计 60 万元，郭某将涉案房屋交付卢某使用，并将《商品房预售合同》文本原件、购房发票原件等文件一并给付卢某。2016 年 12 月 7 日，张某取得涉案房屋《不动产权证书》。2017 年 2 月开始，卢某通过微信联系张某办理涉案房屋转移登记事宜，微信聊天记录显示：①张某向卢某询问办理涉案房屋转移登记的流程；②询问付款；③询问委托公证书的相关事项；④询问卢某购房资格核验；⑤确定网签时间问题。后双方因对交涉内容未能形成一致意见，截止至一审本案开庭审理前，双方未完成网签备案手续。一审法院通过庭审查明了上述事实，并有《商品房预售合同》、《房屋买卖合同》及其补充条款、收条、转账凭单、《不动产权证书》、卢某与张某微信聊天记录截图及双方当事人、第三人当庭陈述等证据在案予以佐证。二审法院认定的事实与一审一致。

1. 一审情况：

（1）诉请。卢某向一审法院起诉请求：①判令张某接受购房尾款 40 万元后，继续履行双方所签订的《房屋买卖合同》、协助办理北京市昌平区 1702 号的转移登记手续；②诉讼费用由张某负担。

（2）答辩。张某直接向一审法院提出反诉请求：①卢某将涉案房屋恢复原状、将房屋使用权归还给张某；②卢某向张某返还其非法占有房屋期间取得的租金收益 27 万元；③卢某向张某返还从开发商处取得的逾期交房违约金 32361 元；④诉讼费由卢某负担。

（3）法院的判决及其理由。

法院的判决：法院依照《合同法》第 60 条之规定，判决：①张某继续履行与卢某于 2012 年 5 月 13 日签订的《房屋买卖合同》及其补充条款；②卢某于本判决生效后 10 日内给付张某剩余购房款 400 000 元，张某于卢某支付完毕购房款当日协助办理北京市昌平区 1702 号的转移登记手续；③驳回张某的反诉请求。

法院的理由：一审法院认为，公民、法人可以通过代理人实施民事法律行为。代理人没有代理权、超越代理权或者代理权终止后的行为，经被代理人追认的，代理行为有效。在本案中，涉案房屋的产权人为张某，2012 年 5 月 13 日，张某之母郭某作为张某代理人与卢某签订《房屋买卖合同》并收取了卢某给付的定金及首付款共计 60 万元，在合同签订后将涉案房屋交付卢某使用。在本案审理过程中，卢某和涛顺公司均未能出具张某委托郭某出售涉案房屋的委托代理手续，故在此情况下，应视为郭某没有代理权。但结合卢某出示的其与张某的微信聊天记录看，2016 年 12 月 7 日，张某取得涉案房屋产权证后，卢某开始与张某沟通办理涉案房屋转移登记手续等相关事项。在双方聊天内容中，张某向卢某询问办理涉案房屋转移登记流程、涉案房屋尾款给付、确定网签备案时间等相关内容，从上述事实可以推定，张某知晓并认可郭某出卖涉案房屋的事实，可以认定张某追认了郭某的处分行为，郭某的代理行为有效。关于张某主张与卢某沟通相关转移登记流程是为了尽快办理房屋产权证，而并非追认郭某的代理行为一节，法院不予采信。郭某代理张某与卢某签订的房屋买卖合同并未违反相关法律的禁止性规定，故郭某代理张某签订的《房买卖合同》及其补充条款合法有效。双方当事人应当按照合同约定履行各自义务。现因张某已经取得了涉案房屋的不动产权证书，具备办理涉案房屋转移登记的相关手续，根据合同约定，张某在收取卢某给付的购房尾款 40 万元后，有义务配合卢松办理涉案房屋的转移登记手续。对卢某向法院提出的一并处理购房尾款给付的请求，法院予以支持。关于张某要求将涉案房屋恢复原状、返还涉案房屋租金损失和返还开发商给付卢某的逾期交房违约金的反诉请求，没有法律依据，法院不予支持。

2. 二审情况：张某不服一审法院的判决，提出上诉。

（1）诉请。张某的上诉诉请是：撤销一审判决，发回重审，或改判驳回卢某一审的全部诉讼请求，并支持上诉人在一审提出的全部反诉请求。其事实和理由是：①房屋买卖合同和补充协议均不是张某签订，郭某在张某出国期间且不知情的情况下签订了上述合同文件，郭某构成无权代理。②张某回国后知晓郭某出售房屋，但一直表示不予认可，张某与卢某之间的微信记录只是为了取回卢某持有的房屋买卖合同原件和发票原件，便于张某办理房屋所有权证和过户。这是在交涉沟通，没有表示同意也没有实际履行合同，所以并不构成对房屋买卖合同的追认。

（2）答辩。卢某辩称，郭某出售房屋的行为是有权代理，只是因中介公司将委托书遗失导致自己无法举证证明，但根据微信内容可以看出，张某对郭某出售房屋的行为进行了追认。为了让张某先办理初始登记，卢某才将房屋买卖合同、发票原件交给张某。其同意一审判决，不同意张某的上诉请求及理由。

郭某提交书面意见称，不同意一审判决，同意张某的上诉请求及理由。主要理由是郭某出售房屋时张某不知情，张某回国后也不同意出售房屋。

（3）法院的判决及其理由。

法院的判决：一审法院认定《房屋买卖合同》及其补充条款均为合法有效，并判令卢某与张某继续履行合同正确，予以维持。依照《民法总则》第142条第1款、第171条，判决驳回上诉，维持原判。

法院的理由：本院认为，卢某虽然主张郭某有权代理张某签订房屋买卖合同，但未能提交张某对郭某的委托代理手续，亦未能提供充分证据证明其有理由相信郭某对张某的代理权，故一审法院认定郭某没有代理权正确。本案的争议焦点在于张某是否对于郭某的无权代理行为进行了追认。

第一，依郭某与张某的陈述，《房屋买卖合同》签订时张某赴新加坡留学不久，张某于2年后即2014年回国。张某在《房屋买卖合同》签订后至本案诉讼前长达5年的时间内一直未对于房屋买卖合同的签订及履行提出异议。尽管张某与郭某均主张张某在国外期间对于房屋买卖一事并不知情，但张某与郭某系母女关系，张某作为成年子女，出国学习并不能阻断其与郭某之间对于房屋买卖等较为重大的事件进行沟通和联系。退言之，即使张某在出国期间对于房屋买卖不知情，但涉案房屋在2012年即交付卢某使用，张某在回国后理应及时发现房屋已经转移占有，张某在此后的近3年中未及时提出异议亦不符合常理。

第二，张某主张其与卢某之间的微信内容均系为了办理房屋所有权证和落户所作拖延和周旋，并非同意的意思表示。但张某的房屋所有权证系于2016年12月办理，且其主张开发商系逾期办理房屋产权证，即张某在回国后并不确定房屋所有权证何时能够办理完毕。张某在得知自己房屋被出售，且无法确定房屋所有权证何时办理的情况下，选择沉默2年多等待办证而不提出异议，不符合正常的行为方式。

第三，依据张某与卢某之间往来的微信内容，张某询问付款时间、房屋核验等继续履行合同的流程等问题，表示配合办理房屋核验，并与卢某协商网签时间。微信内容可以体现出在房屋产权证办理后，张某表示同意继续履行，没有提出异议。张某虽主张其真实目的在于拖延和周旋，并非真实地同意履行合同。但在存在相对人的法律行为中，对其意思表示的解释，应当按照所使用的词句，结合习惯以及诚信原则，确定意思表示的含义。因此，尽管张某主张其内心意思不同意履行合同，但在其内心与表示不一致的情况下，应当在其表示内容所可能包含的文义范围内作出解释，而不能以其单方对内心意思的解释为准。即使依照张某所述目的，其在得知郭某构成无权代理且不同意追认的情况下，民事权利依法能够得到保护，其选择作出虚假的表示，以便于办理房屋所有权证并落户，选择的手段亦与诚实信用原则相悖。

综上所述，张某所持其不构成追认的上诉理由不能成立。

二、法律问题

本案涉及的主要法律问题是：对有争议的意思表示如何进行解释？

三、法理分析

在本案中，根据法院审理的情况，双方当事人对如下事实共同确认：

第一，2009年6月8日张某与罗顿公司通过签订《商品房预售合同》购买了该公司位于昌平区1702号的房屋。

第二，2012年5月13日经房屋中介公司的居间活动，卢某、张某之母郭某代张某共同签署了《房屋买卖合同》及其补充条款。

第三，该合同约定卢某购买张某享有所有权的房屋。交易价格为100万元。付款方式是：买受人在缔约当日支付定金 2 万元；在 2012 年 6 月 20 日前支付首付款 58 万元；剩余 40 万元在开发商通知出卖人办理完成房屋所有权证 5 日内且在双方办理转移登记手续时一次性支付完毕。

第四，合同签订后，郭某代张某收取了卢某给付的定金及首付款共计 60 万元，同时郭某将涉案房屋交付卢某使用，并将《商品房预售合同》文本原件、购房发票原件等文件一并交付卢某。

第五，收到定金和首付款后的第 4 年即 2016 年 12 月 7 日，张某取得涉案房屋《不动产权证书》。

第六，自 2017 年 2 月始，卢某通过微信联系张某办理涉案房屋转移登记事宜。双方的微信聊天记录显示：①张某向卢松询问办理涉案房屋转移登记的流程；②询问付款；③询问委托公证书的相关事项；④询问卢某购房资格核验；⑤确定网签时间问题。因对交涉内容未能形成一致意见，双方未完成网签备案手续。

双方的争议在于：《房屋买卖合同》及其补充条款是否对双方有约束力？一审原告（二审被上诉人）卢某认为有效，双方应当继续履行该合同及其补充条款。一审被告（二审上诉人）张某则认为该合同及其补充条款没有约束力。

上述争议的存在，系基于对缔约意思表示的有效性亦即法律行为有效性的认知分歧。

根据法院查明的事实，本案所涉《房屋买卖合同》及其补充条款上的签字，并非是张某本人的签字，而是张某之母郭某代签。代签者的行为构成《民法总则》规定的代理行为。代理人实施代理行为，应当获得被代理人的授权。当代理行为实施完毕而双方对该代理行为效力存在疑问时，鉴于在我国签订房屋买卖合同时一方代理人需要将自己的代理授权文件原件提交给相对方或者中介公司是一种交易惯例，故而卢某或者中介公司应当出具郭某交给他们的代理文件，但是卢某和中介公司称因遗失该文件而无法提交。为此，卢某无法证明本案所涉《房屋买卖合同》及其补充条款上郭某替代张某的签字系基于有效代理行为的结果。因而，就缔约书面形式的意思表示而言，因合同上的签字不是对房屋有处分权的张某本人亲自所为，亦没有证据证明是张某委托其母郭某所签，故而作为非所有权人的郭某代所有权人张某在买卖房屋的合同上签字，系无权代理所致的无效意思表示。

但是，就本案所涉合同的效力，尚不能仅根据缔约的书面意思表示上存在代理权瑕疵就急于得出结论。相反，我们还需要对本案所涉合同及其补充条款签字后至发生纠纷期间的情况加以观察和分析。

根据法院查明的事实，自2012年5月出现《房屋买卖合同》及其补充条款至2017年双方发生纠纷的5年时间内，卢某先后向郭某支付购房定金和购房款共计60万元；郭某将房屋交付给卢某使用并将《商品房预售合同》原件、购房发票原件等文件交给卢某；卢某与张某通过微信就办理房屋所有权转移登记事宜进行协商，其中涉及办理房屋转移登记流程、付款、卢某购房资格核验、网签时间等内容。

从上述事实可知，因被申请人卢某无法提交郭某有代理权替张某签字的证据，故而没有证据证明张某在本案合同及其补充条款签字时是知情且给予郭某代理权的。但是，在本案合同及其补充条款出现后的长达5年的时间内，在通讯信息现代化手段多途径的情况下，在张某于本案合同及其补充条款履行期间回国的情况下，张某就自己母亲收取房屋出售钱款、将房屋及其相关合同文件等交付给卢某、特别是其与卢某就办理房屋转移登记流程、付款、卢某购房资格的核验、网签时间等事宜通过微信进行沟通等事实再主张其对本案合同的情况不知或者不可能知道，实难具有说服力。

根据我国《合同法》第11条的规定，张某与卢某之间的微信联系，属于书面形式之一的数据电文。由于双方对在微信中进行的与本案有关的办理房屋转移登记流程、付款、卢某购房资格的核验、网签时间等内容之意思表示有不同理解，故而产生意思表示解释的需要。卢某认为这些内容表达了卢某与张某就本案合同履行的意思表示；而张某则主张其真实目的在于拖延和周旋，并非是同意履行合同的意思表示。对此，二审法院在判决书中的分析是正确的，即在有相对人的法律行为中，对其意思表示的解释，"应当按照所使用的词句，结合习惯以及诚信原则，确定意思表示的含义"。因此，首先，当张某主张其内心意思是不同意履行合同而其表现于外部的行为却是进行着合同履行行为时，显然其内心意愿与外在表示不一致，为此，不能以其单方对内心意思的解释为准而应当在其表示内容所可能包含的文义范围内作出解释。换言之，在张某得知郭某构成无权代理的情况下，其可以明确作出不同意追认的意思表示，但是，其在不明确表示拒绝追认的同时，还与卢某共同推进本案所涉合同的履行，虽然最终因双方存在分歧而没有办理备案手续，但其发出的数据电文内容和实施的推进合同履行的行为，与其对意思表示真意的解释是不一致的。对此，法院认为张某如此行事的目的在于其为便于办理房屋所有权证并落户而作出虚假表示，并判断该行为与诚实信用原则相悖。实际上，对张某所述其内心意愿与其外部表示不一致的目的固然需要做出判断，但其并不重要。重要的是当张某对其内心意愿的解释与其外在表示不一致且并非因相对方的欺诈、胁迫、乘人之危行为所致时，应当按照其表露于外部的意思表示内容做出判断。因而，根据张某没有作出拒绝承认郭某代理行为的意思表示且直接与卢某就本案合同履行进行推进的事实，应当认定张某对本案所涉房屋买卖合同及其补充条款的效力给予了认可。

四、参考意见

综上所述，通过对案件中张某行为的观察，根据《民法总则》与《合同法》对意思表示的解释规则，郭某代理张某签订的《房买卖合同》及其补充条款具有对张某的约束力，卢某继续履行合同的要求应当获得支持。即卢某应当履行支付尾款给张某的合同义务，而张某负有配合卢某办理房屋所有权转移登记手续的合同义务。与此同时，张某提出的将房屋恢复原状并返还给张某、同时赔偿房屋租金损失和返还开发商给付卢某的逾期交房违约金的诉请，因缺乏法律依据而无法获得法院的支持。

📑 拓展案例

案例：刘某云等诉孔某生等债权人撤销权纠纷案[1]

1-6 判决书原文

---

[1] 一审判决书：江苏省徐州市云龙区人民法院（2016）苏0303民初3229号民事判决书。

一、基本案情

刘某云的丈夫从事房地产开发经营业务，刘某云在中国工商银行股份有限公司徐州云龙支行（以下简称工行云龙支行）进行存取款业务期间，与该支行理财经理吴某彦相识。吴某彦的丈夫孔某生是徐州今典企业管理咨询有限公司（以下简称今典管理公司）、徐州今典国际贸易有限公司（以下简称今典贸易公司）和徐州华中物流有限公司（以下简称华中物流公司）的法定代表人。今典管理公司在 2013 年 8 月前的企业名称为"徐州市今典投资管理有限公司"。

自 2010 年至 2014 年期间，刘某云与孔某生、今典管理公司等相互资金往来超过 1 亿元。今典管理公司自 2014 年 4 月至 2014 年 9 月与刘某云先后签订了 14 份《借款合同》，同时向其出具了 14 份《借据》。在 14 份《借款合同》和《借据》上载明的借款本金总额为 66 561 735 元。上述 14 份《借款合同》和相应的《借据》均系今典管理公司打印，其合同封面标明"徐州今典投资管理有限公司借款合同"，并载明了合同编号。《借款合同》主文均仅有一页，均载明了借款年收益率为 15%，借款期限为 12 个月。今典管理公司于 2014 年 7 月~2015 年 3 月 30 日，共向刘某云支付了 20 笔款项，合计数额为 5 244 728.16 元，其后未再付款。在上述 14 份《借款合同》中，孔某生和吴某彦均在借款合同手写的担保人处签名，在 14 份《借款合同》相对应的《借据》上亦签名。

刘某云于 2015 年 6 月 3 日将今典管理公司、孔某生、吴某彦、今典贸易公司、华中物流公司起诉到法院，同日提出了财产保全申请，请求保全今典管理公司、孔某生、吴某彦、今典贸易公司、华中物流公司名下的银行存款 7000 万元或者查封、扣押其同等价值的其他财产。法院于同日作出了（2015）云民初字第 01988 号民事裁定，裁定：冻结今典管理公司、孔某生、吴某彦、今典贸易公司、华中物流公司名下的银行存款 7000 万元或者查封、扣押其同等价值的其他财产。法院依法查封了登记在被告孔某生名下所有的位于南京市的房屋（《房屋所有权证》编号为：宁房权证鼓转字第××号，《国有土地使用权证》编号为：宁鼓国用（2011）第 04838 号），同时发现，第三人孙某与被告孔某生、吴某彦已经就该套房产设定了抵押，登记的抵押担保的主债权数额为 500 万元，并办理了他项权利登记。

法院经庭审查明：2015 年 6 月 4 日，被告孔某生、吴某彦与案外人张某在徐州市云龙公证处办理了《委托书》公证。该《委托书》载明：委托人：孔某生、吴某彦。受托人：张某。委托人孔某生、吴某彦是夫妻，受托人张某是委托人孔某生、吴某彦的朋友。委托人孔某生、吴某彦名下拥有房产一处，坐落于南京市，《房屋所有权证》编号为宁房权证鼓转字第××号，《国有土地使用权证》编号为宁鼓国用（2011）第 04838 号，因委托人孔某生、吴某彦将上述房产抵押给孙某、黄某娟，向孙某、黄某娟借款人民币 100 万元，现委托人孔某生、吴某彦在徐州工作不能亲自到相关部门办理相关手续，特委托朋友张某办理上述房屋的抵押借款等相关事宜。委托事项包括：①代为到南京市签订借款合同、抵押合同，办理房产抵押登记手续、领取他项权证或抵押登记证明等相关事宜手续；②受托人为此而签署的一切文件，委托人均予承认，并承担相应的法律责任。受托人无转委托权。委托期限为 2015 年 6 月 4 日~2015 年 7 月 3 日。

公证后的次日，第三人孙某与案外人张某在南京市签订了《借款合同》，该合同约定：借款人即甲方是孔某生，贷款人即乙方是孙某。借款金额为人民币 500 万元。借款期限 24 个月（自 2015 年 6 月 5 日起至 2017 年 6 月 4 日止）。借款利率为 15%。为保证该合同项下的借款得到清偿，孔某生同意将其坐落于华富园 1 号 2404 室的房屋抵押给乙方孙某。还款方式是到期一次性还本付息。甲方签字处是案外人张某代孔某生的签名，乙方签字处是第三人孙某的签名。

同日，第三人孙某与案外人张某代孔某生签订《抵押房地产价值协议书》，约定：抵押人是孔某生，抵押权人是孙某。抵押物是坐落于南京市华富园 1 号 2404 室的房屋。抵押人与抵押权人共同确认抵押房屋的价值为人民币 600 万元。该合同上有案外人张某代孔某生的签字和第三人孙某的签字。

同日，案外人张某代孔某生和第三人孙某在《南京市房地产抵押登记申请书》上签名，再次确认抵押的房屋和抵押担保的主债权数额为 500 万元。当日，案外人张某代孔某生与第三人孙某签订《南京市房地产抵押合同》，合同约定的内容同于上述申请书。南京市房屋产权监理处于 2015 年 6 月 11 日核准登记该项抵押，登记的抵押担保的主债权数额为 500 万元。

　　法院再查明：2013 年 11 月 28 日，被告吴某彦向第三人孙某出具《借条》，其载明："今借孙某人民币 100 万元，期限 3 个月，年利率 15%。"当日，第三人孙某通过银行取款转账方式向被告孔某生银行账户内汇入 100 万元。

　　2014 年 8 月 19 日，被告吴某彦再次向第三人孙某出具《借条》一份，载明："今借孙某人民币 100 万元，期限六个月，年利率 15%。"当日，第三人孙某通过银行卡转账方式向被告孔某生银行账户内汇入 100 万元。

　　在法院庭审中，第三人孙某确认，2015 年 6 月 5 日其与案外人张某代被告孔某生签订的《借款合同》中约定的 500 万元借款，实际上仅是针对 2013 年 11 月 28 日和 2014 年 8 月 19 日共计 200 万元借款而签订的，且当时亦未核实案外人张某的《委托书》授权内容。上述 200 万元借款本金，被告孔某生、吴某彦至今未予偿还，仅支付了部分利息，具体数额未记清。

　　在庭审中，当第三人孙某被法官问到被告孔某生在两年多时间内没有归还本金，为什么在 2015 年 6 月份才办理抵押登记时，孙某答道：被告孔某生一直承诺还钱，但一直未还，直到 2015 年 6 月才同意把房屋抵押。当法官向第三人孙某询问当时为什么要签订 500 万元的借款合同时，孙某答道："我们在 2015 年 6 月 5 日在南京产权处签订了 200 万元的借款合同，借款时间写的是 2013 年，但是产权处表示 2013 年的借款时间不可以办理抵押，只能写2015 年。我认为写 2015 年的借款时间，对我的利益造成了损害，我当时跟张某提出，不能写 200 万元，张某问我想写多少，我当时为了能最大化地保证我的利益不受损害，根据我咨询产权处楼下的咨询公司，该房屋当时市值大概 600 万元左右。我就写了 500 万（包括利息、处置费、罚息以及不确定因素）。"在庭审期间对原告提交的证据发表质证意见时，第三人孙某亦确认："当初借款合同的内容约定是 200 万，日期不是 2015 年而是 2013 年，由于房产局不同意将日期写成 2013 年，所以我们没办法才写成 2015 年 6 月 5 日。"

　　刘某云于 2015 年 6 月 3 日将今典管理公司、孔某生、吴某彦、今典贸易公司、华中物流公司起诉至法院，请求：①今典管理公司支付其借款本金66 561 735 元及至债务清偿之日止的利息；②孔某生、吴某彦、今典贸易公司、华中物流公司承担连带保证责任。经徐州市中级人民法院指定，该案由徐州市铜山区人民法院审理。

　　法院经审理认为，今典管理公司与刘某云在 2014 年不同阶段签订的 14

份《借款合同》中，孔某生和吴某彦均在借款合同手写的担保人处签名，并在 14 份《借款合同》所对应的《借据》上也予以签名，孔某生和吴某彦在《借款合同》中手写的"担保人"处签名的意思表达真实，该保证合同依法有效成立，孔某生和吴某彦依法应当对该案的借款承担连带保证责任。该院于 2017 年 3 月 30 日作出（2016）苏 0312 民初 5018 号民事判决，判决：①今典管理公司于该判决生效后 10 日内偿还原告刘某云借款本金 6342.9248 万元及利息（14 份借款合同均按年利率 15% 分别计算利息至债务清偿之日止）。②吴某彦、孔某生、今典贸易公司、华中物流公司对上述借款本息承担连带清偿责任。该判决作出后，今典管理公司不服，上诉于徐州市中级人民法院。中级人民法院经审理作出判决：驳回上诉，维持原判。目前，该判决已经生效。

其后，刘某云向江苏省徐州市云龙区法院提出诉讼，请求：①判决撤销被告就南京市的房屋签订的《房地产抵押合同》及第三人孙某对该房屋的抵押权；②本案诉讼费由被告承担。其事实和理由为：被告孔某生、吴某彦至今尚欠原告借款本金 66 561 735 元及相应利息，原告已将被告孔某生、吴某彦诉至云龙区法院，并申请法院查封了被告所有的位于南京市的房产，但被告在法院查封期间将该处房产抵押给了第三人孙某。另原告与被告孔某生、吴某彦之间的民间借贷纠纷已由徐州市中级人民法院作出终审判决，该判决确认原告对被告孔某生、吴某彦享有的债权本金为 63 429 248 元，截至 2017 年 12 月 6 日，已经产生 27 143 711.69 元利息；被告孔某生、吴某彦与第三人孙某将案涉房产抵押的时间及办理抵押登记的时间为 2015 年 6 月 11 日，原告申请查封该房屋的时间为同一天，晚于抵押登记的时间。原告认为被告系恶意转移资产，逃避债务。故原告为维护自身合法权益，依法诉至法院，请求判如所请。

被告孔某生、吴某彦共同辩称，原告主张的借款本金 66 561 735 元及相应利息无事实和法律依据。其事实与理由为：①原告诉请被告孔某生、吴某彦和其他被告主体偿还 66 561 735 元及相应利息的民间借贷纠纷一案，即（2016）苏 0312 民初 5018 号案件，在铜山区法院审理中，无生效的法律文书确认该债权成立。②在（2016）苏 0312 民初 5018 号民事案件中，原告已经申请了财产保全，且保全的财产价值远大于上述数额，被告孔某生、吴某彦与第三人孙某之间的借款抵押合同不影响原告利益。③当有生效法律文书确认原告主张的 66 561 735 元债权成立，且被告的借款合同有可能损害原告的合法利益时，原告才有权对本案的借款抵押合同进行实体审查。④被告孔某生、吴某彦与第三人孙某之间的抵押合同合法有效，抵押权依法成立。综上，请求法院依法驳回原告的诉请。

第三人孙某述称：①原告与被告孔某生、吴某彦之间是否有借贷关系并没有生效的判决予以确定，所以原告的主体不适格。②收到法院的开庭传票和起诉状副本后，第三人才知道被告孔某生、吴某彦与原告存在债权债务关系，但第三人与被告孔某生、吴某彦也存在债权债务关系，第三人是债权人，被告孔某生、吴某彦是债务人，因此，原告和第三人都是债权人，享有同等的权利义务。③被告将房屋抵押给第三人，并办理了抵押登记，是债权人享有的权利；同时，该抵押并不存在原告所述的转移资产、逃避债务的情形，上述资产仍属于被告孔某生、吴某彦所有，而第三人仅享有抵押权并无其他权利。④第三人孙某为了保障债权的实现，办理了抵押权登记，其行为是合法有效的，与原告没有关联性。综上，请求法院依法驳回原告的诉请。

二、法律问题

1. 原告刘某云与被告孔某生、吴某彦之间是否存在借贷担保关系？

2. 本案所涉《借款合同》《房地产抵押合同》及其抵押登记是否违反法律规定？

3. 原告提出的撤销抵押登记的主张是否应给予支持？

三、重点提示

该法院生效判决内容为：撤销被告孔某生、吴某彦与第三人孙某就坐落于南京市的房屋设定抵押的行为。

该判决适用的法律依据包括：《民法总则》第 146 条、《合同法》第 210 条、《中华人民共和国担保法》（以下简称《担保法》）第 52 条、《最高人民法院关于适用〈中华人民共和国担保法〉若干问题的解释》第 69 条以及《最高人民法院关于适用〈中华人民共和国民事诉讼法〉的解释》第 90 条之规定。

该判决中涉及的主要民法问题及其分析：

1. 关于原告刘某云与被告孔某生、吴某彦之间是否存在借贷担保关系的问题。审理本案的法院认为，在本案作出判决之前，徐州市铜山区法院根据刘某云的诉求，已就本案所涉借贷担保关系的纠纷进行了审理。徐州市铜山区法院经审理认定，今典管理公司与原告刘某云在 2014 年不同阶段签订的 14 份《借款合同》中，孔某生和吴某彦均在借款合同手写的担保人处签名，并在 14 份《借款合同》所对应的《借据》上也予以签名，孔某生和吴某彦在《借款合同》中手写的"担保人"处签名的意思表达真实，该保证合同依法有效成立，孔某生和吴某彦依法应当对该案的借款承担连带保证责任。故作出（2016）苏 0312 民初 5018 号民事判决：今典管理公司偿还原告刘某云借款本金 63 429 248 元及利息；吴某彦、孔某生、今典贸易公司、华中物流公司对上述借款本息承担连带清偿责任。在被告上诉后，徐州市中级人民法院经审理作出维持原判的裁判并已生效。根据该已决案的判决，被告孔某生、吴某彦对今典管理公司尚欠原告刘某云的借款本金 63 429 248 元及利息应当承担连带清偿责任。因此，依据《担保法》的规定，原告刘某云与被告孔某生、吴某彦之间存在借款担保关系，被告孔某生、吴某彦负有连带偿还该笔借款本金及利息的义务，刘某云作为本案原告的主体资格适格。

2. 关于案涉《借款合同》《房地产抵押合同》及其抵押登记是否违反法律规定的问题。审理本案的法院认为，被告孔某生、吴某彦与第三人孙某之间就本案所涉房产设定抵押所依据的《借款合同》《房地产抵押合同》《房地产抵押登记申请书》等法律文书，均系以虚假意思表示实施的法律行为。其主要事实依据和法律分析如下：

（1）本案所涉公证《委托书》与其后出现的其他合同存在矛盾。2015 年 6 月 4 日，被告孔某生、吴某彦与案外人张某在公证处就本案所涉《委托书》办理了公证。该公证《委托书》中载明委托人孔某生、吴某彦因向孙某、黄某娟借款人民币 100 万元将案涉房产抵押给孙某、黄某娟，特委托案外人张某办理案涉房屋的抵押借款等相关事宜；但是，无论是次日第三人孙某与案外人张某在南京签订的《借款合同》《房地产抵押登记申请书》《房地产抵押合同》上约定的借款数额或者主债权数额，还是 2015 年 6 月 11 日最终登记的抵押担保的主债权数额，均为 500 万元。该 500 万元与公证《委托书》上明确约定的 100 万元借款明显不符且差额巨大，即被告孔某生、吴某彦的受托人没有按照公证《委托书》上的授权签订 100 万元的《借款合同》《房地产抵押合同》并办理相应数额的抵押登记，故与 500 万元相对应的合同和抵押登记等均应系在虚假的意思表示情形下所实施的法律行为。

（2）本案所涉《借款合同》约定的 500 万元款项并未实际交付。2015 年 6 月 4 日，第三人孙某与案外人张某在南京市签定的《借款合同》明确约定的借款数额为 500 万元，但在庭审中，当第三人孙某被问到其与被告孔某生签订的《借款合同》约定的借款 500 万元是否交付时，孙某答道，借给被告孔某生和吴某彦共 200 万元，当时有借条和打款凭据但没有签订《借款合同》，2015 年在南京产权处抵押的时候补签了一份借款合同，该合同是针对上述的 200 万元才签订的。也就是说第三人孙某并未向被告孔某生、吴某彦交付该份《借款合同》约定的 500 万元，该份《借款合同》应系在虚假的意思表示情形下所实施的民事法律行为。此外，因该份《借款合同》所约定的 500 万元款项并未实际交付，根据《合同法》第 210 条的规定，"自然人之间的借款合同，自贷款人提供借款时生效"，故该份《借款合同》并未生效；根据《担保法》第 52 条的规定，"抵押权与其担保的债权同时存在，债权消灭的，抵押权也消灭"，因该 500 万元债权不存在，故相应设定的抵押权也不应存在。

（3）本案所涉 200 万元银行转账与未实际交付的 500 万元《借款合同》不能认定为系同一笔款项交付关系。根据庭审查明的事实，虽然借款合同内写的数额是 500 万元，时间是 2015 年 6 月 5 日，但是第三人孙某向法官确认："我们在 2015 年 6 月 5 日在南京产权处签订了 200 万元的借款合同，借款时间写的是 2013 年，但是产权处表示 2013 年的借款时间不可以办理抵押，只能写 2015 年。我认为写 2015 年的借款时间，对我的利益造成了损害，我当时跟张某提出，不能写 200 万元，张某问我想写多少，我当时为了能最大化地保证我的利益不受损害，我咨询产权处楼下的咨询公司得知该房屋当时市值大概 600 万元左右。我就写了 500 万（包括利息、处置费、罚息以及不确定因素）"，"当初借款合同的内容约定是 200 万，日期不是 2015 年而是 2013 年，由于房产局不同意将日期写成 2013 年，所以我们没办法才写成 2015 年 6 月 5 日"，"本金没有给，利息给了一部分"。据此，我们可以清晰地判断，500 万元《借款合同》是一个为达到办理抵押登记 500 万元主债权目的而缔结的虚假合同。

审理案件的法院经计算认为，如果按照被告孔某生、吴某彦在未偿还第三人孙某任何利息的情况下，以100万元本金为基数，按照年利率15%的标准，自2013年11月28日起暂计算至2015年6月5日止的利息为227 916.69元；另以100万元本金为基数，按照年利率15%的标准，自2014年8月19日起暂计算至2015年6月5日止的利息为119 583.39元，两项共计347 500.08元，再加上本金200万元，合计2 347 500.08元。此外，如果按照被告孔某生、吴某彦在未偿还第三人孙某任何利息的情况下，以100万元本金为基数，按照年利率15%的标准，自2013年11月28日起暂计算至2018年6月30日止的利息为687 500元；另以100万元本金为基数，按照年利率15%的标准，自2014年8月19日起暂计算至2018年6月30日止的利息为580 000.14元，两项共计1 267 500.14元，再加上本金200万元，合计3 267 500.14元。换言之，如果按照被告孔某生、吴某彦在未偿还第三人孙某任何利息的情况下，从银行转账当日到抵押登记当日，被告孔某生、吴某彦连本加利尚欠第三人孙某2 347 500.08元，与500万元差额巨大；从银行转账当日到2018年6月30日（假设再多给其实现债权一些时间以及综合考虑其他不确定因素的情况下），被告孔某生、吴某彦连本加利尚欠第三人孙某3 267 500.14元，与500万元差额亦为巨大。鉴于两者数额差额巨大，无论怎样计算以及综合考虑多种因素，亦无论从利益最大化的角度予以考量，均无法将该两笔数额相等同，故而，第三人孙某所述的"我当时为了能最大化地保证我的利益不受损害……我就写了500万（包括利息、处置费、罚息以及不确定因素）"的意思表示，其虚假性更为突显。故而，法院认定本案所涉200万元银行转账与未实际交付的500万元《借款合同》不能被认定系同一笔款项交付关系。

（4）抵押登记的主债权数额与本案所涉500万元《借款合同》的约定不符并有悖常理。根据500万元《借款合同》的约定，借款期间为2年，年利率为15%。如果该《借款合同》被履行，其借款本金500万元加利息共计650万元，且第三人孙某与被告孔某生、吴某彦在本案所涉《抵押房地产价值协议书》中共同确认抵押房地产的价值为600万元，但在办理房产抵押登记时却仅抵押500万元，明显与合同约定不符，且当事人没有作出合乎常理的解释，反而印证了相关行为人意思表示的虚假性。

（5）被告孔某生、吴某彦与第三人孙某之间是否存在真实的借款关系存疑，因为相关当事人无法就准确的借款数额、借款是否已经偿清、偿还的准确数额等向法院作出确定无疑的说明。第三人孙某当庭确认并当庭与被告孔某生本人电话核实确认，孙某通过银行转账向被告孔某生、吴某彦支付了 200 万元且至今未予偿还，利息给了一部分，但具体数额记不清楚了。但在 2015 年 6 月 4 日被告孔某生、吴某彦与案外人张某在徐州市云龙公证处办理的公证《委托书》上却载明，孔某生、吴某彦向第三人孙某、黄某娟借款本金数额为 100 万元。而 2015 年 6 月 5 日的《借款合同》上载明的 500 万元借款孙某确认是临时起意写上的，且无支付依据。故而，前后自相矛盾的说法、相关数额间的巨大差异、支付依据的缺乏，难以令审理案件的法院采信被告孔某生、吴某彦与第三人孙某之间存在真实的借款关系的主张。

根据我国《民法总则》第 146 条的规定，虚假意思表示亦称为通谋虚伪意思表示，系指表意人与相对人通谋，共同对外作出非自己真意的意思表示。该意思表示不仅在效果意思与表示行为上不一致，而且同谋的双方均具有主观上的故意。根据上述庭审查明的事实，被告孔某生、吴某彦与第三人孙某就本案所涉房产设定抵押的行为是明显的虚假意思表示，故而，审理本案的法院认定本案所涉抵押行为无效。

3. 关于原告提出的撤销抵押登记是否应予以支持的问题。根据庭审查明的事实，本案所涉抵押登记系针对被告孔某生、吴某彦与第三人孙某之间的 200 万元银行转账进行的，但该银行转账关系发生在前（即分别为 2013 年 11 月 28 日和 2014 年 8 月 19 日），设定抵押在后（即发生于 2015 年 6 月 11 日）。该抵押设定时，被告孔某生、吴某彦已经与刘某云有着债权债务关系，且被告孔某生、吴某彦已陷入支付能力不足的状态。被告孔某生、吴某彦在其已经支付能力不足时，将其房产抵押给第三人孙某，必然导致其向在先成为债权人的本案原告刘某云的履行债务能力进一步降低甚至丧失，从而损害了原告刘某云的合法利益。根据最高法院"债务人有多个普通债权人的，在清偿债务时，债务人与其中一个债权人恶意串通，将其全部或者部分财产抵押给该债权人，因此丧失了履行其他债务的能力，损害了其他债权人的合法权益，受损害的其他债权人可以请求人民法院撤销该抵押行为"的司法解释，本案所涉抵押应当认定无效并应当将据此产生的抵押登记予以撤销。

综上所述,根据《民法总则》第 146 条有关行为人与相对人以虚假的意思表示实施的法律行为无效的规定,本案中的抵押登记所依据的基础性法律行为是一个含虚假意思表示的合同,故而该登记行为的合法性欠缺。此外,根据《最高人民法院关于适用〈中华人民共和国担保法〉若干问题的解释》第 69 条:"债务人有多个普通债权人的,在清偿债务时,债务人与其中一个债权人恶意串通,将其全部或者部分财产抵押给该债权人,因此丧失了履行其他债务能力,损害其他债权人的合法权益,受损害的其他债权人可以请求法院撤销该抵押行为"的规定,本案所涉抵押登记不仅是基于虚假意思表示的合同,而且该抵押登记导致抵押人履行债务能力严重降低,直接损害了其他债权人的债权实现,故而,本案所涉抵押合同应当被撤销,本案原告要求被告向其履行合同义务的请求应当获得支持。

拓展资料

1 - 7

第二专题　特殊类型代理的效力判断

知识概要

一、广义的代理与特殊类型的代理之关系

《民法总则》第 161 条规定"民事主体可以通过代理人实施民事法律行为",此规定被民法学理论阐释为广义的代理,即被代理人通过代理人且无须考虑是否以被代理人名义而实施的法律行为[1]。严格来讲,我们通常所

---

[1]　费安玲等:《民法总论》,高等教育出版社 2018 年版,第 189 页。

说的代理行为刻意强调代理人应当以被代理人名义同第三人实施法律行为，这在民法学理论上称为狭义的代理。但是，鉴于在法律实务中的代理行为并非均以被代理人名义进行，例如隐名代理。故而，《民法总则》中的代理采广义代理的概念，将代理人未以被代理人名义实施的法律行为亦纳入代理行为中。

代理是法律行为实施的特殊方式。在一般法律行为中，行为人与行为效果的承受者具有同一性，即行为人就是法律行为之效果的承受者。但是在代理法律行为中，行为人与行为效果的承受者则具有分离性，即代理人作为实施法律行为（代理行为）者，并不承受该行为效果；被代理人不是实施法律行为（代理行为）者，却是该行为效果的承受者。代理法律行为的行为人与行为效果承受者的分离特性使得代理制度具有了重要的现实意义。

由于《民法总则》对代理的界定采广义之见解，特殊类型的代理即成为学习法律者必须关注的内容。

就代理的类型而言，民法学理论上通常将代理分为单独代理与共同代理、本代理与复代理、一般代理与特别代理、显名代理与隐名代理、有权代理与无权代理，此外，还有一种特殊的代理即表见代理。在上述类型中，除隐名代理、无权代理和表见代理外，其他均为狭义的代理。

二、特殊类型的代理：隐名代理、无权代理和表见代理

（一）隐名代理

隐名代理与显名代理是一对相互对应的代理类别组，其判断标准是代理人实施代理行为时是否以被代理人的名义。

显名代理，顾名思义，是指代理人以被代理人名义所实施的代理行为。隐名代理，是指代理人以自己名义而非被代理人名义实施的代理行为。我国《合同法》在委托合同、行纪合同中均规定了隐名代理。隐名代理的确定，导致该类型的代理行为在法律后果及其承受方式上与显名代理有着较大不同，例如在代理行为相对人信赖利益的确认和保护、代理行为法律约束力的承载主体、被代理人承担代理行为法律效果的方式上均有不同。

（二）无权代理

无权代理，系指行为人在没有代理权、代理期间届满或者超越代理权的

情况下，以被代理人名义同相对人实施代理活动的代理。代理权是被代理人接受代理行为法律效果约束的基础。无代理权即无约束被代理人的规则依据。

无权代理的法律效果表现为：

1. 被代理人享有追认权或者拒绝权。在被代理人行使追认权后，无权代理行为中存在的代理权瑕疵随即消失，该代理行为自始有效，其法律效果自始归属于被代理人。

在被代理人行使拒绝权后，无权代理行为自始无效，其行为的法律责任由无权代理人承担，或者由无权代理人与相对人共同承担。根据《民法总则》第171条的规定，在被代理人行使拒绝权的情况下，无权代理人与相对人之间的关系规则是：

（1）无权代理人实施无权代理行为时，相对人不知道或者不应当知道其无权代理的情况下，相对人有主观上的善意。故而，相对人有权请求无权代理人承担相应的法律责任，但是该法律责任的范围不得超过被代理人追认时相对人可能得到的利益。

（2）无权代理人实施无权代理行为时，相对人知道或者应当知道其无权代理的情况下，无权代理人与相对人依各自过错程度分担责任。

2. 相对人享有催告权与撤销权。立法平等地确认相对人有催告权与撤销权，以便相对人能够主动应对无权代理的情况来保护自己的合法利益。

（1）催告权，系指相对人能够要求被代理人尽快确认是否对无权代理人的无权代理行为予以追认的权利。催告权应当于被代理人作出追认或者拒绝追认意思表示之前行使。根据《民法总则》第171条的规定，在收到相对人的催告后，被代理人应当在催告通知指定的期间内或者法律规定的自收到通知之日起1个月内作出追认或者拒绝追认的意思表示。被代理人未作表示的，则视为拒绝追认。

（2）撤销权，系指相对人要求撤销其与无权代理人之间法律行为效力并使之自始归于无效的权利。根据《民法总则》第171条的规定，相对人行使撤销权的条件是：首先，相对人具有主观上的善意，即无权代理人实施无权代理行为时，相对人不知道或者不应当知道其为无权代理。其次，被代理人没有行使追认权，且该相对人没有行使催告权。因为如果相对人行使了催告权，则在催告期间尚未届满的情况下，被代理人有权选择行使追认权或者拒绝权，而相对人的撤销权则直接阻却了被代理人予以追认的可能，违背了立法设立被代理人追认权的立法本意，故相对人不能行使撤销权。如果被代理人在催告期间内没有追认，则立法直接规定了法律效果即视为被代理人拒绝，故而亦无需相对人作出撤销的意思表示。

（三）表见代理

表见代理，系指相对人因相信无权代理人享有代理权而与之进行法律行为的代理。

对表见代理，需要注意如下两点：首先，在理论上，表见代理被认为具有无权代理的特质，故而被纳入广义无权代理的范围。其次，相对人"相信行为人系有权代理"与相对人"不知行为人系无权代理"是两种法律性质截然不同的主观心态。换言之，相对人"不知行为人系无权代理"的主观心态，导向狭义无权代理的成立。该主观心态是一种消极心态，因而具有推定存在的效力，即只要没有证据能够证明相对人知道或者应当知道无权代理的事实，即可推定相对人有"不知行为人系无权代理"的主观心态，相对人无需承担证明责任。而相对人"相信行为人系有权代理"的主观心态，导向表见代理的成立。该主观心态是一种积极心态，需要相对人对"相信行为人系有权代理"承担举证责任。

1. 表见代理的构成要件包括：

（1）行为人实施了无权代理行为；

（2）相对人相信行为人有代理权；

（3）客观上存在表见事由，例如无权代理人持有被代理人的介绍信、空白合同书、合同专用章，或者相对人与被代理人之间业已形成的交易习惯使得相对人相信无权代理人有代理权等。

2. 表见代理的法律效果表现为：

（1）相对人有权主张狭义无权代理。鉴于在表见代理中相对人对表见事由具有信赖利益，故相对人有权要求被代理人承担表见代理行为的法律效果，亦有权要求按照狭义无权代理的规则决定表见代理的法律效果。

（2）被代理人没有追认权或者拒绝权。尽管表见代理具有无权代理的特质，但出于对相对人存在表见事由而产生的信赖利益应当受到法律保护的考量，被代理人不存在依法追认或者拒绝的权利。换言之，表见代理的法律效果取决于相对人而非被代理人。

📖 经典案例

案例：李某与中国农业银行股份有限公司重庆
云阳支行储蓄存款合同纠纷案[1]

2-1 判决书原文

一、基本案情

谭某系农行云阳支行工作人员，2009年1月从农行云阳支行云江大道分理处调到寨坝分理处担任客户经理。唐某系生州水利开发有限公司（以下简称生州公司）的法定代表人，对外称生州公司是重庆市云阳县梅峰水库工程的业主单位，并以业主身份对外"引资"。唐某通过曾某介绍认识了重庆市创投资产管理有限公司的法定代表人刘某。

2008年12月17日，唐某和刘某签订《承诺书》，约定若引资成功，支付刘某8%的利息。

唐某、刘某、刘某1共谋以高额利息揽储的名义，利用假存单采用"体外循环"的方式骗取资金。刘某将生州公司的资料复印件送给钟某，承诺给钟某月利息7%，由钟某联系存款人，给存款人的利息由钟某自己把握。

2009年1月14日，钟某作为存款方，刘某1作为生州公司的代表签订《引资融资协议》。钟某通过邵某联系了李某，对李某称到农行云阳支行存款有高额利息回报。钟某收取用款企业刘某1保证金3万元并告知了李某，同意给李某月利率5.5%的利息，李某遂于2009年1月办理存款。

2008年12月27日，唐某指示刘某1用熊某的身份证到农行云阳支行杏家湾分理处存款300元，获得该款3个月定期存单，该存单的经办柜员系程

---

〔1〕 再审民事判决书：最高人民法院（2013）民提字第95号。

某。刘某、刘某1等人依据上述 300 元的定期存单样本仿制了中国农业银行存单一份，该存单载明"户名李某，金额壹仟万元，存入时间 2009.01.15，存期 3 个月，年利率 1.71%，开户行名称云阳支行杏家湾营业所，经办柜员程某，加盖有中国农业银行重庆杏家湾支行业务公章"。唐某在谭某办公室乘谭某不备取走一份盖有"中国农业银行云阳县支行"的文件，通过其公章印模找人刻制了一枚"中国农业银行云阳县支行"的印章。

2009 年 1 月 15 日上午，刘某、刘某1等人带领李某到谭某原农行云阳支行云江大道分理处的办公室，并向李某介绍谭某是谭行长，谭某将事先准备好的《承诺书》交给李某，该《承诺书》载明"我行客户李某在我行存入三个月定期存款 1000 万元整。我行特此作出如下承诺：在三个月内本笔存款不抵押、不查询、不提前支取，并保证存款到期时由我行负责凭李某的存单和本承诺书原件兑付该笔 1000 万元整的存款。特此承诺。中国农业银行云阳支行，二〇〇九年一月十五日"。待李某看后，谭某在该《承诺书》上签名。刘某1将唐某私刻的"中国农业银行云阳支行"印章加盖在该《承诺书》上。该《承诺书》签名盖章后，谭某、刘某1、唐某1将事先仿制的中国农业银行存单装入信封内，由谭某将信封递给银行柜员程某，告知程某有笔转款，办完这笔业务后要将信封递交给谭某。

刘某、曾某带李某到农行云阳支行杏家湾分理处谭某所在的柜员程某的营业窗口，李某将自己的银行卡和身份证递给程某，谭某也将其事先用任某身份证办理的银行卡递给程某，并告知程某从李某银行卡上转 1000 万元到谭某提供的银行卡上。程某在李某输入密码后从其银行卡上转账支取 1000 万元，进入农行云阳支行的账户，其后将款再转存到谭某提供的任某银行卡户上。程某将银行卡取款凭条交李某签字，将户名为任某的银行卡存款凭条交谭某签字后，将 1000 万元的银行卡取款业务回单及李某的银行卡、身份证递交给了李某，将户名为任某的银行卡 1000 万元的存款回单、银行卡及之前谭某交给程某存放的信封一并递给了谭某。谭某接过信封就将信封递给了李某。李某与谭某一同回到农行云阳支行云江大道分理处，谭某将之前签名盖章的《承诺书》交给了李某。

随后，谭某、刘某、李某等人一同到农行云阳支行寨坝分理处，按照约定的利率转息差从户名为任某的银行卡转 240 万元到刘某的银行卡，刘某从其银行卡上按之前约定的 5.5% 月息转 165 万元到李某的银行卡。

在存单载明的存款期限即将到期之前，李某电话联系谭某要到农行云阳支行取款，谭某总说再等几天，在李某再三催问并说明自己要到银行取款的情况下，谭某、唐某分别告诉李某存单里没有钱。李某没有持 1000 万元存单及《承诺书》到农行云阳支行杏家湾分理处要求兑付。

2009 年 9 月 3 日，李某到重庆市云阳县公安局报案称唐某、谭某等人合伙诈骗其 1000 万元。重庆市云阳县公安局在侦查过程中，经重庆市公安局物证鉴定中心鉴定，李某持有的 2009 年 1 月 15 日《承诺书》上加盖的"中国农业银行云阳支行"的印文与农行云阳支行的公章样本印文不同。重庆市云阳县公安局于 2009 年 9 月 22 日将重庆市公安局物证鉴定中心渝公鉴（文）（2009）1264 号鉴定书送达给李某，李某表示无异议，不要求补充或者重新鉴定，庭审中农行云阳支行、李某的代理人对鉴定结论均表示没有异议。

唐某、刘某、谭某、刘某 1、曾某、唐某 1 经重庆市第二中级人民法院（2010）渝二中法刑初字第 105 号刑事判决认定，利用假存单骗取李某 1000 万元构成金融诈骗罪，判处刑罚，并责令退赔犯罪所得财物。重庆市高级人民法院（2011）渝高法刑终字第 127 号刑事裁定维持原判，重庆市第二中级人民法院（2010）渝二中法刑初字第 105 号刑事判决已经发生法律效力。李某依据上述刑事判决申请对谭某、唐某 1、刘某 2、唐某 2 等四人价值 553 600 元的轿车执行交付，重庆市第二中级人民法院已将上述犯罪人财产执行交付给李某。

重庆市第二中级人民法院（2010）渝二中法刑初字第 105 号刑事判决认定，2008 年 11 月，唐某、刘某 1 请求曾某、刘某为自己的生州公司"引资"。同年 12 月，刘某提出用高额利息为诱饵，用假的银行存单骗取他人资金，并提出要有银行工作人员在外配合，利用银行柜台将假存单交给存款人，暗自将存款人的资金转入唐某等人的私人账户。唐某等人同意。唐某、刘某 1 随即邀请身为银行工作人员的谭某参与。谭某为收回唐某所欠借款即表示同意。2009 年 1 月，刘某通过钟某介绍认识了存款人李某，对李某谎称到云阳县农业银行存款 1000 万元，定期 3 个月，每月可得 5.5% 的利息。李某表示同意。办理转账业务后，谭某将信封交给李某，李某看了存单后信以为真。同年 4 月，李某的 3 个月"存款"到期，唐某无钱退还即要求延期，李某得知被骗后被迫同意，同年 4 月，唐某又以利息的名义支付李某 10 万元，以拖延时间。

重庆市第二中级人民法院（2010）渝二中法刑初字第 105 号刑事判决载明李某陈述称，2009 年 1 月 14 日下午，钟某对他说到云阳存款 3 个月，月息 5.5%，存款后立即付利息。李某答应存款 1000 万元。当天下午李某和驾驶员开车前往云阳途中，钟某向李某介绍刘某、曾某认识。谭某供述称，当把存款人卡上的钱转到他们自己手中后再让程某把信封递出来，让存款人相信钱确实已存入银行。刘某供述称，李某想到银行兑现，谭某要其找唐某，唐某与李某联系后，李某才知道存单是假的。

1. 一审情况：

（1）诉请与答辩。2009 年 12 月 2 日，李某提起诉讼称，其于 2009 年 1 月 15 日到农行云阳支行下属的杏家湾营业所，要求柜员从其银行卡上转存 1000 万元为定期存款。柜员从李某的银行卡账户上转存 1000 万元，并向李某出具存单一份。现该定期存单已到期，李某要求兑付，农行云阳支行却以该存单经公安机关鉴定系伪造，银行工作人员谭某等人涉嫌金融诈骗，公安机关已立案侦查为由拒不兑付。虽然农行云阳支行的工作人员谭某代表该支行向李某出具的"承诺书"及从该行柜台给出的 1000 万元存单经公安机关鉴定系伪造，但李某基于在农行云阳支行办公场所对谭某"行长"身份的信赖，相信谭某是代表农行云阳支行办理其 1000 万元的定期存款，谭某的行为构成表见代理，行为后果应由农行云阳支行承担。请求判令农行云阳支行兑付到期 1000 万元存单，并按年利率 1.71% 支付从 2009 年 1 月 15 日起至本金付清之日止的利息。诉讼费由农行云阳支行负担。

农行云阳支行答辩称：①李某所持存单经鉴定系伪造，也并非由农行云阳支行柜员交付给李某，李某与农行云阳支行之间没有存款事实和存款关系。②李某在办理转账取款时未向柜员作出转存为定期的意思表示，其真实目的是将自己账户中的 1000 万元转存入任某的账户，供唐某实际使用，以获取高额利息。李某存在违法目的和重大过失甚至是故意，因此，谭某行为不构成表见代理，李某的损失应由其自行承担。③农行云阳支行柜员在办理转账业务时符合操作流程和银行业操作惯例，在业务办理过程中没有过错，农行云阳支行不应当对李某的损失承担民事责任。请求驳回李某的诉讼请求。

（2）一审法院的判决及其理由。一审法院的判决是：①农行云阳支行对李某存款 1000 万元用资人不能偿还的本金部分承担 40% 的赔偿责任；②驳回李某的其他诉讼请求。

以下为其主要事实与理由。一审法院认为，《最高人民法院关于审理存单纠纷案件的若干规定》第 6 条第 1 项规定，"在出资人直接将款项交与用资人使用，或通过金融机构将款项交与用资人使用，金融机构向出资人出具存单或进账单、对账单或与出资人签订存款合同，出资人从用资人或从金融机构取得或约定取得高额利差的行为中发生的存单纠纷，为以存单为表现形式的借贷纠纷案件"。根据上述规定以存单为表现形式的借贷纠纷案件具备以下法律特征：①出资人与金融机构之间存在存款法律关系；②出资人与用资人之间存在借贷法律关系；③用资人直接或者通过金融机构向出资人支付高额利息差。

李某明知银行存款月利率不可能高达 5.5%，其主观目的是通过银行存款融资给用资人，既保障其资金安全，同时获取高额利差。这一认定具有以下理由：其一，李某是钟某联系的。钟某作为存款方，刘某 1 作为生州公司的代表签订《引资融资协议》，钟某收取刘某 1 保证金 3 万元，并将收取保证金一事告诉了李某，李某应当知道有明确的用资人。其二，谭某在农行云阳支行杏家湾分理处柜台告知柜员程某办理转款手续，李某、谭某分别在取款凭条、存款凭条上签字。在办理完转账手续后，李某等人到农行云阳支行寨坝分理处办理李某应得 165 万元利息的转款手续，刘某、曾某等人办理分取款项的转款手续时，李某均在场，李某应当知道其存款转入了谭某所持的银行卡上。其三，李某在存单载明的存款期限到期后，同意唐某延期 1 个月，并收取延期利息 10 万元，李某共计获得高额利息 175 万元。

本案已具备以存单为表现形式借贷纠纷案件的两个法律特征，即出资人与用资人之间存在借贷法律关系，出资人将资金直接交与用资人使用或者通过金融机构将资金交与用资人使用，用资人直接或通过金融机构向出资人支付高额利息差。虽然，李某与农行云阳支行之间客观上没有形成存款关系，而是办理的转款手续，但李某的主观目的是通过银行存款融资给用资人，其行为是基于对农行云阳支行工作人员在该支行工作场所办理相关手续的充分信赖。由于谭某系农行云阳支行的工作人员，银行的经办柜员程某基于与谭某的同事关系，没有征询李某的业务意图，没有将李某取款去向即存款凭条交与李某签字，而且在办理业务时为谭某存放并递出装有假存单的信封，致使李某认为通过银行办理了定期存单，再将存款交与用资人使用，而客观上李某银行卡上的 1000 万元并没有办理为定期存单，而是转账到谭某提供的任某的银行卡，被谭某等人瓜分，农行云阳支行起到了一定的帮助作用。综合以上两个条件，本案应定性为以存单为表现形式的借贷纠纷。

《最高人民法院关于审理存单纠纷案件的若干规定》第 6 条第 2 项第 3 目规定："出资人将资金交付给金融机构，金融机构给出资人出具存单或进账单、对账单或与出资人签订存款合同，出资人再指定金融机构将资金转给用资人的，首先由用资人返还出资人本金和利息。利息按人民银行同期存款利率计算至给付之日。金融机构因其帮助违法借贷的过错，应当对用资人不能偿还出资人本金部分承担赔偿责任，但不超过不能偿还本金部分的 40%。"根据上述规定，李某预先收取的 175 万元高额利息应冲抵本金，加上一审法院已执行交付的价值 553 600 元轿车，李某已收回本金 2 303 600 元，其余本金及法定利息应由用资人承担偿付责任，农行云阳支行对用资人不能偿还的本金部分承担 40% 的赔偿责任。

2. 二审情况：

（1）诉请与答辩。李某不服一审判决提起上诉，请求：撤销一审判决，改判农行云阳支行兑付 1000 万元存单并支付利息；农行云阳支行承担一、二审诉讼费用。理由：①一审判决关于李某应当知道其存款有明确用资人的认定与查明的事实不符，是错误的；②一审判决认定的几个重要事实情节与刑事判决查明的事实不符，一是无证据证明钟某收取 3 万元保证金并告知了李某，二是刑事判决认定谭某递给李某的是"信封内的存单"而不是一审判决认定的信封；③本案不是以存单为表现形式的借贷纠纷，谭某的行为构成表见代理，银行应当兑付存款。

农行云阳支行答辩并提起上诉，请求：撤销一审判决，驳回李某的诉讼请求；李某承担一、二审诉讼费用。理由：①一审判决案由错误，本案应为一般存单纠纷，而不是以存单为表现形式的借贷纠纷；②即使本案是以存单为表现形式的借贷纠纷，一审法院释明后，李某坚持不同意变更诉讼请求，一审法院应当驳回李某的诉讼请求；③李某的行为不符合"善意无过失"的表见代理成立条件，因此，谭某的行为不构成表见代理；④李某与农行云阳支行之间既没有形成存款合同关系，李某在该行也没有真实的存款，农行云阳支行没有义务向李某兑付其诉请的存款本息。

李某的答辩意见与其上诉理由相同。

（2）二审法院的判决及其理由。二审法院的判决为：①撤销一审判决；②驳回李某的诉讼请求。一审案件受理费81 800元，二审案件受理费81 800元，共计163 600元，由李某负担。

以下为其主要事实与理由。二审法院认为，根据《最高人民法院关于审理存单纠纷案件的若干规定》第6条第1项之规定，以存单为表现形式的借贷纠纷案件具备以下特征：存在三方以上当事人，存在的法律关系主要是出资人与金融机构之间的存款法律关系，出资人与用资人之间的借贷法律关系；有资金从出资人向用资人流动，金融机构在该过程中提供帮助的事实；用资人直接或者通过金融机构向出资人支付高额利息等。

在本案中，首先李某并未与农行云阳支行建立存款关系。其次，谭某的行为不能代表农行云阳支行，其行为不能证明银行对资金的流动具有帮助作用；程某递送装有假存单信封的行为，因其是递予谭某而非李某，该行为是因其与谭某具有熟人关系并事先约定，故该行为应认定为程某的个人行为，而不应认定为职务行为，也不能证明银行对资金流动具有帮助作用。此外，金融机构在以存单为表现形式的借贷中提供帮助的关键事实之一是银行须通过利息或者利差获得利益，而农行云阳支行并未通过所涉借贷获得利益。因此，本案不符合以存单为表现形式的借贷纠纷案件的法律特征，一审判决对本案定性有误。鉴于最高人民法院对民事案由的修改，目前并无存单纠纷这一案由，故本案案由应定为储蓄存款合同纠纷。

法院认定李某与农行云阳支行未形成储蓄存款合同关系的具体理由如下：①李某并未对银行作出存款的意思表示。一是李某在柜台进行交易时，没有明确作出存款1000万元的意思表示，且对谭某作出的转款到其他银行卡的表意没有异议，并进行了相应的操作；二是其持有的存单系本案所涉犯罪行为人伪造，并非农行云阳支行出具；三是李某在公安机关的陈述证实，其知道在银行办理存款业务并不需要另行出具承诺书，且谭某出具的承诺书加盖的印章系伪造，非农行云阳支行的行为。上述事实证明李某未对银行有过存款的意思表示，农行云阳支行亦未有接受李某存款的承诺。②谭某的行为不能代表农行云阳支行。首先，谭某并非农行云阳支行的行长，其行为不能代表该支行。其次，因李某本身具有过错，谭某的行为不构成表见代理。李某的过错为，一是仅凭陌生人的介绍就相信谭某是农行云阳支行的行长，未尽到应尽的注意义务；二是李某明知银行的存款业务须在柜台办理，却相信谭某签名的承诺书具有存款效力，而未在柜台交易时作出存款的意思表示；三是李某主观上有将该存款违规运作获取高利的故意。表见代理中的相对人应当是善意无过错的，才能符合《中华人民共和国合同法》第49条规定的相对人有理由相信行为人有代理权，构成表见代理。

3. 再审情况：

（1）诉请与答辩。李某不服二审判决，向本院申请再审，请求撤销二审判决，改判农行云阳支行承担兑付存单义务。其主要事实与理由是：

第一、二审判决以李某没有在储蓄柜台对柜员说出存款1000万元的意思表示为由，认定李某没有对银行作出存款的意思表示，是错误的。本案所涉的所有相关人员对李某介绍的业务均是到农行云阳支行定期存款1000万元。李某在该支行的经营场所内，向"行长"谭某明确表示存款1000万元。在进行柜台操作时谭某故意挡在李某和柜台之间，李某以为谭某执行了自己存款的意思。柜员程某未向李某本人核实交易的真实性，在操作中也没有采用在一张回单上同时载明"转出人"和"收款人"的方式，而是分别出具取款单和存款单，剥夺了李某作为资金所有人对业务进行复核的权利。同时，柜员在办理储蓄业务的同时向谭某传递装有假存单的信封，导致李某的资金通过银行柜台的交易被犯罪分子获得。农行云阳支行并没有以任何方式提醒储户注意，存款的意思表示必须由本人亲自到柜台跟柜员说方为有效。相反，该行提供的客户经理服务，是客户经理按照贵宾客户指令，代为办理相关业务。银行以己方内部文件增加消费者的义务，减轻和免除银行的责任，与格式合同的立法本意相悖，是错误的。

第二，二审判决认定谭某的行为不构成表见代理，不能代表农行云阳支行是错误的。在农行云阳支行办公室这一特定环境内，李某才相信谭某的行长身份，将自己的银行卡交给谭某代为办理相关存款业务。李某相信的是谭某所代表的农行云阳支行，谭某的行为构成表见代理，其行为后果应由农行云阳支行承担责任。

第三，未经李某同意擅自将李某款项存入他人账户的行为是农行云阳支行的重大过错，应当由该行承担责任。按照所有人的指令办理业务是银行的重大义务。本案所涉刑事案件审理查明，李某向柜员程某表示从银行卡中取款1000万元，但未表示将款转入任某的账户。柜员程某在取出款项后却按照谭某的安排将款存入任某的账户，有重大过错。

农行云阳支行答辩称，李某在办理银行卡转账1000万元业务时，未向农行云阳支行作出过存款1000万元的意思表示，在案外人谭某向柜员程某表述将该款转入任某卡上时也没有反对，李某与该支行之间的储蓄合同关系并未成立；李某主观上存在着明显的过错，未尽应尽的注意义务且存在违法获取高息的故意，谭某的行为不构成表见代理；农行云阳支行按照客户的指示进行业务操作无任何违规的行为，亦无任何过错，不应承担任何责任。二审判决认定事实清楚，适用法律正确，李某的再审申请理由与事实不符且无任何法律依据，应依法予以驳回。

（2）再审法院的判决及其理由。再审法院的判决为：维持重庆市高级人民法院（2012）渝高法民终字第00014号民事判决。

以下为其主要事实与理由。

第一，关于李某与农行云阳支行之间是否成立储蓄存款合同问题。《合同法》第13条规定："当事人订立合同，采取要约、承诺方式。"该法第25条规定："承诺生效时合同成立。"依照上述法律规定，订立合同必经要约和承诺两个阶段。本案中，判断李某是否与农行云阳支行之间成立储蓄存款合同，需要认定如下问题：①李某是否发出要约，即对农行云阳支行作出存款1000万元的意思表示。本案查明事实表明，李某在农行云阳支行杏家湾分理处办理业务时，并未向柜员表示存款1000万元。李某称其明确向"行长"谭某表示存款，应视为向农行云阳支行作出存款的意思表示。李某该主张能否成立，关键在于谭某能否代表农行云阳支行，即谭某在与李某商谈存款事宜时，是否构成表见代理。《合同法》第49条规定："行为人没有代理权、超越代理权或者代理权终止后以被代理人名义订立合同，相对人有理由相信行为人有代理权的，该代理行为有效。"该条规定的目的是保护善意第三人的合法权益、促进市场交易安全。从立法目的解释表见代理的构成要件，应当包括代理人的无权代理行为在客观上形成具有代理权的表象，相对人在主观上善意且无过失地相信行为人有代理权。相对人善意且无过失应当包含两方面含义：一是相对人相信代理人所进行的代理行为属于代理权限内的行为；二是相对人无过失，即相对人已尽了充分的注意，仍无法否认行为人的代理权。本案中，李某在与谭某商谈存款事宜过程中，在以下方面存在未尽合理注意义务的过失。一是，对谭某行长的身份未经核实即轻信。李某是经刚认识的刘某等陌生人介绍认识"行长"谭某，谭某接待李某时并未在农行云阳支行办公地点，而是在农行云阳支行云江大道分理处的办公室，作为"行长"的谭某亲自带李某到柜台办理"存款"业务，李某因为疏忽，对谭某作为"行长"不符合常规的做法未产生怀疑，未尽合理注意义务。二是李某对存款过程存在的诸多不合常规操作未产生怀疑。谭某交给李某的《承诺书》载明，农行云阳支行在 3 个月存款期内承诺对款项"不抵押、不查询、不提前支取"。上述承诺内容均为李某作为存款所有权人可以行使的权利，放弃权利的承诺应当由权利人作出。但"农行云阳支行"却对此作出承诺。李某应当注意到承诺书内容的不合常理之处。李某作为储户应当知道在银行柜台办理业务时，需向柜员表明业务办理事项，却未在柜台交易时作出存款的意思表示。李某作为办理过银行存款业务的储户，应当知道存款应当填写存款凭条，存单应当由柜员直接交付储户。李某没有填写存款凭条，存单又是放在信封中从银行柜台递出，李某因疏忽轻信而未向柜台工作人员核实。三是李某主观上具有违规追求高额利息的故意。钟某承诺给李某每月 5.5% 的高息，换算成年息为 66%，李某对如此高的利息未产生怀疑，亦未向农行云阳支行核实，主观上并非善意。因李某不符合善意无过错的表见代理构成要件要求，谭某的行为不构成表见代理。李某向谭某作出的存款意思表示不能视为向农行云阳支行作出的意思表示。李某关于在农行云阳支行办公室这一特定环境内，造成其相信谭某行长身份，确信谭某代表农行云阳支行，存款业务无需储户亲自到柜台向柜员说明的观点，缺乏依据，本院不予采信。②农行云阳支行是否作出承诺。农行云阳支行并未向李某出具储蓄存单。李某称假存单由该行柜台递出，故储蓄存款合同成立。从程某履行职务的角度看，其从柜台递出的是装有伪造存单的信封，本案并无证据证明程某与谭某共谋诈骗，故意递出信封以使李某相信存款事实的发生。程某因与谭某的私人约定将信封递交给谭某，无证据证明程某知道信封内装有何种物品。因此，程某递出信封的行为，并非其履行职务行为。从李某是否可以确信程某递出信封为履行职务行为看，程某在办理李某业务中，李某并未向程某作出存款的意思表示，程某也未让李某填写存款凭条、未向李某出具储蓄存单。程某递交谭某信封的行为不足以让李某产生已经存款的信任，其行为不能认定为履行职务行为进而推定农行云阳支行与李某之间已经成立了数额为 1000 万元的定期储蓄合同关系。

第二，关于农行云阳支行是否应对李某的 1000 万元款项承担兑付义务问题。《最高人民法院关于审理存单纠纷案件的若干规定》第 5 条规定，对一般存单纠纷案件的认定和处理。①认定。当事人以存单或进账单、对账单、存款合同等凭证为主要证据向人民法院提起诉讼的存单纠纷案件和金融机构向人民法院提起的确认存单或进账单、对账单、存款合同等凭证无效的存单纠纷案件，为一般存单纠纷案件。②处理。人民法院在审理一般存单纠纷案件中，除应审查存单、进账单、对账单、存款合同等凭证的真实性外，还应审查持有人与金融机构间存款关系的真实性，并以存单、进账单、对账单、存款合同等凭证的真实性以及存款关系的真实性为依据，作出正确处理……存单纠纷案件的审理中，如有充分证据证明存单、进账单、对账单、存款合同等凭证系伪造、变造，人民法院应在查明案件事实的基础上，依法确认上述凭证无效，并可驳回持上述凭证起诉的原告的诉讼请求或根据实际存款数额进行判决。李某系依据存单提起诉讼，应作为一般存单纠纷处理。李某所持存单系伪造，该存单所涉 1000 万元款项并未向农行云阳支行交存，双方并未成立储蓄存款合同，李某依据犯罪分子伪造的存单，主张农行云阳支行兑付存单上载明的存款，缺乏法律依据，本院不予支持。

李某认为谭某利用农行云阳支行办公场所实施犯罪，造成李某相信谭某"行长"身份，柜员程某在履行职务过程中存在过错，造成李某资金通过银行柜台被犯罪分子获得，农行云阳支行对其上述工作人员的行为具有重大过错应当承担责任。但在一审法院向李某释明其与农行云阳支行之间可能不构成储蓄合同关系的情况下，李某仍坚持原诉讼请求而未就此提出其他主张，本院亦不宜于再审程序中作超越李某原审诉讼请求范围的审理和裁判。李某因 1000 万元款项损失与农行云阳支行产生的其他纷争，应另寻法律途径解决。

二、法律问题

谭某的行为是否构成表见代理？

三、法理分析

在庭审中，除一审法院对谭某的行为是否构成表见代理没有明确加以分析外，二审和再审法院均认为谭某的行为不构成表见代理，即该人的行为不能代表农行云阳支行。

根据二审和再审法院阐释的理由，我们可以看出他们的判断思维进路如下：

在二审，法院认为谭某的行为不构成表见代理，其判断思维有三：①谭某行为与银行支行行为之间的非等同性。换言之，谭某不是农行云阳支行的行长，其行为不能代表该支行，而且亦无任何证据能够证明其被授权代表该支行。②李某存在过失。其过失表现在：其一，作为巨额金钱财产的所有权人，李某仅凭陌生人的介绍就相信谭某是农行云阳支行的行长，未真正核实其身份，未尽到应尽的注意义务。该注意义务虽然是一种法律义务，但更是一种社会常识性义务。其二，作为经常在银行办理存取款业务的公民，李某明知银行的存款业务必须在柜台上办理，却相信谭某签名的承诺书具有存款效力，而未在柜台交易时作出存款的意思表示。其三，作为经常在银行进行存取款业务且熟悉存款程序的公民，李某明知该1000万元的存款活动系违规运作，但是在追求获得高额利益的主观心态驱使下，依然刻意进行该存款行为，在主观上存在故意。③李某的行为不符合表见代理中相对人的特征，即表见代理中的相对人应当是善意的且无过错的，才能符合《合同法》第49条规定的相对人有理由相信行为人有代理权的特征。

在再审，法院认为谭某的行为不构成表见代理，其判断思维的核心点是：本案是否存在表见代理，关键要分析谭某在与李某商谈存款事宜时是否构成表见代理。因为根据《合同法》第49条"行为人没有代理权、超越代理权或者代理权终止后以被代理人名义订立合同，相对人有理由相信行为人有代理权的，该代理行为有效"的规定，显然，该条规定旨在保护善意第三人的合法权益，以促进市场交易安全。因此，如果从立法目的解释论的角度来分析表见代理的构成要件，应当有两个要件：其一，客观要件，即代理人没有代理权却实施所谓的代理行为，是业已存在的客观状态；其二，主观要件，即相对人在主观上具有善意状态。换言之，相对人在主观上不知道或者不可能知道行为人无代理权，相反，其在已尽合理注意义务的前提下，无过失地相信行为人实施的行为系代理权限内的行为。

再审法院结合经庭审查明的该案事实，认为李某在与谭某商谈存款事宜过程中，在如下方面存在未尽合理注意义务的过失：其一，李某对谭某的所谓行长身份，未经认真核实即轻信之。根据庭审查明的事实，李某经刚认识的刘某等陌生人介绍而认识了"行长"谭某。谭某接待李某的地点不是农行云阳支行的办公地点，而是农行云阳支行云江大道分理处的办公室内。作为"行长"的谭某亲自带李某到柜台办理"存款"业务。上述活动地点、办理业务的方式均不符合常规，作为经常在银行进行存取款业务的李某却因疏忽而对谭某作为"行长"的做法未产生怀疑，属于未尽合理注意义务。其二，李某对存款过程存在的诸多不合常规操作未给予应有的注意。例如谭某交给李某的《承诺书》上载明，农行云阳支行在3个月存款期内承诺对款项"不抵押、不查询、不提前支取"，但是上述承诺内容却均是李某作为存款所有权人依法可行使的权利，该放弃权利的承诺应当由权利人作出，但"农行云阳支行"却对此作出承诺，作为银行的客户，李某应当注意到该承诺书内容的不合常理之处；再例如李某作为储户应当知道在银行柜台办理业务时，需向柜员表明业务办理事项，但是在办理该1000万元的存款业务时李某并未在柜台交易时作出存款的意思表示；再例如李某作为办理过银行存款业务的储户，应当知道存款要填写存款凭条，存单应当由柜员直接地明示地交付储户，但是在办理该1000万元业务时，李某没有填写存款凭条，且存单是放在信封中非明示地从银行柜台递出，李某因疏忽和轻信而未向柜台工作人员核实。其三，李某有违规追求高额利息的主观故意。当钟某承诺给李某每月5.5%的高息即换算成年息为66%时，李某对如此高的利息既未产生怀疑，亦未向农行云阳支行核实，其主观上具有追求银行正当利息之外的高额利息的故意。故而，再审法院认为"因李某不符合善意无过错的表见代理构成要件要求，谭某的行为不构成表见代理。李某向谭某作出的存款意思表示不能视为向农行云阳支行作出的意思表示。李某关于在农行云阳支行办公室这一特定环境内，造成其相信谭某行长身份，确信谭某代表农行云阳支行，存款业务无需储户亲自到柜台向柜员说明的观点，缺乏依据，本院不予采信"。

四、参考意见

从上述的规则角度和理论分析的角度，我们可以得出的结论是：在该案中，一方面谭某的行为不存在构成表见代理的任何事实依据，另一方面李某以在农行云阳支行办公室向谭某作出的存款意思表示为由，主张其是善意且无过错并构成表见代理是不能成立的，相反，由于其存在主观上的疏忽和追求非正当高额利益的过错，导致其对谭某"行长"身份相信，导致其对诸多违规现象视而不见且不去核实，导致其并未真正向农行云阳支行作出存款意思表示。故而，在本案中，不存在表见代理的行为。

拓展案例

案例一：壳牌统一（北京）石油化工有限公司
诉史某等侵权责任纠纷案[1]

2-2　判决书原文

一、基本案情

2013年6月25日，原告壳牌统一（北京）石油化工有限公司（以下简称壳牌公司）与金舟公司签订《壳牌统———、三期围堰项目工程施工合同》，由金舟公司负责原告壳牌公司一、三期围堰项目的工程施工，合同固定总价为3 631 544元。2013年9月17日，双方签订《补充协议》，补充增加一期防油渗地面项目，固定总价为698 000元。

该工程于2013年12月20日竣工验收。在验收的过程中，原告发现工程实际工程量与合同约定工程量相比有所减少，故双方于2014年4月29日共同到现场核实工程量，并于2014年5月20日在原告住所召开了"关于一、三

---

[1]　一审民事判决书：北京市大兴区人民法院（2015）大民初字第10925号。

期围堰工程竣工款结算事宜会议"，被告史某、龙某参加会议，史某在《会议签到表》及会议形成的《一、三期围堰工程核算清单》《关于一、三期围堰工程竣工款结算事宜会议纪要》上签字。该会议纪要载明：壳牌公司与金舟公司确认工程最终结算金额为 408 万元；双方基于本次达成的共识，在 2 周内签订补充协议；2014 年 5 月底前支付工程款 50 万元，剩余部分签订补充协议后支付。

2014 年 12 月 1 日，史某以金舟公司联系人的身份向原告发出《关于壳牌一、三期围堰工程竣工结算款解决方案商榷函》，要求最终结算金额为 4 409 544 元，由于数额变动，原告未如期支付价款。金舟公司于 2014 年 12 月 17 日向中国国际经济贸易仲裁委员会提起仲裁，否认被告史某具有金舟公司的授权，认为史某无权代表金舟公司签订《会议纪要》，该《会议纪要》对金舟公司不发生法律效力，要求原告按照合同固定总价支付工程款。仲裁庭认为：壳牌公司无法提供会议纪要签字人员史某的任职文件或金舟公司对其的授权委托书，且该会议纪要未得到金舟公司的事后追认，该会议纪要对金舟公司不产生法律效力，裁决涉案工程的结算金额为合同固定总价 4 329 544 元而非《会议纪要》约定的 408 万元。

原告以被告史某、龙某互相串通实施无权代理行为为由，提起侵权诉讼，要求两被告赔偿因其无权代理造成的损失。

法院判决：被告史某、龙某的行为不构成无权代理行为，驳回原告壳牌统一（北京）石油化工有限公司的诉讼请求。

法院判决的理由是：《民法通则》第 66 条规定："没有代理权、超越代理权或者代理权终止后的行为，只有经过被代理人的追认，被代理人才承担民事责任。未经追认的行为，由行为人承担民事责任。本人知道他人以本人名义实施民事行为而不作否认表示的，视为同意。"我国《合同法》第 48 条规定："行为人没有代理权、超越代理权或者代理权终止后以被代理人名义订立的合同，未经被代理人追认，对被代理人不发生效力，由行为人承担责任。相对人可以催告被代理人在一个月内予以追认。被代理人未作表示的，视为拒绝追认。合同被追认之前，善意相对人有撤销的权利。撤销应当以通知的方式作出。"《合同法》第 49 条规定："行为人没有代理权、超越代理权或者代理权终止后以被代理人名义订立合同，相对人有理由相信行为人有代理权的，该代理行为有效。"根据相关法律规定及法学理论，因无权代理而订立合同的无权代理人依上述法律规定承担民事责任，应具备以下要件：①代理人欠缺代理权，即代理人未经被代理人授权，或超越代理权限，或在代理权消灭后而为代理行为。②无权代理人以被代理人名义与相对人订立合同，合同已成立。③被代理人拒绝追认无权代理人订立合同的行为。④相对人须为善意，即不知无权代理人欠缺代理权。

壳牌公司提交的《关于一、三期围堰工程竣工款结算事宜会议纪要》载明"双方基于本次会议达成的共识应在 2 周内签订补充协议"，可见，壳牌公司在形成会议纪要时明知就确认工程最终结算金额为 408 万元其须与金舟公司在 2 周内签订补充协议，所以，该会议纪要在未得到金舟公司的事后追认的情况下，只能证明双方就相关争议进行了协商，并不能证明该会议纪要即为双方签订的补充协议或合同。被告史某、龙某参加会议，并由史某在《会议签到表》及《一、三期围堰工程核算清单》《关于一、三期围堰工程竣工款结算事宜会议纪要》上签字的行为，并未导致该纪要作为合同成立，既然合同尚未成立，被告史某、龙某的行为也就未构成相关法律规定的无权代理行为。因此，壳牌公司诉称被告史某、龙某互相串通，实施无权代理行为，侵害其权益，并要求二被告承担赔偿责任的相关诉讼主张，没有事实和法律依据。

二、法律问题

被告的行为是否构成无权代理？

三、重点提示

1. 《民法通则》与《合同法》对本人（被代理人）意思表示的推定有何不同？

2. 被告参加会议并在《会议签到表》及《一、三期围堰工程核算清单》《关于一、三期围堰工程竣工款结算事宜会议纪要》签字的行为的法律效果是什么？

3. 如何判断恶意串通？

案例二：亚汇国际理财顾问（北京）有限公司与陈某
委托理财合同纠纷上诉案[1]

2-3 判决书原文

一、基本案情

2007 年 4 月 28 日，案外人裴某以"君汇赢理财工作室"的名义与陈某签订《资产委托管理协议》一份，约定陈某为委托人（合同甲方），"君汇赢理财工作室"为受托人（合同乙方），现无证据证明"君汇赢理财工作室"为一依法成立的民事主体。甲方同意将其本人在某美通银行开设的外汇保证金账户委托给乙方代为操作，双方约定账户初始资金为 8200 美元，委托期限为 1 年，至 2008 年 4 月 28 日终止，乙方保证甲方年收益率为 10%，如果 1 年期满后，账户出现亏损，则乙方必须按照年收益率 10% 的标准赔偿给甲方……如果盈利，除掉 10% 的收益后，双方应按 5∶5 比例进行分成。陈某按照裴某的要求将 8000 美元（裴某承诺在陈某存入 8000 美元后赠送 200 美元）汇至裴某指定的账户。

协议履行期间裴某未支付收益，协议期满后已无法找到裴某，原告无法取回投资的本金 8000 美元。另陈某称上述《资产委托管理协议》的签订地点在亚汇公司的住所地北京市朝阳区东三环中路 7 号北京财富中心某座 317 室，裴某提供的热线电话亦为该公司电话，其在协议签订后得知裴某系亚汇公司的代理人，通过亚汇公司热线电话 400 - 810 - 4563 查询其投资账户内现有资金为 38.51 美元，因此认为裴某与其签订《资产委托管理协议》的行为系亚汇公司委托，要求亚汇公司履行合同约定的义务，即返还 8000 美元并支付 1000 美元收益。

法院的判决：一审法院判决亚汇公司于判决生效后 7 日内履行相应给付金

---

〔1〕 二审民事判决书：北京市第二中级人民法院（2010）二中民终字第 10739 号。

钱义务。二审法院认为一审判决认定事实清楚，适用法律正确，维持一审判决。

一审法院认为：裴某与陈某在签订《资产委托管理协议》时在受托人处填写了"君汇赢理财工作室"，现无证据证明"君汇赢理财工作室"为一依法成立的民事主体，因此与陈某签订该协议的真实的相对人应为裴某个人。根据陈某提供的证据显示，虽在协议签订前后裴某并未向陈某披露亚汇公司，但陈某根据裴某提供的亚汇公司的客户热线可查询到其委托裴某理财的账户余额，且在热线电话中亚汇公司认可陈某系该公司客户，亦认可裴某系该公司的代理人，故可认定裴某系受亚汇公司委托，隐名代理该公司与陈某签订了《资产委托管理协议》。依据《合同法》第403条之规定，受托人以自己的名义与第三人订立合同时，第三人不知道受托人与委托人之间的代理关系的，受托人因委托人的原因对第三人不履行义务，受托人应当向第三人披露委托人，第三人因此可以选择受托人或者委托人作为相对人主张其权利，但第三人不得变更选定的相对人。现陈某选择由亚汇公司作为相对人主张权利，亚汇公司即应履行《资产委托管理协议》中受托人的义务。因协议中约定的委托期限已满，依据合同约定亚汇公司应当支付陈某10%的收益，并将本金返还陈某。陈某称本金原为8000美元，裴某承诺在其存入指定的银行后赠送200美元，在《资产委托管理协议》中虽对此未作约定，但约定了账户初始资金为8200美元，故该院对陈某的陈述予以采信，对陈某要求亚汇公司返还8000美元并支付1000美元收益的诉讼请求予以支持。

二审法院认为：陈某虽是与裴某个人签订的《资产委托管理协议》，但协议签订后陈某根据裴某提供的、亚汇公司承认是其所有的客户热线电话联系到了亚汇公司，亚汇公司查到了裴某的代理号码及陈某的交易账户和余额，这表明亚汇公司认可裴某是其公司的代理人，裴某与陈某签订协议及管理陈某账户资金的行为都是代理亚汇公司的职务行为，裴某无须披露亚汇公司。陈某现要求亚汇公司按合同约定返还资金，理由正当，应予支持。亚汇公司的上诉意见没有事实和法律依据，本院不予采信。一审判决认定事实清楚，适用法律正确，处理结果并无不当，应当予以维持。

二、法律问题

裴某是否隐名代理亚汇公司与陈某签订了《资产委托管理协议》？

三、重点提示

1. 判断本案所涉协议当事人的事实依据？

2. 构成隐名代理的要件？

拓展资料

2 – 4

| 第五章 |

诉讼时效

诉讼时效是法律事实的一种，是指权利人请求人民法院保护其民事权利的法定期间，期间经过义务人有权拒绝履行义务。该制度的主要目的是督促权利人积极行使权利，体现了"法律不保护睡眠于权利之上的人"的调整思路。诉讼时效届满后，义务人可以针对请求权的行使提出抗辩，有利于维护现有法律秩序的稳定。权利人经过法定期间不向义务人主张权利，就会形成稳定的财产秩序和社会信赖，义务人也可以安排与第三人的交易等法律关系，因此诉讼时效制度可以更好地平衡权利人与义务人之间的利益关系。除此之外，随着时间的推移，当事人之间纠纷事实的查明、证据保存会越发困难，为权利人行使民事权利设定一定的时间限制，督促其保存证据、主张权利，不仅有利于合理配置有限的司法资源，也大大增加了权利实现的可能性。

1-1　关于诉讼时效的概念

我国《民法总则》第九章以"诉讼时效"为题，但实际上规定了诉讼时效和除斥期间两种时效制度。其中第 188 条~第 197 条规定了诉讼时效的期间、延长、起算、效力、中止、中断、不适用诉讼时效的情形等。第 199 条规定了撤销权、解除权等形成权的存续期间，不适用有关诉讼时效中止、中断和延长的规定，而是按照除斥期间处理。

第一专题 诉讼时效的适用对象

知识概要

并不是所有的民事权利都要受诉讼时效制度调整，这就涉及诉讼时效的适用对象问题。对诉讼时效适用对象问题的讨论，具有重要的理论价值与实践意义。明确诉讼时效的适用对象，可以科学构建诉讼时效期间，准确平衡权利人与义务人之间的利益关系；从反面而言，将不应适用诉讼时效的权利排除在适用对象范围之外，避免权利人的正当权利由于诉讼时效的经过而不受法律的保护。除此之外，准确界定诉讼时效的适用对象，有利于厘清诉讼时效与物权存续期间、知识产权保护期、保证期间、债务清偿期等民法上其他期间之间的关系，便于司法实践中准确适用法律规范。

长期以来，学界主流观点将诉讼时效的适用对象限于"请求权"，即要求他人为一定行为或者不为一定行为的权利，包括法定的请求权和基于法律行为发生的请求权，均须是实体法上的请求权。《最高人民法院关于审理民事案件适用诉讼时效制度若干问题的规定》（以下简称《诉讼时效规定》）第1条将诉讼时效的适用对象限定为债权请求权，但学界对于物权请求权、人身权请求权是否适用诉讼时效一直存有争议。在《民法总则》制定过程中，学者建议稿对此问题都有所反映，并非所有的请求权均适用诉讼时效。最终《民法总则》第196条规定了不适用诉讼时效的请求权类型：①请求停止侵害、排除妨碍、消除危险；②不动产物权和登记的动产物权的权利人请求返还财产；③请求支付抚养费、赡养费或者扶养费；④依法不适用诉讼时效的其他请求权。其他不适用诉讼时效的请求权主要是指《诉讼时效规定》第1条明确的：①支付存款本金及利息请求权；②兑付国债、金融债券以及向不特定对象发行的企业债券本息请求权；③基于投资关系产生的缴付出资请求权；④其他依法不适用诉讼时效规定的债权请求权。除了《民法总则》和司法解释列举的不适用诉讼时效的请求权，学理上认为基于身份关系产生的请求权，例如夫妻同居请求权、离婚请求权等也不应适用诉讼时效。司法实践中，法院判决认为公司股东要求清算的请求权、请求业主缴纳专项维修基金的权利等也不应适用诉讼时效。

1-2　《最高人民法院关于审理民事
案件适用诉讼时效制度若干问题的规定》

1-3　学者建议稿

📚 经典案例

案例：国网辽宁省电力有限公司鞍山供电公司诉中国农业银行股份有限公司鞍山立山支行等财产返还纠纷案[1]

1-4　判决书全文

一、基本案情

农行立山支行与借款人鞍山市电业局（以下简称电业局，系鞍山供电公司前身）、保证人东北电力集团财务有限责任公司业务七部（以下简称业务七部，原东北电力集团财务有限责任公司，后变更为现在的东北分公司）签订《保证担保借款合同》一份，约定：借款本金4000万元，贷款期限自1998年12月31日至1999年3月31日，保证方式为连带责任保证，保证期间2年。农行立山支行在贷款人一栏加盖公章，电业局在借款人一栏加盖公章和法定代表人陈某印章，保证人一栏加盖业务七部公章和金某印鉴。1998年12月31日，农行立山支行和电业局在双方确认的《借款借据》上载明：借款金额4000万元。同日，电业局将4000万元通过银行转账的方式转入到业务七部。

---

〔1〕　一审民事判决书：辽宁省高级人民法院（2013）辽民二初字第00057号。二审民事判决书：最高人民法院（2015）民二终字第39号。

2005 年 4 月 15 日，鞍山市立山区人民法院作出（2004）鞍立刑初字第 220 号生效刑事判决书。该刑事判决书查明：1998 年 12 月下旬，王某在担任农行立山支行行长期间，与电业局书记孙某、业务七部主任金某以及泰隆集团董事长李某、农行鞍山市分行行长殷某等人达成默契，签订了短期贷款合同，由业务七部为担保人，违法将 4000 万元贷款以向电业局贷款为名，于 1998 年 12 月 31 日将农行立山支行的 4000 万元转给电业局在农行八卦分理处设立的账号（该账号为电业局账外账户，该款没有纳入正常财务核算，也没有进行账务处理）。电业局当日开具转账支票一张将 4000 万元转入业务七部。1999 年 3 月 3 日经王某及电业局领导授意，业务七部主任金某将 4000 万元转给由李某担任董事长的泰隆集团的子公司顺发公司，作为流动资金使用。1999 年 9 月 30 日泰隆集团转给电业局 500 万元，同日农行划走 500 万元作为还贷处理。

该刑事判决书另查明，在王某的要求下，李某从顺发公司将业务七部转的 3500 万元借给鞍山正龙集团有限责任公司（以下简称正龙公司）马某，2000 年 4 月 30 日泰隆集团与正龙公司签订借款协议，王某为该借款协议做了书面担保，致使农行的 3500 万元贷款实际转给正龙公司。2003 年 11 月 25 日泰隆集团将其对鞍山正龙集团聚富宫餐饮娱乐有限公司（以下简称聚富宫公司）的 3500 万债权转让给电业局。聚富宫公司董事长马某于 2004 年 9 月 1 日向农行立山支行承诺，电业局欠农行立山支行的 3500 万元贷款及利息，由聚富宫公司承担并负责偿还。后鞍山市正龙水产批发有限公司（以下简称正龙水产公司）愿以坐落在鞍山市铁东区南建国路 3××号的房产替聚富宫公司抵偿债务，经辽宁环宇房地产评估有限公司评估，该房产作价 31 658 188 元。2004 年 1 月 9 日，鞍山中院作出（2004）鞍民执字第 30 号民事裁定书，裁定将正龙水产公司所有的坐落于鞍山市铁东区南建国路 3××号的房产（8350.44 平方米）作价 31 658 188 元交付给电业局，替聚富宫公司抵偿债务。2004 年 6 月 18 日电业局给辽宁省公安厅出具的《关于处理中国农业银行立山支行贷款问题的函》的复印件载明："三、为了保护国有财产不受损害，在此之前，我局已经协助泰隆集团运用民事诉讼程序，查封了聚富宫公司 3500 万元的房地产，其中有 3100 余万元的房地产，经过法院的裁定已经执行完毕。如果将此项房地产转给农行立山支行抵偿 3500 万元的贷款，无论从哪个方面来讲，都是处理这笔债务纠纷的最好办法，我局也将全力配合这项转抵工作。"2004年9月24日，辽宁省公安厅扣押了位于鞍山市铁东区南建国路3××号面积8350.44平方米的房产，并于同日发还农行立山支行。电业局在《辽宁省公安厅扣押物品、文件清单》《辽宁省公安厅发还物品、文件清单》上加盖公章。农行立山支行与电业局就上述房产实际发还给了农行立山支行这一事实没有异议，但未办理相关权属变更登记手续。

2004年11月26日，鞍山兴辽集团有限公司以鞍山市房产局为被告，正龙水产公司为第三人，向鞍山中院提起行政诉讼，请求撤销房产局为正龙水产公司颁发的鞍山市铁东区南建国路3××号第一、二、三层的房屋产权证。2009年4月2日，鞍山中院作出（2004）鞍行初字第3号行政判决书，判决撤销鞍山市房产局为正龙水产公司颁发的房屋所有权证。2011年11月8日，农行立山支行在《辽宁日报》上发布债权催收公告，要求借款人电业局和担保人业务七部履行偿还欠款本息的义务。

电业局主张：2004年9月24日鞍山供电公司（鞍山电业局更名为鞍山供电公司）没有向农行立山支行以物抵债的合意与事实，则不能认定鞍山供电公司存在同意履行义务的意思表示或者自愿履行义务的事实，本案在2004年9月24日不存在诉讼时效中断的证据。即便假设存在2004年9月24日以房抵债的事实，也应视为对公安厅抵债行为的认可，民事债权债务得以消灭。农行立山支行自该日始就应当向鞍山供电公司主张交付或所有权变更登记等权利，事实上，自2004年9月24日起2年内，农行立山支行并没有向鞍山供电公司主张任何权利，也已超过诉讼时效。

农行立山支行认为：上诉人主张债权因房产发还即为物权，即使未取得房产所有权债权也消亡无法律依据。首先，上诉人主张本案以物抵债后就当然获得物权无法律依据，按照房地产相关法律规定，物权采取登记发证制度，以物抵债后鞍山供电公司拒绝配合更名过户，导致物权无法实现，即债权未实现。上诉人鞍山供电公司否认物品发还为自愿行为，但该行为由鞍山市立山区人民法院（2004）鞍立刑初字第220号刑事判决书确认仍有贷款本金3 341 812元及利息没有追回而产生以物抵债效力，也因此产生诉讼时效中断的效力。

二、法律问题

合法占有人请求不动产所有权变更登记是否适用诉讼时效？

三、法理分析

本案中，鞍山电业局向辽宁省公安厅出具《关于处理中国农业银行立山支行贷款问题的函》，在该份函件之中，愿以 3×× 号房产自愿抵债的意图较为明显。正是基于鞍山电业局这一函件的表态，此后辽宁省公安厅扣押其位于鞍山市铁东区南建国路 3×× 号面积 8350.44 平方米的房产（作价 31 658 188元），并于当日即向农行立山支行予以发还。由此可以认定为鞍山电业局将上述不动产抵债交付于农行立山支行。农行立山支行对该不动产取得合法占有。但是农行立山支行自占有不动产后，并没有向鞍山电业局主张所有权变更登记，因此鞍山电业局认为已过诉讼时效。

就不动产而言，依照我国《物权法》第 9 条的规定，除法律另有规定外，需完成不动产物权登记方可完成物权变动，未完成登记而仅仅占有不动产的，因欠缺物权变动的生效要件，占有人并不能取得不动产的所有权。本案中，涉案不动产是由辽宁省公安厅发还农行立山支行，目的是为鞍山电业局抵债，但辽宁省公安厅的扣押、发还文件并不产生物权效力，农行立山支行并不是涉案不动产的所有权人，而仅是合法占有人。从以物抵债的角度，鞍山电业局是为了偿还自农行立山支行处借贷的 3500 万元，而自愿将其名下不动产转给农行立山支行，在不动产尚未移转至农行立山支行所有之前，其与银行的借贷之债并没有得到清偿；只有涉案不动产转归农行立山支行所有，前债权债务关系才得以消灭。因此，为了实现债务清偿，需将该不动产转为农行立山支行所有，即变更不动产物权登记。鞍山电业局有义务协助农行立山支行，变更不动产物权登记。

关于不动产的合法占有人请求所有权或者物权变更登记是否适用诉讼时效的问题，《民法总则》与《诉讼时效规定》均没有明确的规定。但是《民法总则》第 196 条规定了不适用诉讼时效的情形，包括：①请求停止侵害、排除妨碍、消除危险；②不动产物权和登记的动产物权的权利人请求返还财产；③请求支付抚养费、赡养费或者扶养费；④依法不适用诉讼时效的其他请求权。本案中农行立山支行对涉案不动产并不享有所有权，而仅有请求债务人鞍山电业局协助办理不动产变更登记的请求权，性质上不属于返还财产请求权，因此《民法总则》第196条第2款在本案中并不适用。

既然《诉讼时效规定》第1条将适用诉讼时效的请求权限定在债权请求权，就需要分析本案中农行立山支行不动产变更登记请求权是否属于债权请求权。根据法院查明的事实，鞍山电业局与农行立山支行签订的贷款合同到期后无法偿还，遂将其名下的涉案不动产交付农行立山支行用于抵债。双方当事人之间就不动产抵债达成合意，此后辽宁省公安厅将扣押的房产向农行立山支行予以发还。因此，农行立山支行有权请求鞍山电业局协助办理不动产所有权转移登记，以此来消灭前债权债务关系。问题的关键在于此种请求权是债权请求权还是具有物权属性的请求权。

实践中，对此问题有不同的观点：一种观点是认定为债权请求权，即在此种情形下，双方当事人之间就以物抵债已经达成合意，按照我国《物权法》的物债区分原则，不动产所有权没有进行移转登记的不影响当事人之间原因关系的效力。鞍山电业局的主给付义务就是交付不动产并协助办理转移不动产所有权的登记。无论鞍山电业局是否将涉案不动产交付给农行立山支行，农行立山支行基于双方当事人的约定请求鞍山电业局协助办理物权转移登记手续，显然是合同的债权请求权，因此属于《诉讼时效规定》的适用范围，应当适用诉讼时效。[1]另一种观点认为，应当区分受让人是否占有标的物，如果受让人已经接受给付并且占有不动产，请求相对方协助办理不动产登记的请求权，具有一定的物权属性，不适用诉讼时效。[2]

最高人民法院在此问题上，倾向于后一种观点：在双方当事人之间的不动产转让合同中（无论是有偿抑或无偿），如果受让人已经合法占有了该不动产，会使得不动产的实际占有使用人与不动产登记的权属人呈现分离状态。如果此时适用诉讼时效，受让人的不动产登记请求权罹于诉讼时效而无法实现，将导致不动产的所有权与占有使用长期分离，处于权属不清的状态，与民法的目的相悖。如果不动产被正常交付，受让人合法占有不动产，就已经

---

〔1〕　参见崔建远："房屋买卖合同与诉讼时效"，载《人民法院报》2003年6月13日，第4版。
〔2〕　刘德权主编：《最高人民法院司法观点集成》，人民法院出版社2009年版，第553页。

表明了所有人转移不动产所有权的真实意思表示，此时不动产登记的请求权有别于一般的债权请求权。因此，最高人民法院在其《第八次全国法院民事商事审判工作会议（民事部分）纪要》中以第 24 点确定：已经合法占有转让标的物的受让人请求转让人办理物权变更登记，登记权利人请求无权占有人返还不动产或者动产，利害关系人请求确认物权的归属或内容，权利人请求排除妨害、消除危险，对方当事人以超过诉讼时效期间抗辩的，均应不予支持。但是该会议纪要并不是正式的司法解释，而属于司法政策性文件，对法官审理相关案件适用法律没有拘束力。

1-5　关于《第八次全国法院民事商事审判

工作会议（民事部分）纪要》的说明

通常而言，尚未履行的不动产所有权移转合意，受让人既没有取得不动产的占有，也没有办理不动产物权变动登记手续，受让人因此需要向不动产所有权人请求履行，也就与普通的债权请求权没有区别。关于合法占有人的办理物权登记请求权为什么有别于一般债权请求权，具有一定的物权属性，最高人民法院认为此时合法占有人对不动产标的享有物上期待权。受让人已经合法占有不动产时，除了不动产物权登记，其他权利要件已经具备，受让人对不动产所有权的取得已经享有期待利益，应当受到保护。不动产所有权移转登记之前的期待权属于物上期待权，一旦权利要件完成就成为物权既得权。[1]物上期待权，因是既得权的形成阶段，究其性质应与期待的既得权性质相同。受让人的物权登记请求权，其目的便是完成权利要件，将物上期待权转化为既得所有权，一定程度上也可以视为期待权的行使。因此，合法占有人的不动产登记请求权并不是一般意义上的债权请求权，确实具有物权的属性，不属于《诉讼时效规定》的适用范围。

---

〔1〕 参见申卫星："期待权研究导论"，载《清华法学》2002 年第 1 期；王轶："期待权初探"，载《法律科学》1996 年第 4 期。

《民法总则》第 196 条列举了不适用诉讼时效的请求权，其中并没有本案涉及的合法占有人的物权登记请求权。其第 4 款兜底条款要求不适用诉讼时效的请求权必须有法律依据，此处需要对"法律"概念进行解释，是广泛意义上的法源概念还是《中华人民共和国立法法》上定义的法律位阶。从《民法总则》文本解释的角度，本案中的物权登记请求权应当适用诉讼时效。司法实践中，除了本案的物权登记请求权，还有许多请求权也不适宜适用诉讼时效，例如股东要求清算请求权、离婚请求权、解除收养关系请求权等，但是目前均找不到相应的法律依据。《民法典》编纂过程中，对以上的问题并没有给予回应，仍延续了《民法总则》的做法。

本案中，鞍山电业局为了偿还自农行立山支行处借贷的 3500 万元，而自愿将其名下不动产转给农行立山支行，农行立山支行接受辽宁省公安厅的发还，合法占有该不动产，双方当事人就不动产所有权的移转已经达成合意，农行立山支行有权请求鞍山电业局协助办理不动产过户登记手续。鞍山电业局主张"农行立山支行并没有向鞍山供电公司主张任何权利，已超过诉讼时效"，最高人民法院在终审判决书的说理部分指出："本院认为，农行立山支行对抵债房产所享有的物权，并不适用关于诉讼时效的制度规定，鞍山供电公司这一主张不能支持"，具有其合理性。

四、参考意见

1. 根据我国《民法总则》第 196 条、司法解释《诉讼时效规定》第 1 条的规定，本案中涉及的合法占有人的不动产物权登记请求权不属于不适用诉讼时效的请求权类型，应当适用诉讼时效的规定。但是最高人民法院的司法态度倾向于不适用诉讼时效，《第八次全国法院民事商事审判工作会议（民事部分）纪要》中以第 24 点确定：已经合法占有转让标的物的受让人请求转让人办理物权变更登记，登记权利人请求无权占有人返还不动产或者动产，利害关系人请求确认物权的归属或内容，权利人请求排除妨害、消除危险，对方当事人以超过诉讼时效期间抗辩的，均应不予支持。

2. 尚未履行的不动产所有权移转合意，受让人既没有取得不动产的占有，也没有办理不动产物权变动登记手续，因此需要向不动产所有权人请求履行，应当按照普通债权请求权适用诉讼时效规则。但是受让人已经合法占有不动产时，除了不动产物权登记，其他权利要件已经具备，受让人对不动产所有权已经享有期待利益，应当受到保护。不动产所有权移转登记之前的期待权，究其性质应与期待的既得权性质同类，属于物权中的物上期待权。因是既得权的形成阶段，一旦权利要件完成就成为既得权。受让人的物权登记请求权，其目的便是完成权利要件，将物上期待权转化为既得所有权。因此，合法占有人的不动产登记请求权并不是一般意义上的债权请求权，确实具有一定的物权属性，应属于不适用诉讼时效的请求权。

拓展案例

案例一：李某、谭某诉王某祭祀权案[1]

1-6　判决分析

一、基本案情

被告王某与两原告之女李某甲系夫妻关系。2001年1月4日李某甲因病去世，次日在本市火化。李某甲火化后，其骨灰由被告王某保管。原告曾多次询问被告李某甲骨灰是否安葬、安葬何处，但被告至今未明确告知两原告，致使两原告无法祭奠女儿。2005年底，两原告以其女儿李某甲骨灰去向不明，无法祭祀为由，要求被告王某安葬李某甲骨灰，双方发生纠纷，两原告起诉至法院。一审法院认为：根据我国传统的伦理观念和长期形成的民间风俗习惯，祭奠既是生者对死者的悼念，也是对生者精神上的一种安慰。两原告作为李某甲的父母，应与被告平等地享有对李某甲的祭祀权，被告在行使自己权利和自由的时候，不得损害原告的合法权益。被告应将李某甲骨灰存放地点或安葬何处告知李某甲父母。被告未履行告知义务，致使原告无法祭奠，

---

〔1〕一审民事判决书：安徽省淮南市田家庵区人民法院（2006）田民一初字第205号。二审民事判决书：安徽省淮南市中级人民法院（2006）淮民一终字第411号。

侵犯了原告的合法祭祀权，有悖于社会善良风俗，主观上具有过错，应承担过错责任；且被告因其行为造成原告无法对女儿进行祭奠，精神上受到伤害，应予以赔偿，并将李某甲骨灰安葬后立即告知两原告。

被告王某不服提出上诉，认为侵犯祭祀权的诉讼时效应为 2 年，本案早已超过诉讼时效。二审法院审理后认为祭祀是每年持续进行的活动，上诉人侵权行为随着每年的祭祀活动不断发生，故本案两被上诉人的主张并未超过诉讼时效，上诉人王某的该项理由不能成立。综上，原审认定基本事实清楚，判决并无不当。

二、法律问题

"祭祀权"受侵害是否应当适用诉讼时效？

三、重点提示

祭祀是我国一项传统民俗习惯，素来备受重视，国家制定相关的假期予以配合。法院判决中使用"祭祀权"概念，本质上是指公民基于亲属关系等而产生的对死者表示追思和敬仰的利益，因法无明定，称为祭奠利益更加合适。祭奠利益作为新型的民事权益，近几年来已经通过司法判决得以确认，应当受到法律保护。祭奠利益的性质在学理上与司法实践中均有争议：有学者认为祭奠利益是民事主体基于与逝者近亲属关系而产生的民事权益，其源自于特殊身份关系且限于特殊身份关系；[1]也有学者认为祭奠利益是以身份关系为基础的精神性的人格利益，其所指的身份不限于身份权所要求的身份关系，且祭奠利益存在并不以身份关系存续为要件，应是人格权。[2]具体到法院判决中，有的认为是身份权，[3]也有的认为是人

---

〔1〕 参见杨立新："诠释祭奠权——兼说民事习惯作为判决依据"，载《检察日报》2002 年 7 月 19 日，胡夏冰."公民祭奠权的法律保护"，载《人民法院报》2006 年 2 月 20 日。

〔2〕 参见刘云生、卢桂："祭祀权：法权认知与制度再造"，载《求是学刊》2016 年第 3 期；瞿灵敏："司法裁判视野中的祭奠权：性质、行使与法律保护"，载《求是学刊》2016 年第 3 期。

〔3〕 上海市第二中级人民法院（2011）沪二中民一终字第 178 号民事判决书；江苏省宿迁市中级人民法院（2011）宿中民终字第 0161 号民事判决书；等等。

格权中的一般人格权。[1]无论祭奠利益的主体范围、权利性质、实现方式如何，可以确定的是祭奠利益属于人身权益，侵害祭奠利益，实际上就是侵害了自然人的人身权益。

因人身权益属于绝对权的范畴，受到侵害时的救济主要有两种：一种是基于绝对权产生的请求权，可主张停止侵害、排除妨碍和消除危险；一种是因侵害行为而生的损害赔偿请求权。[2]前一救济与物上请求权类似，关系到人身利益的实现，是民事主体当然的权益，根据《民法总则》第196条第1款并不适用诉讼时效。损害赔偿请求权是基于侵害祭奠利益而生，与一般的损害赔偿请求权并无不同，因此应当适用诉讼时效。在本案中，原告（被上诉人）要求被告停止侵害、排除妨碍以便祭祀亡者的请求权不适用诉讼时效，但损害赔偿请求权适用。又因本案死者去世后，因被告（上诉人）的行为，原告一直未能实现祭奠，侵害持续发生，损害赔偿请求权并未罹于诉讼时效，应当得到支持。

案例二：中国银行股份有限公司哈尔滨兆麟支行与
王某某返还存单纠纷案[3]

1-7　二审判决书全文

1-8　再审裁定书全文

一、基本案情

1999年3月10日，哈尔滨克拉斯矿山机械有限公司（以下简称克拉斯公司）与中行兆麟支行（当时的名称为中国银行哈尔滨市分行）签订了一份抵

---

〔1〕　内蒙古自治区高级人民法院（2015）内民申字第01450号民事裁定书；广东省深圳市中级人民法院（2014）深中法民终字第3288号民事判决书；等等。

〔2〕　朱庆育：《民法总论》，北京大学出版社2016年版，第540页。

〔3〕　一审民事判决书：哈尔滨市中级人民法院（2010）哈涉外初字第26号。二审民事判决书：黑龙江省高级人民法院（2013）黑涉外商终字第1号。再审民事裁定书：最高人民法院（2014）民申字第1736号。再审民事判决书：黑龙江省高级人民法院（2015）黑监民再学第28号。

押合同，约定克拉斯公司从中行兆麟支行贷款 300 万元，克拉斯公司的法定代表人王某某以其所有的 138 930.97 美元定期存款单和昆仑商城住房 H3 + 4 购房发票提供抵押担保，抵押期限为 1 年（1999 年 3 月 10 日～2000 年 3 月 10 日）。1999 年 3 月 10 日，中行兆麟支行为王某某出具了一份抵押物清单，载明抵押物为存款单一张和房产一套，其中存款单账面价值 138 930.97 美元，抵押价值 138 930.97 美元，存放地点为"中国银行哈尔滨市分行"。2000 年 3 月 20 日，克拉斯公司向中行兆麟支行偿还了 300 万元人民币贷款本息。2000 年 3 月 21 日，中行兆麟支行将购房发票返还给王某某，但 138 930.97 美元存款单一直未予返还。

王某某以中行兆麟支行非法占有其存单为由提起民事诉讼。中行兆麟支行以王某某不能证明其为涉案存单的权利人、本案的起诉已过诉讼时效、王某某未能出示中行兆麟支行实际收到涉案存单的证据、中行兆麟支行的原始贷款卷宗及凭证库中没有本案争议的存单、应由相关权利人协助中行兆麟支行查清该境外存单的具体信息和具体情况为由提出抗辩。一审法院于 2012 年 10 月 30 日判决：①中行兆麟支行于判决生效后 30 日内向王某某返还 138 930.97 美元定期存款单一张；②如果中行兆麟支行不能履行判决主文第一项义务，其应于判决生效 60 日内，给付原告王某某 138 930.97 美元本金及利息（从 1999 年 3 月 10 日起至 2012 年 9 月 20 日止，按中国人民银行同期贷款利率计算）。判决后，中行兆麟支行不服，向黑龙江省高级人民法院提出上诉。二审法院认为在王某某提供证据不足以证明其是涉案存单的权利人的情形下，其关于中行兆麟支行应当返还质押存单的诉讼请求没有事实和法律依据，不能予以支持。王某某不服黑龙江省高级人民法院（2013）黑涉外商终字第 1 号民事判决，向最高人民法院申请再审。最高人民法院认为，原审判决以王某某并非存单所有权人为由驳回其诉讼请求适用法律有误，指令黑龙江高级人民法院再审。

二、法律问题

存单质押返还请求权是否适用诉讼时效？

三、重点提示

我国《物权法》第 224 条规定："以汇票、支票、本票、债券、存款单、仓单、提单出质的，当事人应当订立书面合同。质权自权利凭证交付质权人时设立；没有权利凭证的，质权自有关部门办理出质登记时设立。"因此本案中克拉斯公司与中行兆麟支行签订的抵押合同（就存款单而言，是有权利凭证的债权，担保性质应为质押），是双方当事人真实意思表示，应为有效。王某某于1999年3月10日将存款单质押于中行兆麟支行，并已签订书面合同，质押设立。在债务人克拉斯公司偿还了中行兆麟支行全部贷款本息后，作为质押人的王某某有权请求质押权人中行兆麟支行返还质押的存款单。

存款单质押权在性质上应为权利质权，在主债权得以清偿后，担保物权消灭，担保物应当返还出质人，在本案中就是返还存款单。王某某基于对存款单的所有权，有权请求中行兆麟支行返还。关于返还原物请求权是否适用诉讼时效，在《民法总则》的制定过程中引发了诸多争论。最终《民法总则》第196条第2款规定"不动产物权和登记的动产物权的权利人请求返还财产"的，不适用诉讼时效。本案中权利质权的标的物是存款单，是银行储蓄债权的权利凭证，既不属于不动产，也不属于动产。存款单质押在权利凭证交付债权人时设立，无需经过登记，因此本案中的质权非经登记即可设立。依照本项规定，存款单质押的返还财产请求权应当适用诉讼时效。诉讼时效经过，中行兆麟支行可以提出抗辩，拒绝将存款单返还王某某。本案一审判决中，法院"诉讼时效适用于债权请求权，并不适用于物权请求权，在存款单上设定的质权属于物权，不适用诉讼时效的有关规定"的观点，在《民法总则》生效后，失去了实证法的支持。

案例三：陈某、四川阆中四炜皮革有限公司
建设工程施工合同纠纷案[1]

1-9 再审判决书全文

---

〔1〕 一审民事判决书：四川省阆中市人民法院（2015）阆民初字第413号。二审民事判决书：四川省南充市中级人民法院（2015）南中法民终字第1775号。再审民事判决书：四川省高级人民法院（2017）川民再513号。

一、基本案情

2005 年 6 月 29 日，海达房地产公司、海达建筑公司与四炜公司签订《房地产开发项目及建筑施工协议书》，约定由海达房地产公司、海达建筑公司对四炜公司位于四川省阆中市东风路 65 号的老厂区实行商住楼开发和施工建设。2005 年 9 月 3 日，蒲某、四炜公司以海达房地产公司名义开发修建位于阆中市张飞大道 65 号的"蟠龙城市花园"。海达建筑公司面向公司内部邀请或自荐进行议标，陈某自荐中标 3 号和 7 号楼施工。2005 年 11 月 10 日，陈某与海达房地产公司、蒲某签订了《建设工程施工承包合同》，约定议标砖混自报价每平方米 376.00 元。2006 年 4 月 6 日，陈某又与海达建筑公司签订了承建 5 号楼的《建设工程施工承包合同》。工程竣工后，2008 年 12 月 14 日，蒲某与陈某就该工程 3 号、5 号、7 号楼工程按合同约定面积进行了结算，陈某在结算清单上签注意见"除建筑面积有误另行协商外，同意此结算"，蒲某、陈某以及参加结算人员苟某、王某等在结算清单上签字确认。按合同约定每平方米 367.00 元、文明安全施工费按每平方米单价 2% 计算，3 号、5 号、7 号楼按照实际建筑面积补付工程款为 148 617.58 元，陈某与四炜公司等多次协商无果，于 2015 年提起诉讼，蒲某以本案已过诉讼时效为由提出抗辩。陈某在一审中提供了一份 2010 年 9 月 26 日致海达建筑公司《关于请求公司协助办理〈蟠龙城市花园工程结算〉的报告》，但该报告没有签收的证据。

一审法院认为，陈某作为自然人，是海达建筑公司施工员，不具备该案所涉建筑物应当具备的建筑施工的资质，其与海达房地产公司、蒲某签订《建设工程施工承包合同》后，自行出资聘请技术人员及工作人员进行施工，与海达建筑公司资产间无产权联系，也无统一管理，其实质是没有资质的实际施工人借用有资质的海达建筑公司名义进行施工，该合同应属无效。但该工程在 2007 年就已竣工经验收合格，并已交付使用，从 2005 年至今未超过 20 年，陈某的起诉在诉讼时效期间内，受法律保护。判决陈某胜诉。四炜公司、蒲某不服一审判决，上诉请求撤销一审判决。二审法院认为陈某只提供了无签收记录的 2010 年 9 月 26 日致海达建筑公司《关于请求公司协助办理〈蟠龙城市花园工程结算〉的报告》，即便海达公司收到该报告，陈某亦未提供其此后一直在主张相关权利的证据。陈某最迟应在 2012 年 9 月 27 日前向人民法院请求保护民事权利，超过此日期后主张权利，人民法院不予保护，判决驳回陈某的诉讼请求。再审法院认为，陈某与蒲某、海达房地产公司签订的《建设工程施工承包合同》无效，合同无效自始无效，无效合同的确认不应适用诉讼时效，因合同无效产生的返还请求权应从合同被确认无效时计算。陈某再审主张本案诉讼时效并未经过的理由成立，应予支持。

二、法律问题

合同无效是否适用诉讼时效？

三、重点提示

合同无效时是否适用诉讼时效，主要有两个问题：一是申请确认合同无效是否适用诉讼时效；二是合同确认无效后，产生的返还请求权是否适用诉讼时效。合同的成立与否是事实判断，但合同有效抑或无效是价值判断的结果。申请确认合同无效，是合同当事人或者其他人向人民法院或者仲裁机构提出申请，请求确认合同无效。只有人民法院和仲裁机构有权确认合同是否有效，合同当事人不享有确认合同效力的权利。申请确认合同无效，表面上看是当事人的请求权，但是最高人民法院的主流观点认为，与申请撤销合同一样，其属于实体法上的形成权。[1]合同无效是因为合同违反了法律、行政法规的强制性规定或者公序良俗，合同的违法性一直存在，并不因时间的经过而消失。如果申请确认合同无效适用诉讼时效，在诉讼时效期间届满后，人民法院与仲裁机构不再确认其无效，就意味着法律容忍了违反法律、社会秩序的行为，并且接受了相应的后果，这不符合立法的宗旨和目的。因此，申请确认合同无效的请求权并不适用诉讼时效，这在最高人民法院的判决中也得到一再强调。[2]因此，本案中陈某属于没有资质的实际施工人借用有资质的海达建筑公司名义进行施工，违反了《中华人民共和国建筑法》第26条的规定，根据《合同法》第52条第5项之规定该合同应属无效，对于无效合

---

〔1〕　参见人民法院出版社编：《最高人民法院司法观点集成》（民事卷三），人民法院出版社2017年版，第1499页。

〔2〕　公报案例：广西北生集团有限责任公司与北海市威豪房地产开发公司、广西壮族自治区畜产进出口北海公司土地使用权转让合同纠纷案，最高人民法院（2005）民一终字第104号民事判决书。

同无论是当事人申请确认无效还是人民法院主动审查认定无效，均不适用诉讼时效。

合同无效系自始无效，当事人请求确认合同无效的，不应受诉讼时效期间的限制，而合同经确认无效后，当事人请求返还财产及赔偿损失的，是否应当适用诉讼时效是另一个问题，与当事人返还财产请求权的性质密切相关。合同无效或者被撤销后，当事人请求返还财产是依据不当得利还是所有权，由是否承认物权行为的独立性与无因性决定。如果不承认物权行为的独立性与无因性，合同被认定为无效后，其除金钱之外的标的物并没有转移所有权，当事人请求返还原物是基于所有权而产生的物上请求权。物上请求权是否适用诉讼时效，又回到《民法总则》第 196 条第 2 款的适用范围。如果适用不当得利制度，当事人之间属于债权债务关系，依据《民法总则》应当适用诉讼时效。

最高人民法院《诉讼时效规定》第 7 条第 2 款规定合同被撤销，返还财产、赔偿损失请求权的诉讼时效期间从合同被撤销之日起计算；第 8 条规定，返还不当得利请求权的诉讼时效期间，从当事人一方知道或者应当知道不当得利事实及对方当事人之日起计算。尽管合同被撤销与合同无效不同，但从法律后果的角度，可以参照处理。因此最高人民法院认为这种返还财产的请求权只能是基于不当得利，而非以所有权为基础的物上请求权。确认合同无效由于是法律对合同效力的评价，因而不受诉讼时效的限制。这就意味着有些已经履行完毕多年的合同，仍然会被当事人起诉到人民法院，请求确认其无效，因而会对原有的秩序造成破坏。如果还不对返还财产的请求权作出诉讼时效的限制，已形成的法律关系的稳定性将会受到挑战。这种不稳定因素，显然不符合法律对秩序价值的追求。除了返还财产请求权，损害赔偿请求权当然是诉讼时效的适用对象，且从合同被确认为无效开始计算。若双方当事人在合同被确认为无效之前已对双方债权债务进行了确认的，诉讼时效应从双方债权债务确认时起算。本案中，因双方在对案涉工程进行结算时，陈某对案涉工程结算时的面积认为有误，并要求另行协商，被申请人蒲某亦签注"同意"，但嗣后双方并未对案涉工程的面积进行最终的协商确认，致使双方之间的债权债务关系未能最终确定，即在《建设工程施工承包合同》被确认为无效之前，双方之间的债权债务并未最终确定，故本案的诉讼时效应从《建设工程施工承包合同》被确认无效时起计算。

拓展资料

1-10

第二专题　诉讼时效的效力

知识概要

　　诉讼时效的效力，是指诉讼时效期间届满后所发生的法律后果。[1]在2008年之前，我国学者普遍接受苏俄观点，认为诉讼时效的效力是"胜诉权消灭"，即诉讼时效期间经过，法律不再为请求权人提供强制力保护，法院也会以此为由驳回请求权人的请求。2008年最高人民法院《诉讼时效规定》开始施行，诉讼时效的效力从"胜诉权消灭说"转向"抗辩权发生说"，即诉讼时效期间经过，当事人可以对请求权提出诉讼时效抗辩，拒绝履行义务。2017年的《民法总则》第九章"诉讼时效"中也采用了"抗辩权发生说"的观点，第192条规定："诉讼时效期间届满的，义务人可以提出不履行义务的抗辩。诉讼时效期间届满后，义务人同意履行的，不得以诉讼时效期间届满为由抗辩；义务人已自愿履行的，不得请求返还。"第193条同时规定："人民法院不得主动适用诉讼时效的规定。"因诉讼时效期间届满，义务人取得抗辩权。此抗辩权是当事人的权利，且需要主张行使，法院不能主动援引。是否行使诉讼时效的抗辩权，仍是义务人意思自治的范畴，应予尊重。第197条规定："诉讼时效的期间、计算方法以及中止、中断的事由由法律规定，当事人约定无效。当事人对诉讼时效利益的预先放弃无效。"

　　诉讼时效属于强制规范，我国民法上当事人对期间计算、中止、中断事由的约定无效，且不能预先放弃诉讼时效利益。

---

　　〔1〕　参见佟柔主编：《中国民法学·民法总则》，中国人民公安大学出版社1990年版，第316页。

经典案例

案例：甘肃阳光煤炭运销有限责任公司与新疆
北山矿业有限公司买卖合同纠纷[1]

2-1 判决书全文

一、基本案情

2010年12月7日，北山矿业公司作为出卖人，阳光煤炭公司作为买受人，签订了煤炭买卖合同一份，约定北山矿业公司向阳光煤炭公司供应沫煤130万吨，每吨50元，块煤10万吨，每吨95元，并对交货及提货方式、质量和数量验收标准及方法、货款、运杂费及结算方式、期限等均作了约定。2011年10月25日，双方再次签订《煤炭买卖合同》一份，约定北山矿业公司向阳光煤炭公司供应沫煤15万吨，数量≤5万吨，煤炭价格每吨215元，数量大于5万吨，价格随行就市，交货地点在星星峡中转站，合同生效之日起40日内执行完毕5万吨，其余数量合同执行期限先行协商；合同乙方即阳光煤炭公司首次将4万吨20%货款600万元汇入甲方指定账户，经甲方财务部门确认，乙方持交付煤款凭据到甲方财务部门领取专用提货单，乙方自行组织车辆到合同规定交货地点提货，运输费用由乙方自行承担，每5000吨结算一次，另外合同还对其他事项作了约定。合同签订后，阳光煤炭公司向北山矿业公司支付预付款600万元，北山矿业公司亦向阳光煤炭公司供应煤炭。2011年12月16日、12月19日，北山矿业公司开具5万吨煤炭增值税发票和运输发票，直到2012年1月，双方仍存在供收货关系。后双方对供应煤炭数量及所欠货款发生争议，引起纠纷。

---

[1] 一审民事判决书：酒泉市中级人民法院（2016）甘09民初70号。二审民事判决书：甘肃省高级人民法院（2017）甘民终563号。

审理中，北山矿业公司提交了由阳光煤炭公司向其出具的企业询证函，内容为："新疆北山矿业有限公司，本公司（甘肃阳光煤炭运销有限责任公司）聘请的陕西合信会计师事务所有限公司正在对本公司会计报表进行审批，按照中国注册会计师执业准则的要求，应当询证与贵公司的往来账项及截至2014年12月31日由贵公司持有、代本公司加工、销售或保管的存货等事项，下列数据出自本公司账簿记录，如与贵公司记录相符，请在本函下端数据证明无误处签章证明；如有不符，请在数据不符处列明不符金额，本公司与贵公司的往来账项列示如下：截止2014.12.31，欠贵公司4 153 129.58元，备注：应付款项。"北山矿业公司在"信息证明无误"处加盖了公司印章。一审法院依法委托陕西省西安市中级人民法院就该询证函的出具等问题进行了调查，陕西合信会计师事务所函复："我公司于2015年年初接受甘肃阳光煤炭运销有限责任公司委托，对该公司进行了审计，该询证函是我公司审计人员交付该公司寄发的，我公司未向新疆北山矿业公司发出过企业询证函，询证函所列甘肃阳光煤炭运销有限责任公司应付新疆北山矿业有限公司煤款4 153 129.58元为该公司财务账面所记载应付账款的余额，但审计中发现，该公司煤炭采购仅根据发票入账，无相关实物资产的入库单据和原始凭证，财务核算很不规范。"

阳光煤炭公司认为：北山矿业公司主张之债权已超过诉讼时效。本案双方对2011年10月25日签订的《煤炭买卖合同》发生争议。按照合同约定，北山矿业公司向阳光煤炭公司履行交货义务应在合同生效之日起40天内执行完毕5万吨，货款结算也应同时完成。按北山矿业公司所述在2011年12月21日前向阳光煤炭公司出具了全部5万吨货款增值税发票，办理结算，此后双方再无任何经济往来。北山矿业公司的债权诉讼时效应从2011年12月22日起算，至2013年12月22日诉讼时效届满。北山矿业公司关于本案争议债权最早是在2016年诉至人民法院，早已超过2年的诉讼时效。北山矿业公司认为：其销售经理及法律顾问赴阳光煤炭公司经营所在地商谈索要，阳光煤炭公司从未否认欠款事实。北山矿业公司收到阳光煤炭公司寄送询证函确认欠付金额4 153 129.58元。本案债权一直在主张之中，并没有超过诉讼时效。阳光煤炭公司先是称诉讼时效自2011年12月22日起算，又在之后称2012年后还在履行合同，交货义务未及时履行完毕，前后自相矛盾。一审中，阳光煤炭公司抗辩称北山矿业公司未按期供货，双方之间账目不清，即认为双方未进行最终的结算，未进行最终结算的合同，就应当从最终结算的日期起计算诉讼时效。根据双方确认的证据显示双方共同确认结算金额的文件正是该询证函。计算诉讼时效，应当从 2015 年 1 月 1 日起算。

一审法院认为，双方产生分歧的企业询证函虽由北山矿业公司提供，但却是阳光煤炭公司向北山矿业公司出具，该询证函中明确载明：截至 2014 年 12 月 31 日，欠贵公司应付账款 4 153 129.58 元。该询证函就其性质而言，应是阳光煤炭公司对拖欠北山矿业公司债务的确认，就证据来讲，应属阳光煤炭公司对拖欠煤款的自认，故阳光煤炭公司拖欠北山矿业公司煤款应以 4 153 129.58 元认定。二审驳回上诉，维持原判。

二、法律问题

债务人向债权人发出确认债务的询证函能否认定为债务人放弃诉讼时效抗辩权？

三、法理分析

本案的事实部分比较简单，北山矿业公司与阳光煤炭公司所签的煤炭买卖合同内容真实，自愿合法，双方当事人具备完全民事行为能力，因此合同为有效合同，应受到法律保护。本案争议的核心问题并不是本案中北山矿业公司的债权是否罹于诉讼时效，而是阳光煤炭公司向北山矿业公司出具的询证函中明确载明，截至 2014 年 12 月 31 日，欠贵公司应付账款 4 153 129.58 元是否构成债务人阳光煤炭公司放弃诉讼时效抗辩权。

2008 年《诉讼时效规定》第 22 条规定："诉讼时效期间届满，当事人一方向对方当事人作出同意履行义务的意思表示或者自愿履行义务后，又以诉讼时效期间届满为由进行抗辩的，人民法院不予支持。"2017 年《民法总则》第 192 条第 2 款规定："诉讼时效期间届满后，义务人同意履行的，不得以诉讼时效期间届满为由抗辩；义务人已自愿履行的，不得请求返还。"上述规范均明确了义务人同意履行已经经过诉讼时效的义务的，不能以诉讼时效届满为由进行抗辩，即在此种情形下，可以认为义务人放弃了诉讼时效抗辩权。依据全国人大常委会法律工作委员会的说明，诉讼时效制度有利于促使权利人及时行使权利，维护交易秩序与安全。因此，民法为义务人创设了抗辩权，如权利人在特定的时间内不行使权利，义务人则有权提出抗辩，拒绝履行义务。但是，诉讼时效期间届满后，义务人同意履行义务的，无论其是否知晓诉讼时效经过的事实以及有无放弃诉讼时效抗辩权的意思，均不得再主张诉讼时效抗辩，并且双方当事人之间已经经过诉讼时效的权利义务随之恢复，[1]开始重新计算诉讼时效。

实践中，义务人同意履行已经经过诉讼时效的义务的意思可以通过多种方式加以表达或者认定，可以是义务人单方面允诺履行义务，也可以是双方当事人达成协议；可以是口头的表示，也可以是书面形式。但是，义务人口头允诺履行义务，后又以诉讼时效届满为由提出抗辩的，权利人需要提供充分的证据证明义务人同意履行诉讼时效已经届满的义务，如仅有权利人单方面的记录，因证据不足不能认定义务人放弃诉讼时效抗辩权。诉讼时效届满后，双方当事人又就履行义务达成协议的，司法实践中认为是双方当事人之间成立了新的债权债务关系。最高人民法院法复〔1997〕4号《最高人民法院关于超过诉讼时效期间当事人达成的还款协议是否应当受法律保护问题的批复》规定："根据《民法通则》第90条规定的精神，对超过诉讼时效期间，当事人双方就原债务达成还款协议的，应当依法予以保护。"[2]该批复对于超过诉讼时效期间后，当事人之间又达成还款协议，此后债权人依据该协议向人民法院提起诉讼，人民法院是否应当予以保护的问题作出了明确的答复。在该批复下发时，原文是"超过诉讼时效期间，当事人双方就原债务达成的还款协议，属于新的债权、债务关系。根据《民法通则》第90条规定的精神，该还款协议应受法律保护"。但是，刊登在最高人民法院公报时修改为前述文字。而最高人民法院曾数次通知，所有最高人民法院作出的司法解释均以公报为准。之所以作了这样的修改，原因是在该批复起草过程中，曾经征求了许多专家学者的意见，在将该司法解释刊登公告时，将其作了修改，以避免对理论上的争论作出决断。[3]因此，最高人民法院实际上仍然坚持当事

---

〔1〕 也有观点认为，诉讼时效届满后，义务人同意履行的，在当事人之间产生新债，参见魏振瀛：《民法》，北京大学出版社2016年版，第205页。

〔2〕 《最高人民法院公报》1997年第2期（总第50期）。

〔3〕 曹士兵整理："关于诉讼时效期间届满后债权的保护"，载李国光主编、最高人民法院经济审判庭编：《经济审判指导与参考》（第3卷），法律出版社2000年版，第102～103页。

人之间的还款协议是新的债权债务关系，诉讼时效按照新债开始计算。

除了双方当事人之间达成履行协议和义务人单方面允诺履行义务，实践中还有诉讼时效期间届满后，债权人向债务人发出催收到期借款通知单，债务人在该通知单上签字或者盖章的情形。根据最高人民法院法释〔1999〕7号《最高人民法院关于超过诉讼时效期间借款人在催款通知单上签字或者盖章的法律效力问题的批复》的规定："根据《民法通则》第4条、第90条规定的精神，对于超过诉讼时效期间，信用社向借款人发出催收到期贷款通知单，债务人在该通知单上签字或者盖章的，应当视为对原债务的重新确认，该债权债务关系应受法律保护。"从该批复的内容来看，批复采取简单的推定，认定义务人是重新确认债务而放弃因诉讼时效期间届满产生的抗辩权。但是义务人在权利人发出的催收贷款通知单上签字，对其意思有两种解释：一是义务人仅仅承认债务的存在，而没有同意履行债务或者放弃诉讼时效抗辩权的意思；二是义务人承认债务的存在，并同意履行债务。在前者的情形下，显然不能认定义务人放弃了诉讼时效抗辩权，从而丧失了诉讼时效利益。

此外，义务人在权利人发出的询证函、对账单、确认书、欠款单等文件上签字或者盖章的情形，是否能够认定为义务人同意履行义务，放弃诉讼时效抗辩权？最高人民法院〔2003〕民二他字第59号《最高人民法院关于超过诉讼时效期间后债务人向债权人发出确认债务的询证函的行为是否构成新的债务的请示的答复》中明确规定："对债务人于诉讼时效期间届满后主动向债权人发出询证函核对贷款本息行为的法律后果问题可参照本院上述《关于超过诉讼时效期间借款人在催款通知单上签字或盖章的法律效力问题的批复》的规定进行认定和处理。"但是义务人在权利人发出的欠款单、询证函、对账单等文件上签字，或者义务人主动向权利人发出询证函的，对其意思表示也有上述两种解释。义务人确认义务存在的表示，并不能当然推出义务人同意履行义务或者放弃诉讼时效抗辩权的意思。

最高人民法院法释〔1999〕7号确实有利于保护债权人的利益，但是从诉讼时效制度的立法宗旨以及债权人与债务人利益平衡保护的角度出发，认定放弃诉讼时效抗辩权不能过于宽松。债务人的签字盖章行为确实有两种解释，应结合个案进行审查，不应泛化认定债务人放弃诉讼时效抗辩权。如果债务人仅仅是确认债务，而未表示履行该债务的，不应认定为放弃诉讼时效抗辩权。最高人民法院［2006］民立他字第106号"我院《关于超过诉讼时效期间借款人在催款通知单上签字或者盖章的法律效力问题的批复》（以下简称《批复》）中所称'对原债务的重新确认'，是指债权人要有催收逾期贷款的意思表示，债务人签字或盖章认可并愿意继续履行债务"也对债务人同意履行的意思加以强调。

本案中，双方产生分歧的企业询证函虽由北山矿业公司提供，但却是阳光煤炭公司向北山矿业公司出具的，该询证函中明确载明，截至2014年12月31日，欠贵公司应付账款4 153 129.58元，其中"应付"等字样，结合义务人主动出具债务询证函等事实，可以认定阳光煤炭公司支付该款项的意思，应为义务人放弃诉讼时效抗辩权。

四、参考意见

1. 依据《民法总则》第192条第2款的规定："诉讼时效期间届满后，义务人同意履行的，不得以诉讼时效期间届满为由抗辩；义务人已自愿履行的，不得请求返还。"《诉讼时效规定》第22条规定："诉讼时效期间届满，当事人一方向对方当事人作出同意履行义务的意思表示或者自愿履行义务后，又以诉讼时效期间届满为由进行抗辩的，人民法院不予支持。"义务人同意履行已经经过诉讼时效的义务的，不能以诉讼时效届满为由进行抗辩，即在此种情形下，可以认为义务人放弃了诉讼时效抗辩权。

2. 权利人向义务人出具询证函、对账单、确认书、欠款单等文件，义务人在这些文件上签字或者盖章，或者义务人主动向权利人出具上述文件的，并不能直接认定义务人放弃诉讼时效抗辩权，需要对义务人的意思表示进行解释，是仅仅承认债务的存在还是同意履行已经经过诉讼时效期间的义务。如果仅承认债务的存在，而没有表示继续履行该债务的，不能认定义务人放弃了诉讼时效抗辩权。从诉讼时效制度的立法宗旨以及债权人与债务人利益平衡保护的角度出发，认定放弃诉讼时效抗辩权不能过于宽松。司法实践中出现的催收到期贷款通知书、询证函、对账单、确认书、欠款单等文件，均需对个案进行审查，以保证法律适用的正确。

拓展案例

案例一：重庆市万州区九龙芦荟产业有限公司与重庆市国腾实业（集团）有限公司、汪某借款合同纠纷[1]

2-2　判决书全文

一、基本案情

2007年10月21日，汪某（甲方）与芦荟产业公司（乙方）签订《借款合同》，约定：甲方同意出借415万元给乙方（含袁某原欠甲方50万元）。双方约定在10月23日前，甲方将350万元汇入乙方法定代表人袁某个人账户，另借现金15万元（合同中写为15元系笔误）交袁某。借款期限为6个月，即从2007年10月22日起至2008年4月22日止。乙方将重庆市房地产权证301D房地证2007字第00259号、301房地证2007字第04708号、301房地证2007字第04710号、301房地证2007字第04711号、301房地证2007字第04709号、301房地证2007字第04712号、301房地证2007字第04707号共七本房地产权证交给甲方作为借款抵押。如甲方违约，按借款金额的10%赔付违约金；如乙方违约，甲方有权处理乙方抵押的房地产权，处置所得归甲方所有。芦荟产业公司分别向汪某出具了350万元、50万元、15万元的《借条》三张。2007年12月16日，芦荟产业公司又向汪某借款50万元，出具《借条》一张，并约定利息按月利率3%计算，还款时间为2008年2月5日前。同时，芦荟产业公司用该公司所有的位于万州区甘家院2号证号为301房地证2007字第04704号的房地产权作为抵押。至此，芦荟产业公司共向汪某借款465万元，双方未到相关部门办理担保登记手续。2009年10月20日，

---

〔1〕　一审民事判决书：重庆市第四中级人民法院（2015）渝四中法民初字第00010号。二审民事判决书：重庆市高级人民法院（2015）渝高法民终字第00295号。

袁某在前述四张《借条》上均注明"此借款有效期不受时间限制"。

汪某于 2008 年 2 月 14 日、2010 年 8 月 26 日、2011 年 1 月 17 日、2011 年 11 月 11 日、2012 年 4 月 1 日陆续收到芦荟产业公司的还款 465 万元。汪某与芦荟产业公司因还款的本息金额产生争议，汪某于 2013 年 7 月、8 月中旬曾找到袁某，要求偿还借款未果，遂于 2014 年 12 月 22 日提起诉讼，一审法院于 2015 年 1 月 9 日立案受理。一审法院认为：本案中，袁某在《借条》上注明"此借款有效期不受时间限制"的内容，违反了法律的强制性规定，应当无效，汪某以此主张本案不受诉讼时效限制的理由不成立，法院不予支持。至汪某提起诉讼之日，未超过诉讼时效。芦荟产业公司关于本案已超过诉讼时效的抗辩不成立，法院不予支持。芦荟产业公司不服一审判决，提起上诉。二审法院认为至汪某提起诉讼之日，未超过诉讼时效。芦荟产业公司关于本案已超过诉讼时效的抗辩不成立，法院不予支持。

二、法律问题

借贷合同当事人约定"此借款有效期不受时间限制"的，能否排除诉讼时效规则的适用？

三、重点提示

本案中，债务人的法定代表人在《借条》上标明"此借款有效期不受时间限制"，其本质上是借贷合同的当事人约定改变诉讼时效的期间。关于当事人是否可以依其意思自治约定变更诉讼时效的规定，各国和地区立法的态度不尽相同。德国在债法改革之前，《德国民法典》仅允许当事人约定缩短诉讼时效期间，而不允许延长和排除诉讼时效。2002 年德国新债法允许了这种普遍存在的约定，仅在故意责任的诉讼时效上，不允许缩短。当事人约定延长诉讼时效的，不能超过法定起算点开始 30 年。《德国民法典》在经历了债法现代化之后，由强制规范立场转向私法自治，以保护债务人为主要目的而明显地去强制化。[1]我国台湾地区"民法"第 147 条将诉讼时效作为强制性规范，不允许当事人排除或者变更诉讼时效的规范加以适用。我国《民法通则》

---

〔1〕 参见朱庆育：《民法总论》，北京大学出版社 2016 年版，第 545 ~ 547 页。

中的诉讼时效制度效仿苏俄民法，因此坚持诉讼时效是针对国家强制力何时为债权人提供保护的问题，强调诉讼时效规则的强制性。

我国《民法总则》第197条、《诉讼时效规定》第2条均表明了诉讼时效规范的强制性，即不允许当事人约定变更或者预先放弃诉讼时效利益。最高人民法院认为：诉讼时效期间是权利人向法院请求保护其受到侵犯的民事权利的法定期间。依通常理解，法律有关诉讼时效的规定属于强制性规定，当事人不得就诉讼时效的延长、缩短等自行约定，也不得事先抛弃诉讼时效利益。诉讼时效利益抛弃的前提是义务人能够获得时效利益，只有诉讼时效期间届满后，义务人才能行使拒绝履行的抗辩权。因此，诉讼时效的利益不能预先抛弃。[1]同时，诉讼时效以牺牲债权人的权利实现，来保护社会公益，维护社会交易秩序，平衡权利人与义务人之间的利益，如果允许当事人以约定任意延长、缩短或者改变，将不利于业已形成的财产秩序，不利于维护市场交易秩序，背离了诉讼时效制度的立法旨意。因此，双方当事人约定变更诉讼时效期间或者预先放弃诉讼时效利益的，均属无效。因此，本案中即便当事人约定了"此借款有效期不受时间限制"，也属于无效条款，并不影响债权请求权适用诉讼时效。

案例二：李某甲、李某乙侵权责任纠纷[2]

2-3　判决书全文

一、基本案情

1988年始，李某丙、李某一、李某二、李某三、李某四、李某五、李某

〔1〕　参见汪治平："当事人有关不适用诉讼时效的约定及相关问题的探讨——重庆益嘉物业经营管理有限公司与重庆渝庆旧城改造有限公司欠款纠纷申请再审案"，载苏泽林主编、最高人民法院立案庭编：《立案工作指导》2009年第2辑（总第21辑），人民法院出版社2009年版，第110~111页。

〔2〕　一审民事判决书：陕西省高级人民法院（2014）陕民一初字第00019号。二审民事判决书：最高人民法院（2017）最高法民终79号。

六、刘某、李某七、李某八、李某九、李某甲、李某乙等 13 户（以下简称李某丙等 13 户）出资神木县××村开办煤矿，煤矿由村长李某十担任负责人。因 1990 年神木县人民政府整顿煤矿，不允许个人开办，1990 年 5 月 14 日李某丙等 13 户以神木县××村村委会名义向神木县麻家塔乡人民政府申请开办了瓷窑沟煤矿。2003 年 7 月 1 日，瓷窑沟煤矿（甲方）与财源公司（张某为代表人）（乙方）签订《协议书》，约定：瓷窑沟煤矿自愿将其所有的瓷窑沟煤矿资产及采矿权整体转让给财源公司，转让价格 85 万元。由于张某既未依约足额支付 85 万元，也未实际投资将井田扩充，该协议书未实际履行，所以全体出资人相应地也未将煤矿移交给其或由其进行经营管理。2004 年 1 月 17 日，张某、李某甲、李某乙（甲方）与李某丁（乙方）签订《股权转让协议》，约定张某、李某甲、李某乙以瓷窑沟煤矿的股东身份将煤矿的股权转让给李某丁，转让价款 85 万元。2005 年 2 月 4 日，李某丁、侯某、赵某、李某甲、李某则以煤矿全体股东名义与袁某、王某签订《煤矿转让协议》，此协议内容其他出资人当时并不知晓。依该协议，袁某、王某二人共向李某丁等 5 人支付 500 万元，至今未向煤矿其他出资人支付应补偿的 110 万元。2013 年 7 月，李某丙等 11 人提起本案诉讼，请求由李某甲、李某乙承担侵权责任。

一审法院认为：在 2003 年 7 月 1 日《转让协议》未生效的情况下，李某甲、李某乙于 2004 年 1 月 17 日作为出让人与李某丁签订《股权转让协议》转让瓷窑沟煤矿股权的行为属无权处分，且未经其他权利人追认，侵犯了原告的出资权，对原告构成侵权，应承担相应的侵权责任。李某甲、李某乙不服一审判决，提出上诉，主张被上诉人的请求已过诉讼时效。二审法院认为，李某甲、李某乙并未在一审中提出诉讼时效抗辩，其在二审中提供的新证据也与诉讼时效无关。对于李某甲、李某乙二审期间提出的诉讼时效抗辩主张不予支持。

二、法律问题

一审中没有提出诉讼时效抗辩的，二审中可否主张？

三、重点提示

义务人的诉讼时效抗辩权是实体性权利，系需要当事人主张的抗辩，其行使与否、行使时间均属于当事人意思自治的范畴，他人无权干涉。但是民事诉讼程序的最终目的在于通过科学的诉讼程序保护主体的利益，并协调司法公正与司法效率之间的关系，如任由义务人随时提出诉讼时效的抗辩，将不利于案件事实的认定与法律的正确适用，不利于维护司法程序的稳定性与司法裁决的权威性。因此，需要对诉讼时效抗辩权的行使阶段进行限制。《诉讼时效规定》第4条规定："当事人在一审期间未提出诉讼时效抗辩，在二审期间提出的，人民法院不予支持，但其基于新的证据能够证明对方当事人的请求权已过诉讼时效期间的情形除外。当事人未按照前款规定提出诉讼时效抗辩，以诉讼时效期间届满为由申请再审或者提出再审抗辩的，人民法院不予支持。"即诉讼时效抗辩权的行使仅可以在一审阶段，二审阶段行使抗辩权需要有新证据证明权利人的请求权已经罹于诉讼时效。需要注意的是，义务人在一审阶段已经明确表示放弃诉讼时效抗辩权的，在二审阶段重新提出诉讼时效抗辩，即便提供了新证据证明诉讼时效期间已经经过，人民法院也不予支持。

与此相关的另一个问题是，原一、二审期间均未提出诉讼时效抗辩，在发回重审的一审过程中提出诉讼时效抗辩的，应否支持？关于这一问题，由于未形成一致意见，《诉讼时效规定》对此未进行规定。一种观点认为，应允许当事人在发回重审审理过程中提出诉讼时效抗辩，人民法院可依该请求权是否成立而决定是否支持。另一种观点认为，尽管发回重审适用一审程序审理，但该阶段实质是属于二审之后的第三次审理。结合诉讼时效司法解释规定诉讼时效抗辩权行使期间的目的，对该抗辩权的行使阶段进行较为严格的限制也符合法理。原审的一审、二审审理阶段已给予义务人提出诉讼时效抗辩充足的合理期间，在上述期间内其未提出诉讼时效抗辩，则不应再支持。[1]后一种观点更为合理，可以避免义务人利用再审程序延长诉讼时效抗辩权的行使阶段。

---

〔1〕　参见张雪楳：《诉讼时效前沿问题审判实务》，中国法制出版社2014年版，第47～48页。

案例三：吴某、戴某民间借贷纠纷[1]

2-4　判决书全文

一、基本案情

2003 年 7 月 15 日，吴某在一份《借款凭证及还款保证》上签字，确认其先后向戴某借款 52 万元，并承诺自 2003 年 7 月 14 日起，按每日 1000 元通过农业银行转账方式向戴某还款，考虑遇特殊情况有可能每隔两天交付一次，金额不少于 1600 元/两天。如吴某违约，戴某有权采取任何措施留置其本人车辆及其他财物，其法定第一亲属对上述借款负连带责任等内容。借款后，吴某已偿还借款本金 6 万元。2014 年 9 月 30 日，吴某通过其妻子张某的银行账户向原告戴某的银行账户转账 9000 元。原告自认 2014 年 9 月 30 日被告吴某通过其妻子张某向原告转账还款 9000 元，被告吴某确认该还款事实。原告以被告主动还款行为部分履行债务构成诉讼时效的中断，从中断时起，诉讼时效期间重新计算，故原告可在 2014 年 9 月 30 日起 2 年内向法院提起诉讼，原告于 2015 年 7 月 21 日向一审法院提起诉讼未超过诉讼时效。一审判决被告吴某应于本判决生效之日起 10 日内返还原告戴某借款本金 46 万元。

一审宣判后，吴某上诉，主张本案已经超过诉讼时效。2003 年 7 月 15 日，其出具给戴某的《借款凭证及还款保证》载明"自 2003 年 7 月 14 日起，按每日 1000 元通过农业银行转账方式向戴某还款"。根据《最高人民法院关于借款合同中约定借款分期偿还应如何计算诉讼时效期间的答复》的规定："在借款、买卖合同中，当事人约定分期履行合同债务的，诉讼时效应当从最后一笔债务履行期届满之次日开始计算。"本案诉讼时效最迟从 2005 年起算，即本案案涉借款的诉讼时效早在 2007 年就已届满。诉讼时效届满后，其尚欠戴某的借款就转为自然债务，除非对债务重新确认，否则

---

〔1〕　一审民事判决书：泉州市中级人民法院（2015）泉民初字第 1285 号。二审民事判决书：福建省高级人民法院（2017）闽民终 98 号。

不构成诉讼时效中断。被上诉人戴某答辩称：本案借款事实清楚，证据确实充分，并且不存在超过诉讼时效。吴某先后向其借款人民币 52 万元，有《借款凭证及还款保证》为凭，该凭证中双方仅确认了借款总金额以及还款计划，并没有约定、也无法确定具体的还款时间及期限，因此，本案属于未约定还款期限的借贷关系，不受 2 年的普通诉讼时效保护，其可以随时要求吴某偿还本案借款。吴某存在自愿履行部分债务的事实行为，应当视为对债务的重新或再次确认，导致的法律后果是其放弃了所有的时效抗辩权，除非吴某在作出部分履行时明确表示只愿意履行该部分债务。

二审法院认为：虽然上诉人吴某与被上诉人戴某在本案中未订立书面借款合同，但从上诉人出具给被上诉人的《借款凭证及还款保证》分析，案涉 52 万元借款之事实可以成立。《借款凭证及还款保证》载有"自 2003 年 7 月 14 日起，按每日 1000 元通过农业银行转账方式向戴某还款，考虑遇特殊情况有可能每隔两天交付一次，金额不少于 1600 元/两天"等承诺，但没有证据表明上诉人在实际还款过程中严格按此约定办理。本案存在上诉人因主动还款行为部分履行债务之情形（即被上诉人在一审已提供银行交易单证实 2014 年 9 月 30 日上诉人通过其妻子张某账户向被上诉人转账还款 9000 元），构成诉讼时效中断，一审法院对此认定被上诉人的起诉未超过诉讼时效是正确的。上诉人认为本案诉讼时效最迟在 2007 年已届满，其欠戴某的借款转为自然债务，且并无对债务进行重新确认，只是自愿还款，不构成诉讼时效中断。上诉人对诉讼时效的抗辩权不能得到支持。二审判决驳回上诉，维持原判。

二、法律问题

本案中的债权是否罹于诉讼时效？

三、重点提示

本案的案情比较简单，属于自然人之间的民间借贷纠纷。虽然吴某与戴某在本案中未订立书面借款合同，但从提交的《借款凭证及还款保证》分析，案涉 52 万元借款之事实可以成立。双方当事人具有完全行为能力，意思表示真实，未违反法律法规的强制性规定，该民间借贷关系应确认为合法有效，双方当事人应按合同约定全面履行合同义务。本案的主要争议之一，是借贷之债是否已经超过诉讼时效。双方当事人约定"自2003年7月14日起，按每日1000元通过农业银行转账方式向戴某还款，考虑遇特殊情况有可能每隔两天交付一次，金额不少于1600元/两天"，可以视为双方当事人就债务履行作出的安排。按照双方当事人的约定，债务人分期向债权人偿还借款，至2005年应该全部清偿完毕。根据《最高人民法院关于借款合同中约定借款分期偿还应如何计算诉讼时效期间的答复》的规定："在借款、买卖合同中，当事人约定分期履行合同债务的，诉讼时效应当在最后一笔债务履行期届满之次日开始计算。"本案诉讼时效最迟从2005年起算，即本案案涉借款的诉讼时效早在2007年就已届满。一审法院认定的事实只有2014年9月30日吴某通过其妻子张某向戴某转账还款9000元，吴某确认该还款事实。除此以外，戴某主张吴某在出具了《借款凭证及还款保证》后，并没有按照还款保证书还款，但债权人多次通过电话、短信、亲自催促等多种方式催讨后，于2013年至2014年间，吴某共计偿还了6万元。但是上述主张，并没有证据证明。因此，仅在现有一审、二审法院查明的事实基础上，可以认定本案案涉借款的诉讼时效早在2007年就已届满，法院认定诉讼时效中断应属于错判。

但是2014年9月30日，在本案案涉借款的诉讼时效已经届满的前提下，吴某通过其妻子张某向戴某转账还款9000元，且吴某确认该还款事实，构成诉讼时效届满后，债务人自愿履行债务。根据《诉讼时效规定》第22条"诉讼时效期间届满，当事人一方向对方当事人作出同意履行义务的意思表示或者自愿履行义务后，又以诉讼时效期间届满为由进行抗辩的，人民法院不予支持"的规定，债务人吴某又提出诉讼时效抗辩的，应当不予支持。但是，这里存在的问题是债务人在诉讼时效届满后自愿履行部分债务，在本案中只有欠款中的9000元，是否可以认为债务人放弃了全部债务（或者说剩余债务）的诉讼时效抗辩权？最高人民法院在此问题上的看法是：在义务人自愿履行部分债务且其有证据证明其不知诉讼时效完成的事实而为部分履行的，则不能认定义务人放弃部分或者全部债务的诉讼时效抗辩权，只能认定义务人不能请求返还对部分债务所为的给付，但其可以拒绝权利人关于继续履行剩余债务的请求。因此，在此情形下，权利人要求义务人履行全部债务，人民法院不应予以支持。在义务人以行为方式默示放弃诉讼时效抗辩权的情形下，除非有其他证据予以佐证义务人放弃全部诉讼时效期间已过的债务的诉讼时效抗辩权，否则，不能只根据义务人的部分履行行为认定其放弃全部债务的诉讼时效抗辩权，而只能认定其只放弃部分债务的诉讼时效抗辩权。[1]因此，本案中吴某可以主张剩余债务已经罹于诉讼时效。

◈ 拓展资料

2 - 5

第三专题　诉讼时效的中止

◈ 知识概要

诉讼时效的中止是指诉讼时效进行过程中，由于不可抗力或者其他客观障碍致使权利人不能行使请求权，从而暂时停止计算诉讼时效期间，待阻碍时效进行的法定事由消除后，继续计算诉讼时效期间。之所以规定诉讼时效的中止，是"因一定的法定事由的发生，阻碍了权利人行使其权利或提起诉讼，此时当事人不行使权利是由于客观原因造成的而不是他怠于行使权利。故法律规定暂时停止时效的进行。把这段时间不计入诉讼时效期间之内，以便保证权利人真正享有法律规定的提起诉讼是必要时间"。[2]《民法总则》第194 条规定："在诉讼时效期间的最后 6 个月内，因下列障碍，不能行使请求

---

〔1〕　关于此问题，参见"永城市淮海城市信用社诉何茂岭在超过诉讼时效后向其履行部分要求继续偿还尚余借款案"，载最高人民法院应用法学研究所编：《人民法院案例选》（2002 年第 2 辑），人民法院出版社 2002 年版，第 252 页。参见奚晓明主编，最高人民法院民事审判第二庭著：《最高人民法院关于民事案件诉讼时效司法解释理解与适用》，人民法院出版社 2008 年版，第 376 页。

〔2〕　陶希晋总主编、佟柔主编：《中国民法学·民法总则》，人民法院出版社 2008 年版，第 236 页。

权的，诉讼时效中止：①不可抗力；②无民事行为能力人或者限制民事行为能力人没有法定代理人，或者法定代理人死亡、丧失民事行为能力、丧失代理权；③继承开始后未确定继承人或者遗产管理人；④权利人被义务人或者其他人控制；⑤其他导致权利人不能行使请求权的障碍。自中止时效的原因消除之日起满6个月，诉讼时效期间届满。"即诉讼时效的中止事由必须发生在特定期限内（6个月内）。与《民法通则》第139条不同，《民法总则》规定的诉讼时效中止并非是中止事由消除后再继续计算剩余期间，而是原因事由消除之日起过6个月，时效期间才届满。

📚 经典案例

案例：英美景记国际有限公司（IMAGINEINTERNATIONALLIMITED）等诉上海杰美体育娱乐有限公司返还原物纠纷案[1]

3-1　判决书原文

一、基本案情

1995年11月29日，南市体育部（甲方）与英美皇宫公司（乙方）、英美景记公司（丙方）签订《合作合同》，并制定《公司章程》，设立名称为上海英美康乐体育有限公司的合作公司。《合作合同》约定：甲方提供上海市嵩山路×××号约3500平方米土地使用权和951平方米的房屋使用权，乙方、丙方各出资100万美元。甲、乙、丙方的利润分配如下：①乙、丙方从1996年4月1日起至1999年3月31日，每年确保甲方实得收益160万元；1999年4月1日起至2002年3月31日，甲方每年实得收益180万元；2002年4月1日起至2007年3月31日，甲方每年实得收益220万元。超过部分归乙、丙方

---

〔1〕　一审民事判决书：上海市黄浦区人民法院（2014）黄浦民二（商）初字第538号。二审民事判决书：上海市第二中级人民法院（2015）沪二中民四（商）终字第978号。

所有，乙、丙方按其在注册资本中的比例进行分配。如合作公司的年可分配利润不足甲方实得收益金额，不足部分则由乙、丙方从自有资金中补足甲方。②2007 年 4 月 1 日至合作期满，如乙、丙方仍处投资回收期，则甲方按合作公司可分配利润的 33% 获益；如乙、丙方已收回投资，则甲方按合作公司可分配利润的 39% 获益；甲方上述实得收益按 220 万元/年为基数，应先予支付，如年末财务结算利润后，甲方按上述 33% 或 39% 比例可得部分超过 220 万元/年时，超过部分，在次年 3 月前缴付甲方。③为确保甲方的基数金额，应予每年 1 月上旬和 7 月上旬分两次各 50% 支付，延期支付按每年 2‰ 的比例由乙、丙方加交滞纳金。在乙、丙方回收投资期间，合作公司按规定提取的固定资产折旧费的 50% 给乙、丙方作为先行回收投资之用，以缩短乙、丙方先行回收投资的期限。乙、丙方各按投资比例分取固定资产折旧费。合作公司董事会由 7 名董事组成，其中甲方委派 3 名董事，乙方委派 2 名董事，丙方委派 2 名董事。董事长由丙方委派。董事长是合作公司的法定代表人。合作公司的合作期限至 2020 年 10 月 8 日止。

1991 年 6 月 26 日，上海英美康乐体育有限公司经工商注册登记成立，法定代表人为刘某。1998 年 12 月 20 日，上海英美康乐体育有限公司名称变更为杰美体育公司。1998 年 12 月 31 日 ~2009 年 6 月，杰美体育公司支付南市体育部 1 128 万元的收益金（其中：2002 年 3 月前，杰美体育公司支付 175.5 万元；2002 年 3 月 ~2009 年 6 月，杰美体育公司支付 952.5 万元）。

2009 年 11 月 12 日，南市体育部因与英美景记公司、英美皇宫公司的合作合同纠纷，向中国国际经济贸易仲裁委员会上海分会申请仲裁。2011 年 5 月 6 日，贸仲上海分会作出 (2011) 中国贸仲沪裁字第 137 号裁决：解除南市体育部与英美景记公司、英美皇宫公司签署的《合作合同》，英美景记公司、英美皇宫公司应向南市体育部共同支付拖欠的收益金 15 970 000 元。2011 年 5 月 25 日，南市体育部向一审法院提出请求指定清算组对杰美体育公司进行司法清算。清算组在清查杰美体育公司资产时发现，1996 年 ~2008 年期间，杰美体育公司曾多次代表英美景记公司付给南市体育部实得收益合计 5 715 000 元，英美景记公司至今未归还。2013 年 6 月 24 日，杰美体育公司向一审法院提起本案诉讼，认为英美景记公司以杰美体育公司的资金支付南市体育部实得收益金，侵犯了杰美体育公司的合法权益，因此要求英美景记公司返还 50% 的垫

付款，即 5 640 000 元。英美景记公司认为：杰美体育公司主张的债权系 1998 年
12 月 31 日~2008 年 8 月 25 日杰美体育公司支付给南市体育部的收益金，且英美景记公司从未委托杰美体育公司向任何第三方支付费用，杰美体育公司向合作方南市体育部支付所谓的"保底利润"，并不能代表英美景记公司。因杰美体育公司在法院诉调立案之前从未向英美景记公司主张过权利，故杰美体育公司的主张已超过法律规定的 2 年诉讼时效。

一审法院认为：本案中，在杰美体育公司进入强制清算程序前，杰美体育公司、英美景记公司法定代表人均为刘某，由此出现了诉讼时效期间的最后 6 个月内权利人因被其他人控制而无法主张权利的情形，本案诉讼时效中止。2011 年 6 月 28 日，一审法院依法裁定杰美体育公司进入强制清算程序，根据有关规定，诉讼时效自该日起中断。清算期间，清算组发现英美景记公司侵占杰美体育公司资金后即以杰美体育公司名义于 2013 年 6 月 24 日向一审法院提起诉讼。自杰美体育公司依法进入强制清算程序至杰美体育公司向一审法院提起诉讼，并未超过 2 年诉讼时效。一审法院对杰美体育公司的诉讼请求予以支持。一审宣判后，英美景记公司不服，向上海市第二中级人民法院提起上诉，二审法院认定诉讼时效期间中止，驳回上诉维持原判。

二、法律问题

权利人与义务人的法定代表人为同一人，是否属于诉讼时效中止的事由？

三、法理分析

本案中杰美体育公司主张英美景记公司以杰美体育公司的资金支付南市体育部实得收益金，侵犯了杰美体育公司的合法权益，要求英美景记公司返还 50% 的垫付款，案由确定为返还原物纠纷。根据一审、二审法院认定的事实，英美景记公司是杰美体育公司的出资人，英美景记公司、英美皇宫公司法定代表人刘某系杰美体育公司董事长、法定代表人。在 1996 年~2008 年期间，英美景记公司挪用杰美体育公司的资金偿还其自身结欠南市体育部的债务合计 5 715 000 元，英美景记公司显系侵犯杰美体育公司的财产权，侵权事实成立。杰美体育公司请求英美景记公司返还 5 640 000 元，合法有据。问题的关键在于杰美体育公司于 2013 年 6 月 24 日向一审法院起诉主张英美景记公

司返还垫付款，是否超过诉讼时效期间？

英美景记公司认为，杰美体育公司支付给南市体育部收益金发生在 1998 年 12 月 31 日～2008 年 8 月 25 日期间。因杰美体育公司在法院诉调立案之前从未向英美景记公司主张过权利，故杰美体育公司的主张已超过法律规定的 2 年诉讼时效。但是杰美体育公司则认为：杰美体育公司进入强制清算程序前，杰美体育公司、英美景记公司法定代表人均为刘某。杰美体育公司董事会由 7 名成员组成，其中英美景记公司及英美皇宫公司各委派 2 名董事，占董事会的多数。合作公司合作期间，刘某一人控制杰美体育公司的人事、财务及公章、重要文件等，致使杰美体育公司在诉讼时效期间的最后 6 个月内无法主张权利。根据法律规定，本案适用诉讼时效中止。

诉讼时效中止是指诉讼时效进行过程中，由于不可抗力或者其他客观障碍致使权利人不能行使请求权，从而暂时停止计算诉讼时效期间，待阻碍时效进行的法定事由消除后，继续计算诉讼时效期间。《民法总则》第 194 条规定了诉讼时效中止的法定事由：①不可抗力，主要包括自然灾害、国家行为以及军事行为、社会异常情况等。最高人民法院针对"非典"、地震等特殊不可抗力情况出现，导致权利人不能及时行使权利的情形，都作出专门的指导意见。但是并不是发生不可抗力的所有情形均中止诉讼时效：不可抗力必须发生在诉讼时效期间届满前 6 个月内，且使得权利人无法行使权利才能够中止诉讼时效期间的计算。②无民事行为能力人或者限制民事行为能力人没有法定代理人，或者法定代理人死亡、丧失民事行为能力、丧失代理权。考虑到无行为能力人与限制行为能力人因欠缺完整的理性能力，难以独立行使请求权，需要通过法定代理人才能完成。为了保护无行为能力人和限制行为能力人的权利，在诉讼时效期间最后 6 个月内其法定代理人出现上述情况，适用诉讼时效中止。③继承开始后未确定继承人或者遗产管理人。继承开始后，没有确定继承人或者遗产管理人的，无论是继承人的请求权抑或针对继承遗产的请求权，都没有主张权利的主体或者对象，无法行使请求权，因此可以中止诉讼时效期间。④权利人被义务人或者其他人控制，主要是指权利人的人身自由或者意志被义务人或者其他人控制，无法行使权利的情形。司法实践中，义务人是权利人的法定代表人、权利人是义务人的控股子公司、义务人与权利人是代表与被代表的关系、义务人是权利人公司的股东及负责经营管理的实际控制人等情形，均可以认定为权利人被义务人或者其他人控制，从而导致诉讼时效中止。⑤其他导致权利人不能行使请求权的障碍，其属于兜底条款，实际上是赋予了法官自由裁量权，可以在实践中结合具体案件事实判断是否属于权利人无法行使请求权的障碍，继而决定是否适用诉讼时效中止规则。

本案中，一审法院于 2011 年 6 月 28 日裁定受理南市体育部要求杰美体育公司强制清算的申请，并于 2011 年 10 月 21 日作出民事决定，指定成立杰美体育公司清算组。一审法院指定清算组之前，杰美体育公司董事长、法定代表人一直为英美景记公司的法定代表人刘某，且自 2008 年 6 月 19 日起，杰美体育公司法定代表人私章及公司公章均由刘某亲自控制。公司作为营利法人经营业务、参与民商事活动，对外权利表征即为公司的法定代表人签章与公司公章，在法定代表人与公司公章均未实际被杰美体育公司控制的情形下，杰美体育公司不可能向英美景记公司主张权利。因此，本案完全符合"权利人被义务人或者其他人控制无法主张权利"的情形，在诉讼时效期间届满前 6 个月，应中止诉讼时效期间的计算。一审法院于 2011 年 10 月 21 日指定成立杰美体育公司清算组，杰美体育公司无法行使请求权的障碍消除。依据最高人民法院印发《关于审理公司强制清算案件工作座谈会纪要》的通知和《诉讼时效规定》，企业被强制清算的，诉讼时效从法院受理强制清算日起中断，而杰美体育公司向一审法院提起本案民事诉讼的时间为 2013 年 6 月 24 日，自诉讼时效中断之日起至杰美体育公司提起诉讼并未超过 2 年诉讼时效，因此杰美体育公司请求返还垫付款应当得到支持。

四、参考意见

1. 本案中法院认定杰美体育公司请求权诉讼时效期间中止的原因为义务人与权利人的法定代表人是同一人，法定代表人私章及公司公章均被义务人的法定代表人掌握，权利人无法行使请求权。此种情形属于《民法总则》第 194 条第 4 款规定的"权利人被义务人或者其他人控制"，本案中一审、二审法院也均认定杰美体育公司请求权的诉讼时效中止。这里的问题是，无论《民法总则》第 194 条第 4 款、《诉讼时效规定》第 20 条抑或《民法通则》第 139 条，按照文义解释，上述规范中的请求权行使障碍均需发生在诉讼时效期间届满前 6 个月内，只有此时权利人的请求权行使才具有急迫性。但是本案中，杰美体育公司董事长、法定代表人一直为英美景记公司的代表人刘某，且自 2008 年 6 月 19 日起，杰美体育公司法定代表人私章及公司公章均由刘某亲自控制，而杰美体育公司支付给南市体育部的最后一笔收益金发生在 2008 年 8 月 25 日，诉讼时效自 2008 年 8 月 26 日开始计算，应于 2010 年 8 月 25 日期间届满。也就是说，权利人不能行使请求权的障碍发生时间在诉讼时效期间届满前 6 个月外，甚至早于诉讼时效起算时间，但是持续到诉讼时效期间届满前 6 个月内，此时是否能够认定诉讼时效中止？依据诉讼时效中止的构成要件，并不能发生诉讼时效的中止，最高人民法院持此观点。但是，由于障碍事由持续到诉讼时效期间届满前 6 个月内，在此 6 个月内障碍持续的期间应不计入诉讼时效期间之内。[1]学理上，对于障碍发生时间在诉讼时效期间届满前 6 个月外，不构成诉讼时效中止持有相同观点，但有学者认为障碍持续到诉讼时效期间届满前 6 个月内的，自其进入 6 个月界限之时起，诉讼时效中止。[2]

2. 尽管《民法总则》与《诉讼时效规定》均列举了一些诉讼时效中止的情形，但是司法实践中，法官通过个案裁判，适用兜底条款扩张了诉讼时效中止的情形，包括但不限于：权利人在诉讼时效期间最后 6 个月内被认定为一级伤残，不能行使请求权；[3]义务人的签字过于潦草、难以识别，致使权利人难以获取义务人身份信息，导致权利行使障碍；[4]权利人与义务人存在夫妻关系[5]等。法官对于诉讼时效中止的认定具有自由裁量权，但是判断具体事由是否构成权利人不能行使权利的客观障碍时，还需要谨慎区别权利人

---

[1] 参见沈德咏主编：《〈中华人民共和国民法总则〉条文理解与适用》，人民法院出版社 2017 年版，第 1284 页。

[2] 参见朱庆育：《民法总论》，北京大学出版社 2016 年版，第 558 页。

[3] "付凤山诉孙艳春等机动车交通事故责任纠纷案"，内蒙古自治区兴安盟中级人民法院（2015）兴民终字第 735 号。

[4] "姚凤球与汪佳、祝利仙承揽合同纠纷案"，安徽省高级人民法院（2015）皖民申字第 01241 号。

[5] 对于夫妻关系存续是否为诉讼时效中止的事由，司法实践中的认知也并不统一。反对说认为，夫妻婚姻关系的存续期间，并不是权利人客观上无法行使权利，而是考虑到婚姻家庭的存续而主观上不愿意主张权利，因此并不属于诉讼时效期间的中止。肯定说认为婚姻期间的伦理压力、因夫妻关系而产生的相互信赖均是客观上的障碍，符合诉讼时效中止的要件。参见段晓娟："我国诉讼时效中止若干问题研究"，载《法律适用》2008 年第 11 期；张力、郑志峰："中止抑或不完成：诉讼时效完成障碍之婚姻关系——由一个案例引发的思考"，载《河北法学》2015 年第 5 期。

客观上不能行使权利与主观上不愿行使权利，并且注意障碍的存在不构成诉讼时效的中断。

拓展案例

案例一：吴某与卓某侵权责任纠纷案[1]

3-2 判决书全文

一、基本案情

2001年7月，吴某与卓某在乌鲁木齐市共同出资注册成立了亿豪公司，从事医疗服务行业的投资和管理，卓某任法定代表人兼总经理，吴某任公司监事。卓某出资260万元，吴某出资40万元，但双方实际持股比例各占50%。截至2009年12月，亿豪公司在全疆投资创办及合作的医院共计16家，吴某与卓某在16家医院中均占有股份且持股比例均等。亿豪公司于2008年10月被注销，但仍沿用原亿豪公司的经营模式。吴某因涉嫌刑事犯罪于2009年12月3日被羁押，2010年1月7日被依法逮捕，此后16家医院仍定期向卓某上交原亿豪公司投资的利润。从原亿豪公司财务人员陈玉林向昌吉州人民检察院提交的2009年12月~2011年5月吴某、卓某等5人分红明细表显示，在此期间吴某账面分红为30 661 617.99元。吴某在遭卓某举报被羁押后，卓某实际控制了原亿豪公司以及各家医院上交的分红款。

吴某于2014年3月向一审法院提起诉讼，要求卓某返还财产。吴某主张：2008年亿豪公司注销，但经营模式仍然存在。2009年12月吴某被拘留至2013年9月被判刑期间，各医院仍按原模式将利润汇至原亿豪公司出纳个人银行卡中。自吴某被羁押后，卓某实际控制各医院上交的利润。卓某主张：

---

[1] 一审民事判决书：新疆维吾尔自治区高级人民法院（2014）新民二初字第12号。二审民事判决书：最高人民法院（2016）最高法民终662号。

吴某诉讼理由是损害股东权益纠纷，吴某虽于 2009 年 12 月 3 日被刑事拘留，但不影响其民事权利的行使。其于 2014 年 3 月才提起本次诉讼，因而已超过 2 年诉讼时效。

一审法院认为：本案中亿豪公司虽于 2008 年 10 月经过清算注销，但在清算时对原亿豪公司在 16 家医院中投资所形成的股份未作处理，故亿豪公司注销后其在各医院中所持股份取得的收益应归亿豪公司股东所有。亿豪公司原有股东为吴某和卓某，二人在亿豪公司虽出资不同但各持有 50% 股份，对此事实双方均无异议。故亿豪公司注销后取得的股权投资收益应归吴某和卓某，二人各占 50%。吴某于 2009 年被公安部门羁押至 2013 年 9 月 6 日新疆维吾尔自治区高级人民法院作出生效判决，因其主观以外的原因未主张权利，构成诉讼时效中止。吴某于 2014 年 3 月提起民事诉讼，向卓某主张返还财产，并不违反法律关于诉讼时效的相关规定，未超过诉讼时效。一审法院判决卓某向吴某返还侵占的款项 3066 万元。双方当事人不服一审判决，均提出上诉。二审法院认为：吴某诉请卓某返还财产，应以其知道或者应当知道卓某有侵害其财产权利的行为时起算，经过刑事程序处理后，吴某依据刑事侦查中获得的证据知道卓某侵害了其权利，提起本案诉讼，其请求保护权利的诉讼时效期间从刑事判决生效之日起计算较为妥当，因此本案涉及请求权诉讼时效期间并未届满。

二、法律问题

权利人被采取刑事强制措施而人身不自由的，是否属于诉讼时效中止的事由？

三、重点提示

构成诉讼时效中止，须是在诉讼时效进行过程中，最后 6 个月内出现权利人不能行使请求权的客观障碍，才能暂停计算诉讼时效期间，待障碍消除后，诉讼时效期间开始继续计算满 6 个月，诉讼时效期间届满。对于权利人被采取刑事强制措施而人身不自由的情形，理论上权利人可以依法委托代理人代其主张权利，不应属于不能行使权利的客观障碍，最高人民法院也持有相同的观点。[1]本案中，吴某虽于 2009 年 12 月 3 日被刑事拘留，但不影响其民事权利的行使。但是司法实践中案件的事实往往都比较复杂，很难概括地认定权利人被羁押期间是否能够正常地行使民事权利。因此，也有司法判决在经过个案审查后，认定"在服刑期间，人身自由受到限制，无法正常行使诉讼权利"，属于诉讼时效中止的障碍。[2]

本案中，二审法院纠正了一审法院认定为诉讼时效中止的意见，认为吴某诉请卓某返还财产，依据刑事侦查中获得的证据知道卓某侵害了其权利，提起本案诉讼，其请求保护权利的诉讼时效期间从刑事判决生效之日起计算，即认为权利人的请求权诉讼时效在侵害事实发生时并不开始计算，而是权利人知道或者应当知道义务人侵害其财产权利时开始计算。依据《民法总则》第 188 条 "诉讼时效期间自权利人知道或者应当知道权利受到损害以及义务人之日起计算"，我国诉讼时效期间的起算采取主观标准。权利人与义务人存在监护关系等特殊情形下，适用诉讼时效期间的起算规则，而不是诉讼时效的中止来保护权利人的利益。

案例二：武汉鹏宙废旧物资回收有限公司与山西太钢不锈钢股份有限公司买卖合同纠纷[3]

3 - 3　判决书全文

一、基本案情

武汉鹏宙废旧物资回收有限公司（以下简称鹏宙公司）于 2007 年 4 月 30 日与山西太钢不锈钢股份有限公司（以下简称太钢公司）签订《不锈钢炉料

---

〔1〕　参见最高人民法院民事审判第二庭编：《最高人民法院关于民事案件诉讼时效司法解释理解与适用》，人民法院出版社 2015 年版，第 329 页。

〔2〕　"沈阳客运集团公司沈苏公共汽车分公司与邢百发租赁合同纠纷案"，辽宁省沈阳市中级人民法院（2015）沈中民三终字第 00902 号。

〔3〕　一审民事判决书：太原市中级人民法院（2013）并民初字第 344 号。二审民事判决书：山西省高级人民法院（2014）晋民终字第 236 号。

采购合同》一份，约定：由鹏宙公司向太钢公司供应镍不锈废钢 1500 吨，合同基价为每吨 31 000 元，交货后根据化验实际的 Ni、Cr 含量确定实际结算价。合同签订后，鹏宙公司共向太钢公司供应镍不锈废钢 1631.56 吨。太钢公司验收后于 2007 年 6 月 22 日通知鹏宙公司开票，鹏宙公司于当日开出号码为 01073614－01073629 的废旧物资增值税专用发票 16 份。2007 年 6 月 28 日，鹏宙公司因涉案被武汉市国家安全局进行调查，并被扣押了公章、财务章、营业执照、税务登记证等全部经营证照（包括已开出的 16 份废旧物资增值税专用发票），至此停止开展正常经营活动。上述扣押物品于 2011 年 3 月 24 日予以返还。其间，鹏宙公司因经营证照被扣押而无法进行年检，被武汉市江汉区工商行政管理局吊销了营业执照。2012 年 5 月 22 日鹏宙公司向工商行政管理机关提出了恢复登记的申请，武汉市国家安全局在其申请报告上盖章确认"情况属实"。2012 年 8 月 14 日，武汉市江汉区工商行政管理局重新给原告核发了新的营业执照。2012 年 11 月 6 日，武汉市江汉区国家税务局重新给原告核发了税务登记证。

2011 年 11 月 15 日太钢公司下属太钢加工厂炉料采购部（实际用料单位）给鹏宙公司出具《证明》，证明鹏宙公司已履行 2007 年 4 月 30 日双方所签合同义务但未开票结算的事实，并附《熔清结算单》。《熔清结算单》载明：鹏宙公司实际交货 1631.56 吨（减去扣重 2.28 吨后，为 1629.28 吨），根据化验结果确定实际结算价为每吨 30 064 元，总结算价款为 48 982 673.92 元。2013 年 4 月 16 日，鹏宙公司向太钢公司邮寄了《关于要求尽快结算货款的申请报告》；2013 年 8 月 12 日，向太钢公司邮寄了《律师函》。鹏宙公司于 2013 年 8 月 26 日向一审法院提起诉讼，要求太钢公司支付价款 48 982 673.92 元。太钢公司辩称：武汉鹏宙公司所主张的债权已经超过诉讼时效期间。2007 年 6 月 11 日太钢公司对鹏宙公司所供 1631.56 吨镍不锈废钢验收完毕，双方于 2007 年 6 月 22 日同意结算付款，从 2007 年 6 月 22 日起的 2 年期间内，鹏宙公司并没有向太钢公司主张过权利，也不存在诉讼时效中断、中止的情形，鹏宙公司的债权已超过诉讼时效期间。虽然 2007 年 6 月 28 日鹏宙公司因涉案被武汉市国家安全局扣押了公司经营的主要证照和凭证资料等，但不构成影响鹏宙公司行使权利的客观障碍。

一审法院经审判委员会讨论认为：2007 年 6 月 28 日鹏宙公司被扣押公章、财务章、税务登记证、增值税票等经营手续后确实造成双方不能正常结算，属于因客观原因导致鹏宙公司不能主张权利的情形，因而构成本案诉讼时效中止。2011 年 11 月 15 日，太钢公司下属太钢加工炉料采购部为鹏宙公司出具证明，证明鹏宙公司已履行合同义务，但未办理结算。太钢公司在此重新确认了价款，其行为是对债权的确认，诉讼时效应至此重新起算，鹏宙公司起诉并未超过诉讼时效。一审判决后，鹏宙公司和太钢公司均不服，提出上诉，二审法院维持原判。

二、法律问题

权利人公章、财务章、营业执照、税务登记证等全部经营证照被扣押的，是否属于诉讼时效中止的事由？

三、重点提示

本案中，鹏宙公司和太钢公司于 2007 年 4 月 30 日经协商自愿签订《不锈钢炉料采购合同》，意思表示真实，合法有效。鹏宙公司实际交货 1631.56 吨（减去扣重 2.28 吨后，为 1629.28 吨），根据化验结果确定实际结算价为每吨 30 064 元，总结算价款为 48 982 673.92 元。权利人鹏宙公司作为营利法人，其公章、财务章、营业执照、税务登记证等全部经营证照是其参与民商事活动的外观权利表征，而权利人的公章、财务章、营业执照、税务登记证等全部经营证照因国家安全调查而被扣押，致使权利人无法行使请求权，应属于客观障碍。随后，鹏宙公司因经营证照被扣押而无法进行年检，被武汉市江汉区工商行政管理局吊销了营业执照，此种客观障碍一直存在并没有消除，直到 2012 年 11 月 6 日武汉市江汉区国家税务局给鹏宙公司重新核发了税务登记证，至此鹏宙公司因被扣押经营证照而造成的无法开票结算的情况才最终结束，因此认定权利人的请求权诉讼时效中止并无不当。

与本案事实类似，涉案财产因刑事程序或者行政程序被扣押的，是否属于诉讼时效中止的事由？刑事或者行政扣押期间，民事权利人不能就扣押财产实现其民事权利，但并不影响其对扣押财产主张权利，权利人行使权利本身并不受扣押行为影响，但权利能否实现却受到扣押行为的影响。结合诉讼时效中止的要求，是权利人在诉讼时效期间最后 6 个月因客观障碍的出现无法行使请求权，而扣押行为并不会影响请求权的行使，只是影响了请求权的实现，因此涉案财产被扣押的，并不导致诉讼时效中止。与本案中权利人公章、财务章、营业执照、税务登记证等全部经营证照被扣押，不能作为正常的民事主体行使民事权利并不相同。

案例三：科朗曼化工（武汉）有限公司诉云南澄江天辰磷肥 有限公司建设工程施工合同纠纷案[1]

3-4 判决书全文

一、基本案情

再审申请人科朗曼化工（武汉）有限公司（以下简称科朗曼公司）因与被申请人云南澄江天辰磷肥有限公司（以下简称天辰公司）建设工程施工合同纠纷一案，不服云南省高级人民法院（2014）云高民一终字第168号民事判决，向最高人民法院申请再审。科朗曼公司申请再审称：其与天辰公司就磷酸项目于2006年8月9日签订合同，涉案磷酸项目所欠款项，天辰公司最后一次付款时间为2008年11月21日，天辰公司尚有欠款未结清。申请人的德国独资投资人在德国于2009年进入破产程序，其德国破产管理人Seehaus先生于2010年1月16日召开"股东会"，新的投资方及新任管理层形成决议，重组公司，解聘原公司董事及经理岑某，并令岑某全面移交公司印章、许可证件、业务资料等，并于2010年2月向申请人所在地武汉市商务局递交申请变更文件。

因当时科朗曼公司以董事、总经理岑某为首的、包括财务经理和物流部经理在内的实际控制人团队不配合，拒不移交证照、全部重要账册，并且伙同部分债权人在武汉市中级人民法院通过虚假债务，申请申请人公司破产并在武汉市中级人民法院起诉新的投资人代表和董事会成员等，以致武汉市商务局拒不办理变更批准手续。为此，Seehaus代表投资方委托律师团队向各地方政府机关进行申诉，直诉至国家商务部。国家商务部举行听证，考虑到德

---

[1] 一审民事判决书：云南省高级人民法院（2014）云高民一终字第168号。再审民事裁定书：最高人民法院（2015）民申字第537号。

国投资人可能在国际投资争端解决中心（简称 ICSID）引用《中德关于促进和相互保护投资的协定（2003）》对中国政府提出仲裁的现实性，下文特批，同意科朗曼公司在没有公章、证照的情况下进行重组变更。依上批文，科朗曼公司取得新的批准证书，并在 2011 年 4 月 2 日领取了变更后的营业执照。2011 年 6 月 20 日，科朗曼公司通过 EMS 向天辰公司发送催款函，并于 2011 年 12 月 20 日向一审法院提出诉讼。

原审法院认为，从科朗曼公司所举证据来看，其于 2010 年 1 月形成股东会、董事会决议，解聘原公司董事及经理岑某，并令岑某全面移交公司印章、许可证件、业务资料等。证明在 2010 年 1 月科朗曼公司的股东会、董事会仍然在行使权力，对之前的公司行为可以主张权利。因此，科朗曼公司提交证据证明科朗曼公司办理相关审批事项期间不能行使权利的主张不成立，其证据均不能证明在 2010 年 5 月 22 日～2010 年 11 月 21 日这最后 6 个月内，存在诉讼时效中止的事由。最高人民法院对科朗曼公司的再审申请审查后认为：在 2010 年 1 月科朗曼公司新的股东会、董事会是可以行使权力的，对涉案磷酸欠款即使不便以诉讼方式主张权利，也可以以催收的方式主张。科朗曼公司在再审申请书中所述新的投资方申请变更审批被拒等理由，均系科朗曼公司所发生的一系列内部事务，并不影响科朗曼公司对外向天辰公司主张权利。

二、法律问题

公司内部控制权的争夺是否属于诉讼时效中止的情形？

三、重点提示

本案中科朗曼公司的德国独资投资人在德国于 2009 年进入破产程序，其德国破产管理人 Seehaus 先生于 2010 年 1 月 16 日召开股东会、董事会，新的投资方及新任管理层形成决议，重组公司，解聘原公司董事及经理岑某，并令岑某全面移交公司印章、许可证件、业务资料等，此后公司的新、旧管理层就公司的内部控制权展开争夺，使得无法在工商登记机关办理变更登记。涉案磷酸项目所欠款项，天辰公司最后一次付款时间为 2008 年 11 月 21 日，自该日起，科朗曼公司即应知晓天辰公司还有欠款未付，因此，对于该款项的支付请求应从其知晓权利被侵害之日起开始计算诉讼时效，至 2010 年 11 月 21 日。科朗曼公司内部对控制权的争夺，导致新的投资方申请变更审批被拒，是否属于诉讼时效中止的事由是本案争议的焦点。从民商事交往实践的角度来看，公司法定代表人的签章与公司公章确实是公司参与民商事活动的权利外观，并且需要在工商登记机关办理登记。但是公司法定代表人的变更，属于公司内部事务，股东会的决议不需要经工商登记即可生效。且 2010 年 1 月科朗曼公司的股东会、董事会仍然在行使权力，完全可以委托他人向义务人行使权利，权利人对外行使权利不仅仅有诉讼方式，还可以主张清偿。因此科朗曼公司内部控制权的争夺，不影响对外行使权利，也就不存在权利行使障碍，不属于诉讼时效中止的事由。

与上一个拓展案例的事实不同，本案涉及公司内部原因导致的不行使请求权情形。从商业交往的角度来看，权利人公司内部原因导致的不能主张权利，在公司尚有权力机关运转的情况下，如可以中止诉讼时效，对义务人来说并不公平。从平衡权利人与义务人利益的角度，不认定为诉讼时效中止更加合理。在民事裁定书中，最高人民法院认为，对于兜底条款"其他导致权利人不能主张权利的客观情形"的理解应当具有一定的严重程度，即需构成权利人的主体资格丧失或不确定，以及客观上的不能。因此，法官在个案审查中，除了明确障碍发生的时间是在诉讼时效期间最后 6 个月内，还需要对客观障碍作审慎的判断，以确保义务人的利益也得到应有的维护。

◈ 拓展资料

3 - 5

第四专题　诉讼时效的中断

◈ 知识概要

诉讼时效的中断是指诉讼时效期间进行中，因有行使权利的事实，推翻时效的基础，已经经过的时效期间全部归于无效，诉讼时效期间重新开始计算。[1]诉讼时效制度最重要的目的即是敦促权利人行使权利的，如权利人已经按时行使权利，其立法旨意已经实现，已经经过的时效期间丧失了意义，开始重新计算诉讼时效期间。因此，诉讼时效中断的事由，均是与权利人怠于行使权利相反的事实，即权利人积极行使权利的事实。《民法总则》第195条规定："有下列情形之一的，诉讼时效中断，从中断、有关程序终结时起，诉讼时效期间重新计算：①权利人向义务人提出履行请求；②义务人同意履行义务；③权利人提起诉讼或者申请仲裁；④与提起诉讼或者申请仲裁具有同等效力的其他情形。"该条在《民法通则》第140条的基础上，除了提起诉讼、当事人一方提出要求和义务人同意履行义务，将申请仲裁以及与提起诉讼或者申请仲裁具有同等效力的其他情形一并列为中断事由。同时，诉讼时效期间的重新起算，是在中断事由、有关程序终结时起，避免出现重叠计算的情形。与诉讼时效的中止不同，诉讼时效的中断是经过的诉讼时效期间全部归于无效，并且重新计算诉讼时效；而诉讼时效的中止只是因为出现了权利行使的障碍，在障碍消除后，诉讼时效期间继续计算直至满6个月为止。只要在最长诉讼时效期间内，诉讼时效可以无数次中断。

经典案例

案例：鲁某诉勃贝雷有限公司等侵害商标权纠纷案[2]

4-1　判决书原文

一、基本案情

勃贝雷有限公司系第75130号"BURBERRY"注册商标及第G733385号

---

〔1〕 参见王泽鉴：《民法总则》，北京大学出版社2009年版，第508页。
〔2〕 一审民事判决书：上海市杨浦区人民法院（2014）杨民三（知）初字第381号。二审民事判决书：上海知识产权法院（2015）沪知民终字第6号。

"BURBERRY"注册商标的持有人。经中华人民共和国国家工商行政管理总局商标局（以下简称国家商标局）核准，勃贝雷有限公司注册了第75130号商标和第G733385号商标，前者核定使用商品为第25类衣服，注册有效期自2005年5月6日起至2015年5月5日止；后者核定使用商品为第25类，包括外衣、雨衣、罩衫、茄克式短外衣、服装等，续展有效期自2010年4月25日起至2020年4月25日止。2014年3月4日，国家工商行政管理总局商标评审委员会作出商评字〔2014〕第027803号裁定书，认定第G733385号商标为使用在服装商品上的驰名商标。

自2009年10月起，陈某伙同鲁某以上海市闸北区南星路×××号×××室为经营场所，通过他人注册的"格调生活2006"淘宝网店，对外低价销售假冒"BURBERRY"注册商标的服装。陈某负责进货、销售、客服；鲁某帮助陈某为商品制作照片。2012年3月20日，公安机关在上述地点扣押标有"BURBERRY"商标标识的服装329件，经权利人确认均系假冒注册商标的商品。勃贝雷有限公司于2012年3月21日获悉，陈某、鲁某因涉嫌销售假冒注册商标的商品罪被公安机关立案侦查。2012年5月31日，上海市闸北区人民检察院以沪闸检刑诉〔2012〕359号起诉书指控陈某、鲁某犯销售假冒注册商标的商品罪，提起公诉。同年8月24日，上海市杨浦区人民法院以（2012）杨刑初字第41号刑事判决书认定陈某、鲁某为牟取非法利益，销售明知是假冒注册商标的商品，销售金额数额巨大，其行为均已构成销售假冒注册商标的商品罪。2014年8月15日，勃贝雷有限公司的委托代理人向上海市杨浦区人民法院邮寄本案一审民事诉状及财产保全申请等立案材料，提起诉讼。

勃贝雷有限公司要求陈某、鲁某赔偿公司经济损失150 000元及合理费用15 000元。一审法院认为，本案诉讼时效期间应从该刑事判决书生效之日起计算。侵犯注册商标专用权的诉讼时效为2年，自商标注册人或者利害权利人知道或者应当知道侵权行为之日起计算。涉案刑事判决于2012年8月24日作出，勃贝雷有限公司向原审法院提交起诉状在诉讼时效期间内，故其起诉并未超过诉讼时效，一审判决后，鲁某不服，向上海知识产权法院提起上诉。鲁某上诉称：原审法院认定的诉讼时效期间的起算时间存在错误。勃贝雷有限公司最晚于2012年3月20日已经知道鲁某及陈某侵害其商标权，应于

2014 年 3 月 20 日前提起诉讼。其于 2014 年 8 月 15 日起诉已过诉讼时效。一审法院并未正确适用法律。二审法院认为，刑事程序的持续，属于与提起诉讼具有同等诉讼时效中断效力的事项。被上诉人在接到公安部门要求出具价格证明及进行真假货品鉴别时，已知道权利受到侵害，诉讼时效期间即开始计算，但同时，其得知两侵权人的案件已进入刑事侦查程序，诉讼时效期间随之中断。待刑事程序结束，诉讼时效中断的事由即被排除，诉讼时效期间重新起算，故被上诉人起诉未超过诉讼时效，侵权人应就其侵权行为依法承担民事责任。二审法院判决驳回上诉，维持原判。

二、法律问题

权利人接到公安部门通知其权利受到侵害，并应要求协助侦查是否属于诉讼时效中断事由？

三、法理分析

本案属于侵权诉讼，因存在在先的刑事程序，且上海市杨浦区人民法院以（2012）杨刑初字第 41 号刑事判决书认定陈某、鲁某为牟取非法利益，销售明知是假冒注册商标的商品，销售金额数额巨大，其行为均已构成销售假冒注册商标的商品罪，两义务人的行为构成侵权无误。勃贝雷有限公司作为受害人，向义务人主张损害赔偿，属于典型的债权请求权，应当受诉讼时效制度的调整。本案的核心争议在于勃贝雷有限公司于 2012 年 3 月 21 日获悉，陈某、鲁某因涉嫌销售假冒注册商标的商品罪被公安机关立案侦查，在 2014 年 8 月 15 日提起民事诉讼，其请求权是否存在诉讼时效中断的事由。

诉讼时效中断是指特定事由的出现，即权利人积极主张权利，导致诉讼时效基础丧失，使得已经经过的时效期间归于无效，诉讼时效开始重新计算。适用诉讼时效中断，需要存在中断的法定事由，《民法总则》第 195 条规定了 4 种法定事由：①权利人向义务人提出履行请求；②义务人同意履行义务；③权利人提起诉讼或者申请仲裁；④与提起诉讼或者申请仲裁具有同等效力的其他情形。诉讼时效中断是为了权利人利益而设，其本质上延长了权利人行使权利并获得强制力保护的时间，因此需要权利人对诉讼时效中断这一事实提出主张，法院不能主动适用诉讼时效中断。诉讼时效制度是为了敦促权利人及时行使权利、稳定已有的财产秩序而确立的民法制度，因此权利人及时、积极行使权利的事由，被认定为诉讼时效中断的法定事由。权利人向义务人提出履行请求，可以是书面的，也可以是口头的，可以是直接向义务人行使权利，也可以是向义务人的代理人、财产管理人、破产清算人等行使权利，要求义务人履行义务。除了义务人外，根据《诉讼时效规定》第 14 条和第 15 条的规定，权利人向有关国家机关或者社会组织提出请求保护其权利的，也构成"权利人向义务人提出履行请求"。义务人同意向权利人履行，例如向权利人作出分期履行、部分履行、提供担保、请求延期等承诺或者行为的，均可以认定为义务人同意向权利人履行或者承认义务，而发生诉讼时效中断。此时，因义务人的同意履行或者承认债务，发生与权利人向义务人主张权利同样的效果，对权利人而言，已经经过的时效期间全部无意义，可以重新计算诉讼时效。权利人提起诉讼或者仲裁，与权利人向义务人主张权利、请求履行一样，是权利人积极行使其请求权的事实，与诉讼时效进行的事实相反，因此发生时效的中断。

本案中，勃贝雷有限公司系第 75130 号"BURBERRY"注册商标及第 G733385 号"BURBERRY"注册商标的持有人，但是并不知晓义务人陈某、鲁某自 2009 年 10 月起侵害其商标权。直至 2012 年 3 月 21 日勃贝雷有限公司才从公安机关处获悉，陈某、鲁某因涉嫌销售假冒注册商标的商品罪被公安机关立案侦查。依据《民法总则》第 188 条、《最高人民法院关于审理商标民事纠纷案件适用法律若干问题的解释》第 18 条的规定，"侵犯注册商标专用权的诉讼时效为 2 年，自商标注册人或利害权利人知道或者应当知道侵权行为之日起计算"，诉讼时效是从权利人知道或者应当知道其权利受到侵害以及义务人之日起计算，本案诉讼时效的起算时间是 2012 年 3 月 21 日勃贝雷有限公司获知侵权行为存在以及义务人为陈某、鲁某时。按照普通诉讼时效，本案侵权请求权的诉讼时效期间至 2014 年 3 月 21 日止。但是，勃贝雷有限公司获知侵权存在时，公安机关正在进行刑事程序，勃贝雷有限公司积极参与调查，为公安机关出具价格证明及进行真假货品鉴别，因此其有合理理由信赖刑事侦查可使其民事权利得到保护。《诉讼时效规定》第 15 条第 1 款规定："权利人向公安机关、人民检察院、人民法院报案或者控告，请求保护其民事权利的，诉讼时效从其报案或者控告之日起中断。"本案虽然不是权利人报案，权利人被公安机关通知才知晓其民事权利受到侵害，但是与《诉讼时效规定》第15条规定的诉讼时效中断事由并没有本质上的差异，应当认定为诉讼时效中断。刑事程序结束，诉讼时效中断的事由即被排除，诉讼时效期间重新起算，本案请求权的诉讼时效应自刑事裁判文书生效之日起重新计算，而不是刑事宣判之日。因此，勃贝雷有限公司的诉讼请求并未超过诉讼时效。

四、参考意见

1. 《诉讼时效规定》第15条明确：权利人向公安机关、人民检察院、人民法院报案或者控告，请求保护其民事权利的，诉讼时效从其报案或者控告之日起中断，当事人主动报案或者控告的，当然属于诉讼时效中断的事由。权利人请求国家机关保护其民事权益，是积极行使权利的行为，自无疑问。在非权利人主动报案或者控告，而是公安机关、人民检察院主动查处刑事犯罪嫌疑情况的情形下，如果在公安机关、人民检察院直接侦查发现犯罪嫌疑后，通知被害人的，被害人在该期间虽知道或者应当知道其权利受到侵害，但由于已进入刑事侦查阶段，故其合理信赖公安机关、人民检察院运用公权力通过对刑事犯罪嫌疑进行侦查的方式保护其民事权利的，则属于诉讼时效中断事由，且在该段期间，其请求保护民事权利的诉讼时效期间仍然中断，直至相关刑事诉讼程序结束后重新起算。如果公安机关、人民检察院主动查处刑事犯罪嫌疑情况，并未告知被害人（权利人），权利人不知道或者不应当知道其权利受到侵害的，则诉讼时效期间不起算。[1]

2. 诉讼时效是一项对权利人行使权利的时间进行限制的制度，其设立目的是督促权利人行使权利，维护交易关系的稳定。诉讼时效期间届满，义务人享有抗辩权，权利人的民事权利存在无法实现的风险，但其并不丧失实体权利。为了平衡当事人之间的利益，法律对诉讼时效还设置了障碍，诉讼时效中断即是诉讼时效期间进行中的障碍之一。诉讼时效中断的事由需与权利人积极行使权利相关，《民法总则》第195条第4款兜底条款"与提起诉讼或者申请仲裁具有同等效力的其他情形"，是除前3款权利人行使权利、义务人承认义务外，被法律或者司法实践所认可的其他中断事由。《诉讼时效规定》

---

〔1〕 参见张雪楳：《诉讼时效前沿问题审判实务》，中国法制出版社2014年版，第295页。

第 13 条规定："下列事项之一，人民法院应当认定与提起诉讼具有同等诉讼时效中断的效力：①申请仲裁；②申请支付令；③申请破产、申报破产债权；④为主张权利而申请宣告义务人失踪或死亡；⑤申请诉前财产保全、诉前临时禁令等诉前措施；⑥申请强制执行；⑦申请追加当事人或者被通知参加诉讼；⑧在诉讼中主张抵销；⑨其他与提起诉讼具有同等诉讼时效中断效力的事项。"当然，权利人向人民调解委员会、信访部门请求保护民事权利、解决民事纠纷的，也产生诉讼时效中断的效果。

📚 拓展案例

案例一：中国农业银行股份有限公司中宁县支行与宁夏沃尔德实业有限公司、宁夏秦毅实业集团有限公司金融借款合同纠纷[1]

4-2　判决书原文

一、基本案情

2000 年 1 月 4 日、2003 年 12 月 8 日，农行中宁县支行（以下简称中宁农行）与宁夏秦毅实业集团有限公司（以下简称秦毅公司）分别签订（641101）农银高抵字（2000）第 001 号、（641101）农银高抵字（2003）第 12018 号两份《最高额抵押合同》，均约定秦毅公司以其所有的电解铝生产设备、厂房及附属设备设置最高额抵押担保，抵押担保的债权期间分别为 2000 年 1 月 14 日～2004 年 1 月 3 日、2003 年 12 月 18 日～2008 年 12 月 17 日，担保的最高额度均为 15 500 万元，合同签订后，中宁农行在宁夏回族自治区工商行政管理局办理了抵押登记。2003 年 6 月～2007 年 8 月中宁农行与秦毅公司签订总计为 5080 万元的 10 份借款合同，另有 5 份共计金额为 2000 万元的借款合同。在

---

〔1〕　一审民事判决书：宁夏回族自治区高级人民法院（2011）宁民商初字第 4 号。二审民事判决书：最高人民法院（2013）民二终字第 55 号。

后5份借款合同及借款凭证中，抬头部分借款人名称为宁夏万得实业总公司，但在尾部借款人及抵押人处均加盖宁夏万得实业总公司与秦毅公司两个单位的公章。借款合同分别为：①1998年9月10日《抵押担保借款合同》，约定借款500万元，期限自1998年9月10日至2003年9月10日。②1998年9月10日签订《抵押担保借款合同》，约定借款600万元，期限自1998年9月10日至2003年9月10日。2003年9月10日秦毅公司与中宁农行签订了《借款展期协议》，上述两笔贷款展期至2006年3月9日。③1998年9月15日签订《抵押担保借款合同》，约定借款300万元，期限自1998年9月15日至2003年9月15日。2003年9月15日秦毅公司与中宁农行签订了《借款展期协议》，该借款展期至2006年3月14日。④1998年9月22日签订《抵押担保借款合同》，约定借款300万元，期限自1998年9月22日至2003年9月22日。2003年9月22日秦毅公司与中宁农行签订了《借款展期协议》，该借款展期至2006年3月21日。⑤1998年10月27日签订《抵押担保借款合同》，约定借款300万元，期限自1998年10月27日至2003年10月26日。2003年10月26日秦毅公司与中宁农行签订了《借款展期协议》，该借款展期至2006年3月25日。抵押担保借款合同中涉及抵押的条款约定不明确，虽标注详见抵押物清单，但未向法院提交清单。上述5笔借款合同相对应的展期协议均是中宁农行与秦毅公司签订的，在相对应的5份《借款展期协议》中约定"本协议是对编号为641101（2000）001号的担保合同部分条款的调整和补充。除涉及上述内容的条款外，原主合同及担保合同规定的其他各项条款仍然有效"。中宁农行与秦毅公司、宁夏沃尔德实业有限公司（以下简称沃尔德公司）均认可以（641101）农银高抵字（2000）第001号《最高额抵押合同》约定的抵押物为上述5笔借款设定了抵押。

2005年9月1日、2005年12月21日，中宁农行与秦毅公司签订《协议书》《补充抵押协议书》，约定秦毅公司以其部分资产为其与中宁农行办理的全部贷款和银行承兑汇票设定抵押，但双方没有办理抵押登记。2005年12月17日，中宁农行与秦毅公司签订《以资抵债协议》，约定秦毅公司以部分房产、林地对中宁农行的债务进行抵债，其中第3条约定"乙方（秦毅公司）的上述资产抵偿甲方（中宁农行）贷款债务数额，以上述资产实际处置变现现金数额为准"。2006年1月12日，中宁农行与秦毅公司双方委托拍卖公司对抵债资产进行拍卖，因流拍未成交，抵债资产没有变现，也没有过户到债权人中宁农行的名下。2006年11月30日，秦毅公司向中宁农行出具《关于抵押物改造情况的说明》，称对上述《最高额抵押合同》所涉及一车间电解槽进行了改造，改造没有引起抵押物价值的减少，不会影响到抵押权的实现。2009年11月26日，中宁农行向秦毅公司发出7份《债务逾期催收通知书》，分别对上述借款7080万元予以催收，秦毅公司法定代表人秦某在该《债务逾期催收通知书》中签名并加盖了公章。截至2011年3月21日，中宁农行的贷款本金7080万元，利息4235.805 695万元，秦毅公司与沃尔德公司一直未予清偿。

2012年8月中宁县工商局出具"答复函"载明"宁夏万得实业总公司是经过申请后由自治区工商局按照法定程序核准变更为宁夏万得实业有限公司"。2006年7月宁夏万得实业有限公司名称变更为沃尔德公司。2011年4月7日，中宁农行向原审法院提起诉讼，请求法院判令：沃尔德公司与秦毅公司对上述债务中的本金2000万元、利息12 675 782.18元，本息合计32 675 782.18元及2011年3月21日后新增的利息承担共同清偿责任。沃尔德公司辩称：秦毅公司与中宁农行签订的《借款展期协议》约定的借款到期日分别为2006年3月9日、2006年3月9日、2006年3月14日、2006年3月21日、2006年3月25日，并没有沃尔德公司参与合同变更，属于债权人中宁农行认可该5笔贷款的债务人变更为秦毅公司。秦毅公司、沃尔德公司辩称中宁农行未在法定期限内主张权利，本案已经超过诉讼时效。

一审法院认为：中宁农行与秦毅公司为上述2000万元借款签订相应的《借款展期协议》及对秦毅公司的催收行为，说明债权人中宁农行认可该5笔贷款的债务人变更为秦毅公司。本案15笔借款到期日分别在2006年3月9日~2007年8月27日之间，中宁农行虽未在法定期间向债务人秦毅公司主张权利，但该行于2009年11月26日向秦毅公司发出《债务逾期催收通知书》，秦毅公司在该《债务逾期催收通知书》中签名并加盖了公章，应当视为对原债务的重新确认。故秦毅公司与沃尔德公司关于本案已过诉讼时效的抗辩理由不能成立。中宁农行不服一审民事判决，提出上诉。二审法院认为：中宁农行对秦毅公司债权请求权的诉讼时效期间因主张权利行为多次发生中断而未超过。在认可《借款展期协议》效力的情况下，中宁农行对秦毅公司和沃尔德公司的债权请求权诉讼时效期间应自协议约定时间起算。2008年1月25

日和 2009 年 11 月 26 日，中宁农行两次对秦毅公司进行债权催收，均引起诉讼时效中断。同样，中宁农行对沃尔德公司的债权请求权未过诉讼时效。

二、法律问题

权利人向连带债务人中的一人主张权利，是否对其他连带债务人发生诉讼时效中断？

三、重点提示

中宁农行与秦毅公司、沃尔德公司签订的《抵押担保借款合同》均是各方当事人的真实意思表示，内容不违反法律、行政法规的强制性规定，为有效合同。本案所涉 5 份《抵押担保借款合同》订立时，在合同尾部借款人及抵押人处秦毅公司及沃尔德公司均加盖公章予以确认，应当认定秦毅公司及沃尔德公司为本案所涉 2000 万元贷款的共同债务人。《抵押担保借款合同》中未约定共同债务人各自承担的债务份额，债务性质为连带债务，债权人中宁农行有权向任一债务人请求承担全部债务，债权人向其中某一债务人主张权利，并不产生放弃对其他连带债务人债权的法律后果。本案所涉 5 份《抵押担保借款合同》约定的借款到期日分别为 2003 年 9 月 10 日、2003 年 9 月 10 日、2003 年 9 月 15 日、2003 年 9 月 22 日、2003 年 10 月 26 日。在合同未变更的情况下，中宁农行对秦毅公司、沃尔德公司的债权请求权诉讼时效期间应自上述时间起算。但秦毅公司与中宁农行签订的《借款展期协议》约定的借款到期日分别为 2006 年 3 月 9 日、2006 年 3 月 9 日、2006 年 3 月 14 日、2006 年 3 月 21 日、2006 年 3 月 25 日，属于对原《抵押担保借款合同》的变更。因是秦毅公司与中宁农行共同变更了合同的履行期限，将合同履行期限均延长 2 年 6 个月左右，对沃尔德公司而言并没有不利影响，相反使其获得了期限利益，应对连带债务人沃尔德公司有效。[1] 2008 年 1 月 25 日和 2009 年 11 月 26 日，中宁农行两次对秦毅公司进行债权催收，均引起诉讼时效中

---

[1] 有关连带债务的涉他性，在本案中即债权人与连带债务人中的一人变更债权债务关系，是否对其他连带债务人有效的问题，理论上颇有争议。个人认为如果债权债务内容变更对连带债务人并没有不利影响，应对其他债务人有效，如有不利影响，未征求其他连带债务人同意的，对其他连带债务人无效。

断。依据《诉讼时效规定》第 17 条第 2 款的规定，"对于连带债务人中的一人发生诉讼时效中断效力的事由，应当认定对其他连带债务人也发生诉讼时效中断的效力"，中宁农行对秦毅公司进行债权催收，使得诉讼时效中断对沃尔德公司也产生效力。因此，中宁农行对沃尔德公司的债权请求权亦未过诉讼时效。

《诉讼时效规定》第 17 条是对连带债权与连带债务的诉讼时效中断是否对其他连带债权人或者连带债务人有效的规定，我国民法上认为无论是连带债权还是连带债务，诉讼时效的中断均具有绝对涉他性，对其中一人主张权利或者一人同意履行债务，均对全部连带债权人或者债务人发生诉讼时效中断的效力，且并不区分诉讼与其他主张权利的方式。对于债权人向连带债务人中的一人主张权利，其他连带债务人是否获知债权人的意思表示对诉讼时效的全部中断是否有影响的问题，最高人民法院的司法观点是连带债务以及诉讼时效中断制度是为保证债权的实现，并不要求权利主张的意思表示到达或者应当达到其他连带债务人，对连带债务人中的一人主张权利发生诉讼时效中断的效力对其他连带债务人具有涉他性。[1]

案例二：重庆港务物流集团实业有限公司与重庆冶金轧钢厂金融不良债权追偿纠纷案[2]

4－3　再审裁定书全文

一、基本案情

中国信达资产管理公司重庆办事处将其对重庆冶金轧钢厂（以下简称重

---

〔1〕　参见奚晓明主编、最高人民法院民事审判第二庭编著：《最高人民法院关于民事案件诉讼时效司法解释理解与适用》，人民法院出版社 2008 年版，第 314 页。

〔2〕　二审民事判决书：重庆市高级人民法院（2016）渝民终 46 号。申请再审民事裁定书：最高人民法院（2016）最高法民申 3020 号。

庆轧钢厂）的债权转让给重庆港务物流集团有限公司，2007 年 1 月 29 日，重
庆港务物流集团有限公司又将涉案债权转让给重庆港务物流集团实业有限公
司（以下简称重庆港务实业公司），其前身为重庆石金摩擦密封材料有限公
司，但该债权转让并未通知债务人重庆轧钢厂。2007 年 11 月 25 日重庆港务
实业公司向重庆轧钢厂送达《债权转让及催收欠款通知书》，重庆轧钢厂拒绝
签收。重庆港务实业公司于 2009 年 1 月 15 日向重庆市第五中级人民法院起
诉，以重庆港务物流集团有限公司将自中国信达资产管理公司重庆办事处受
让的债权转让给该公司为由，要求重庆轧钢厂清偿债务。重庆市第五中级人
民法院裁定驳回了重庆港务实业公司的起诉。2012 年 7 月 17 日重庆港务实业
公司向人民法院再次提起债权清偿之诉后，于同日向人民法院申请撤诉。重
庆港务实业公司于 2014 年 7 月 11 日提起本案诉讼，要求重庆轧钢厂清偿债
务。债务人重庆轧钢厂答辩称本案中的债权已经罹于诉讼时效。二审法院认
为，本案债权转让未通知债务人，重庆港务实业公司要求重庆轧钢厂清偿债
务时，债权请求权不存在，不能发生诉讼时效中断的法律效果。重庆港务实
业公司不服重庆市高级人民法院（2016）渝民终 46 号民事判决，向最高人民
法院申请再审。

　　决定本案债权是否罹于诉讼时效的是两项重要事实：一是重庆港务实业
公司于 2009 年 1 月 15 日向重庆市第五中级人民法院起诉，要求重庆轧钢厂清
偿债务，重庆市第五中级人民法院裁定驳回了重庆港务实业公司的起诉，是
否属于债权诉讼时效中断的事由？二是 2012 年 7 月 17 日重庆港务实业公司向
人民法院再次提起债权清偿之诉后，于同日向人民法院申请撤诉，是否属于
债权诉讼时效中断的事由？最高人民法院审查后认为：首先，在债权转让通
知未送达债务人时，债务人对债权转让人的清偿仍发生债务清偿之法律效果，
但并不影响债权受让人取得受让债权。虽然法律规定债权转让通知行为人为
债权转让人，但在可以确认债权转让行为真实性的前提下，亦不应否定债权
受让人为该通知行为的法律效力。即应以债务人是否知晓债权转让事实作为
认定债权转让通知法律效力之关键。故债权受让人直接向人民法院起诉，并
借助人民法院送达起诉状的方式，向债务人送达债权转让通知，亦可以发生
通知转让之法律效力。其次，当事人起诉引起诉讼时效中断之法律效力，应
当以当事人合法起诉为前提，故在起诉被人民法院裁定驳回的情况下，通常

并不引起诉讼时效期间中断，但在具体案件认定中，尚应考虑是否存在特殊情况。在本案中，重庆港务实业公司的债权转让通知和要求清偿债务之请求，在经人民法院送达起诉状实际到达重庆轧钢厂的情况下，属于"当事人一方提出要求"的情形，产生诉讼时效中断的法律效果。最后，2012 年 7 月 17 日重庆港务实业公司向人民法院再次提起债权清偿之诉后，于同日向人民法院申请撤诉，重庆港务实业公司亦未提供证据证明该次起诉已经实际送达重庆轧钢厂，不能认定该次起诉可以产生诉讼时效中断的法律效果。重庆港务实业公司于 2014 年 7 月 11 日提起本案诉讼，要求重庆轧钢厂清偿债务，确已超过法律规定的向人民法院请求保护民事权利的诉讼时效期间。

二、法律问题

起诉后撤诉是否构成诉讼时效中断？

三、重点提示

本案中债权人于 2012 年 7 月 17 日向人民法院再次提起债权清偿之诉后，于同日向人民法院申请撤诉。根据《民法总则》第 195 条、《诉讼时效规定》的相关规范，权利人提起诉讼是法定的诉讼时效中断事由，能够引起诉讼时效的重新计算。但是起诉后又撤诉的情形，是否能够认定为诉讼时效中断的事由并没有在上述法律法规中体现。《中华人民共和国海商法》第 267 条规定，"时效因请求人提起诉讼、提交仲裁或者被请求人同意履行义务而中断。但是，请求人撤回起诉、撤回仲裁或者起诉被裁定驳回的，时效不中断"，对海商纠纷案件中起诉后撤诉的，不认定为诉讼时效中断。实践中，部分高级人民法院对此问题也提出相关意见：辽宁省高级人民法院《关于当前商事审判中适用法律若干问题的指导意见》规定，起诉后撤诉的，应视为未起诉，诉讼时效不中断，但是起诉状已经送达相对人的，相当于向相对人主张权利，诉讼时效自起诉状送达相对人之日中断。黑龙江省高级人民法院《关于规范民商审判若干问题的指导意见》规定，起诉后撤诉的诉讼时效中断，但是由于原告的原因，如因案件受理费、起诉状、管辖权、诉讼主体不适格等未立案、起诉状未送达的，不视为诉讼时效中断。江苏省高级人民法院《关于民商事审判适用诉讼时效制度若干问题的讨论纪要》规定，债权人起诉后又撤诉的，或者起诉被驳回的，诉讼时效均中断。由此可见，对于权利人起诉后又撤诉是否属于诉讼时效中断的事由，司法实践中的认识也并不统一。

撤诉是否具有诉讼时效中断的法律效力，主要取决于撤诉的性质。撤诉，是当事人撤回其向人民法院提出的诉讼的行为，依据民事诉讼法理论，起诉后又撤诉的，视为未起诉。因此，撤诉与未起诉的法律效果相同，诉讼时效不会因曾经的起诉行为而中断。但是起诉状已经送达义务人或者法院口头通知义务人诉讼程序启动的，实际上权利人行使权利的意思已告知义务人，构成诉讼时效中断。诉讼时效中断的事由并不在于起诉后又撤诉行为本身，而是权利人向义务人主张权利，起诉后又撤诉的不属于诉讼时效中断的事由。

与起诉后撤诉类似的情形还有不予受理，以及本案中重庆港务实业公司于 2009 年 1 月 15 日向重庆市第五中级人民法院起诉，要求重庆轧钢厂清偿债务，重庆市第五中级人民法院裁定驳回了重庆港务实业公司的起诉的情形。起诉后不予受理或者被人民法院驳回的，是因起诉欠缺或不符合法律上的要件，在效果上应与未起诉相同。但是，被驳回起诉之前，权利人的诉讼请求已经送达义务人的，权利人主张权利的行为实际上已被义务人知悉，属于权利人主张权利的情形，应能中断请求权的诉讼时效。除此之外，权利人起诉后因未交诉讼费而被视为撤诉的，也应按照相同的思路进行处理。但是起诉后原告经传票传唤，无正当理由拒不到庭，或者未经法庭许可中途退庭，被按撤诉处理的情形，因义务人已经获悉权利人的主张，属于诉讼时效中断的事由。

案例三：瓦房店市世纪标准件厂与中国信达资产管理股份有限公司辽宁省分公司及瓦房店铁路工务器材厂、瓦房店市松树镇松树村民委员会、瓦房店松树铁路器材制造有限公司金融不良债权追偿纠纷案[1]

4-4 再审裁定书全文

---

〔1〕 二审民事判决书：辽宁省高级人民法院（2012）辽民二终字第 161 号。申请再审民事裁定书：最高人民法院（2013）民申字第 2046 号。

一、基本案情

瓦房店铁路工务器材厂（以下简称工务器材厂）与交通银行瓦房店支行（以下简称瓦市支行，债权由信达辽宁分公司行使）于 1998 年 6 月签订《借款合同》（98 年借字第 64 号），借款 50 万元。合同约定借款期限为：1998 年 6 月 30 日~1999 年 6 月 30 日。瓦房店市世纪标准件厂（以下简称标准件厂）与瓦市支行签订《借款保证合同》为上述借款提供连带保证，并约定："本合同的保证期间为，自本合同生效日起直到主合同项下借款人的应付款项全部清偿为止。"借款合同履行期届满，瓦房店铁路工务器材厂一直未还款。瓦市支行及中国信达资产管理股份有限公司辽宁省分公司（以下简称信达辽宁分公司）于 2000 年、2001 年、2002 年、2003 年、2004 年、2006 年、2008 年、2010 年向工务器材厂、瓦房店松树铁路器材制造有限公司（以下简称松树公司）及标准件厂送达催收通知书或刊登催收公告。2011 年 10 月 13 日，信达辽宁分公司起诉要求标准件厂承担借款 50 万元及利息的连带保证责任。本案经一审、二审后，判决生效。现标准件厂不服辽宁省高级人民法院（2012）辽民二终字第 161 号民事判决，向最高人民法院申请再审。

标准件厂认为：①一、二审法院在诉讼时效的认定上适用法律错误。本案中保证人标准件厂的保证期间是 2 年，应当从 1999 年 6 月 30 日的次日（即 1999 年 7 月 1 日）开始计算，到 2001 年 6 月 30 日止。信达辽宁分公司应当于 2001 年 6 月 30 日前向标准件厂主张保证责任，主张保证责任的方式应当是起诉，而信达辽宁分公司却于 2011 年 10 月 13 日起诉，超过了法律规定保证责任的诉讼时效。②一、二审法院在诉讼时效中断的认定上适用法律错误。一审法院关于信达辽宁分公司"按照相关法律规定，依法向工务器材厂、松树公司、标准件厂公告送达了债权转让通知及催收公告，对各方均产生诉讼时效中断的效力"的认定是错误的。《最高人民法院关于适用〈中华人民共和国担保法〉若干问题的解释》（以下简称《担保法司法解释》）第 36 条规定，"连带责任保证中，主债务诉讼时效中断，保证债务诉讼时效不中断"。

最高人民法院经过审查认为：本案保证人标准件厂的保证期间为 2 年，应当从 1999 年 6 月 30 日的次日（即 1999 年 7 月 1 日）开始计算，到 2001 年 6 月 30 日止。债权人在保证期间内向标准件厂主张权利后，标准件厂的保证期间终止，开始计算保证合同的诉讼时效。故根据本案查明的事实，自 2000 年标准件厂首次在逾期贷款催收通知书上盖章起，标准件厂的保证期间已经终止，开始计算其保证债务的 2 年诉讼时效。当债权人向保证人主张保证责任时，保证债务诉讼时效当然适用中断的规定。因此，本案中瓦市支行及信达辽宁分公司于 2000 年、2001 年、2002 年、2003 年、2004 年、2006 年、2008 年、2010 年向工务器材厂、松树公司及标准件厂送达催收通知书或刊登催收公告的行为对各方均产生诉讼时效中断的效力。故至 2011 年 10 月 13 日，信达辽宁分公司起诉要求标准件厂承担借款 50 万元及利息的连带保证责任并未超过诉讼时效。

二、法律问题

主债务诉讼时效中断，连带保证债务诉讼时效是否同时中断？

三、重点提示

要确定保证债务的诉讼时效是否中断，首先需要确定保证债务的诉讼时效如何中断，以及其与保证期间之间的关系。保证是指保证人与债权人约定，当债务人不履行债务时，保证人按照约定履行债务或者承担责任的行为。在本案中，标准件厂作为债务人工务器材厂的连带保证人，与债权人瓦市支行约定"保证期间为，自本合同生效日起直到主合同项下借款人的应付款项全部清偿为止"。依据《担保法司法解释》第 32 条第 2 款的规定，保证合同约定保证人承担保证责任直至主债务本息还清时为止等类似内容的，视为约定不明，保证期间为主债务履行期届满之日起 2 年，因此本案中保证人标准件厂的保证期间为 2 年，应当从 1999 年 6 月 30 日的次日（即 1999 年 7 月 1 日）开始计算，到 2001 年 6 月 30 日止。但是保证期间与保证债务的诉讼时效是两个概念，保证债务的诉讼时效应于债权人在保证期间内向保证人主张权利，要求其承担保证责任时开始计算。保证债务的诉讼时效是否中断，需要判断在诉讼时效期间进行过程中是否有诉讼时效中断的事由。

对于连带保证债务的诉讼时效，《担保法司法解释》第 36 条规定，"连带责任保证中，主债务诉讼时效中断，保证债务诉讼时效不中断"，是指当债权人仅向主债务人主张权利而未向保证人主张权利时，保证债务的诉讼时效不因主债务的诉讼时效中断而中断，而不是指所有情况下保证债务诉讼时效均不中断。如债权人向连带保证人在保证债务诉讼时效期间内主张权利的，保证债务的诉讼时效当然发生中断。本案中，瓦市支行及信达辽宁分公司于2000年开始向标准件厂首次送达逾期贷款催收通知书，标准件厂在其上盖章，保证期间就已经终止，开始计算保证债务人的诉讼时效。随后，权利人于2001年、2002年、2003年、2004年、2006年、2008年、2010年向主债务人与保证人送达催收通知书积极行使权利，保证债务的诉讼时效当然中断。因此，主债务诉讼时效的中断与连带保证债务诉讼时效的中断分别取决于债权人向谁行使权利，如债权人向连带保证人在保证债务诉讼时效期间内主张权利的，保证债务的诉讼时效当然发生中断。

拓展资料

4 - 5